Joseph Roth
Die besten Geschichten

W0012384

Joseph Roth

Die besten Geschichten

Anaconda

Ausgewählt von Maximilian Graf

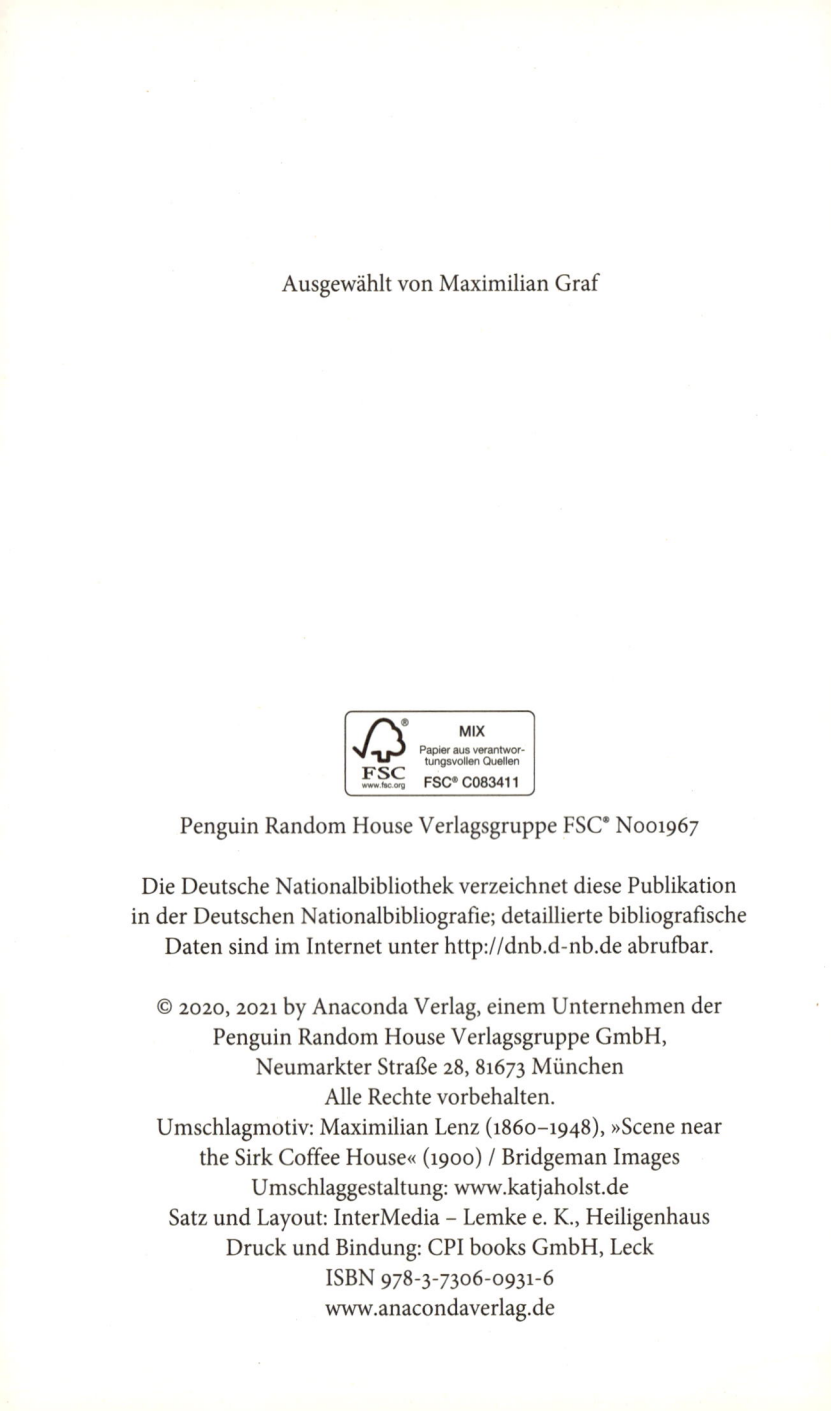

Penguin Random House Verlagsgruppe FSC® N001967

Die Deutsche Nationalbibliothek verzeichnet diese Publikation
in der Deutschen Nationalbibliografie; detaillierte bibliografische
Daten sind im Internet unter http://dnb.d-nb.de abrufbar.

© 2020, 2021 by Anaconda Verlag, einem Unternehmen der
Penguin Random House Verlagsgruppe GmbH,
Neumarkter Straße 28, 81673 München
Alle Rechte vorbehalten.
Umschlagmotiv: Maximilian Lenz (1860–1948), »Scene near
the Sirk Coffee House« (1900) / Bridgeman Images
Umschlaggestaltung: www.katjaholst.de
Satz und Layout: InterMedia – Lemke e. K., Heiligenhaus
Druck und Bindung: CPI books GmbH, Leck
ISBN 978-3-7306-0931-6
www.anacondaverlag.de

Inhalt

Der Vorzugsschüler

(1916)

Des Briefträgers Andreas Wanzls Söhnchen, Anton, hatte das merkwürdigste Kindergesicht von der Welt. Sein schmales, blasses Gesichtchen mit den markanten Zügen, die eine gekrümmte, ernste Nase noch verschärfte, war von einem äußerst kargen weißgelben Haarschopf gekrönt. Eine hohe Stirn thronte ehrfurchtgebietend über dem kaum sichtbaren weißen Brauenpaar, und darunter sahen zwei blassblaue, tiefe Äuglein sehr altklug und ernst in die Welt. Ein Zug der Verbissenheit trotzte in den schmalen, blassen, zusammengepressten Lippen, und ein schönes, regelmäßiges Kinn bildete einen imposanten Abschluss des Gesichtes. Der Kopf stak auf einem dünnen Halse, sein ganzer Körperbau war schmächtig und zart. Zu seiner Gestalt bildeten nur die starken roten Hände, die an den dünn-gebrechlichen Handgelenken wie lose angeheftet schlenkerten, einen sonderbaren Gegensatz. Anton Wanzl war stets nett und reinlich gekleidet. Kein Stäubchen auf seinem Rock, kein winziges Loch im Strumpf, keine Narbe, kein Ritz auf dem glatten, blassen Gesichtchen. Anton Wanzl spielte selten, raufte nie mit den Buben und stahl keine roten Äpfel aus Nachbars Garten. Anton Wanzl *lernte* nur. Er lernte vom Morgen bis spät in die Nacht. Seine Bücher und Hefte waren fein säuberlich in knatterndes weißes Packpapier gehüllt, auf dem ersten Blatte stand in der für ein Kind seltsam kleinen, netten Schrift sein Name. Seine glänzenden Zeugnisse lagen feierlich gefaltet in einem großen ziegelroten Kuvert

dicht neben dem Album mit den wunderschönsten Briefmarken, um die Anton noch mehr als um seine Zeugnisse
beneidet wurde.

Anton Wanzl war der ruhigste Junge im ganzen Ort.
In der Schule saß er still, die Arme nach Vorschrift »ver-
schränkt«, und starrte mit seinen altklugen Äuglein auf
den Mund des Lehrers. Freilich war er Primus. Ihn hielt
man stets als Muster der ganzen Klasse vor, seine Schulhefte wiesen keinen roten Strich auf, mit Ausnahme der
mächtigen 1, die regelmäßig unter allen Arbeiten prangte.
Anton gab ruhige, sachliche Antworten, war stets vorbereitet, nie krank. Auf seinem Platz in der Schulbank
saß er wie angenagelt. Am unangenehmsten waren ihm
die Pausen. Da mussten alle hinaus, das Schulzimmer
wurde gelüftet, nur der »Aufseher« blieb. Anton aber
stand draußen im Schulhof, drückte sich scheu an die
Wand und wagte keinen Schritt, aus Furcht, von einem
der rennenden, lärmenden Knaben umgestoßen zu werden. Aber wenn die Glocke wieder läutete, atmete Anton
auf. Bedächtig, wie sein Direktor, schritt er hinter den
drängenden, polternden Jungen einher, bedächtig setzte
er sich in die Bank, sprach zu keinem ein Wort, richtete
sich kerzengerade auf und sank automatenhaft wieder
auf den Platz nieder, wenn der Lehrer »Setzen!« kom-
mandiert hatte.

Anton Wanzl war kein glückliches Kind. Ein brennen-
der Ehrgeiz verzehrte ihn. Ein eiserner Wille zu glänzen,
alle seine Kameraden zu überflügeln, rieb fast seine
schwachen Kräfte auf. Vorderhand hatte Anton nur *ein*
Ziel. Er wollte »Aufseher« werden. Das war nämlich zur-
zeit ein anderer, ein »minder guter« Schüler, der aber der
Älteste in der Klasse war und dessen respektables Alter im
Klassenlehrer Vertrauen erweckt hatte. Der »Aufseher«

war eine Art Stellvertreter des Lehrers. In dessen Abwesenheit hatte der also ausgezeichnete Schüler auf seine Kollegen aufzupassen, die Lärmenden »aufzuschreiben« und dem Klassenlehrer anzugeben, für eine blanke Tafel, feuchten Schwamm und zugespitzte Kreide zu sorgen, Geld für Schulhefte, Tintenfässer und Reparaturen rissiger Wände und zerbrochener Fensterscheiben zu sammeln. Ein solches Amt imponierte dem kleinen Anton gar gewaltig. Er brütete in schlaflosen Nächten grimmige, racheheiße Pläne aus, er sann unermüdlich nach, wie er den »Aufseher« stürzen könnte, um selber dieses Ehrenamt zu übernehmen. Eines Tages hatte er es heraus.

Der »Aufseher« hatte eine merkwürdige Vorliebe für Farbenstifte und -tinten, für Kanarienvögel, Tauben und junge Küchlein. Geschenke solcher Art konnten ihn leicht bestechen, und der Geber durfte nach Herzenslust lärmen, ohne angezeigt zu werden. Hier wollte Anton eingreifen. Er selbst gab nie Geschenke. Aber noch ein zweiter Junge zahlte keinen Tribut. Es war der Ärmste der Klasse. Da der »Aufseher« den Anton nicht anzeigen konnte, weil man diesem Jungen keinen Schabernack zutraute, war der arme Knabe das tägliche Opfer der aufseherischen Anzeigenwut. Hier konnte Anton ein glänzendes Geschäft machen. Keiner würde ahnen, dass er »Aufseher« werden wolle. Nein, nahm er sich des armen, windelweich geprügelten Jungen an und verriet er dem Lehrer die schändliche Bestechlichkeit des jungen Tyrannen, so würde man das sehr gerecht, ehrlich und mutig nennen. Aber auch kein anderer hatte dann Aussicht auf den vakanten Aufseherposten als eben Anton. Und so fasste er sich eines Tages ein Herz und schwärzte den »Aufseher« an. Derselbe wurde sofort unter Verabreichung einiger Rohrstockstreiche seines Amtes enthoben

und Anton Wanzl zum »Aufseher« feierlich ernannt. Er
hatte es erreicht.

Anton Wanzl saß sehr gerne auf dem schwarzen Ka-
theder. Es war so ein wonniges Gefühl, von einer respek-
tablen Höhe aus das Klassenzimmer zu überblicken, mit
dem Bleistift zu kritzeln, hie und da Mahnungen auszu-
teilen und ein bisschen Vorsehung zu spielen, indem
man ahnungslose Polterer aufschrieb, der gerechten
Strafe zuführte und im Vorhinein wusste, wen das unerbittliche Schicksal ereilen werde. Man wurde vom
Lehrer ins Vertrauen gezogen, durfte Schulhefte tragen,
konnte wichtig erscheinen, genoss ein Ansehn. Aber Anton
Wanzls Ehrgeiz ruhte nicht. Stets hatte er ein neues Ziel vor
Augen. Und darauf arbeitete er mit allen Kräften los.

Dabei konnte er aber keineswegs ein »Lecker« genannt werden. Er bewahrte äußerlich stets seine Würde,
jede seiner kleinen Handlungen war wohldurchdacht,
er erwies den Lehrern kleine Aufmerksamkeiten mit
einem ruhigen Stolz, half ihnen in die Überröcke mit
der strengsten Miene, und jede seiner Schmeicheleien
war unauffällig und hatte den Charakter einer Amts-
handlung.

Zu Hause hieß er »Tonerl« und galt als Respektsper-
son. Sein Vater hatte das charakteristische Wesen eines
kleinstädtischen Briefträgers, halb Amtsperson, halb pri-
vater Geheimsekretär und Mitwisser mannigfaltiger Fa-
miliengeheimnisse, ein bisschen würdevoll, ein bisschen
untertänig, ein wenig stolz, ein wenig trinkgeldbedürf-
tig. Er hatte den charakteristischen geknickten Gang der
Briefträger, scharrte mit den Füßen, war klein und dürr
wie ein Schneiderlein, hatte eine etwas zu weite Amts-
kappe und bisschen zu lange Hosen an, war aber im
Übrigen ein recht »anständiger Mensch« und erfreute

sich bei Vorgesetzten und Bürgern eines gewissen Ansehens.

Seinem einzigen Söhnchen bewies Herr Wanzl eine Hochachtung, wie er sie nur noch vor dem Herrn Bürgermeister und dem Herrn Postverwalter hatte. Ja, dachte sich oftmals Herr Wanzl an seinen freien Sonntagnachmittagen: Der Herr Postverwalter ist eben ein Postverwalter. Aber was mein Anton noch alles werden kann! Bürgermeister, Gymnasialdirektor, Bezirkshauptmann und – hier machte Herr Wanzl einen großen Sprung – vielleicht gar Minister? Wenn er solche Gedanken seiner Frau äußerte, so führte diese erst den rechten, dann den linken blauen Schürzenzipfel an beide Augen, seufzte ein bisschen und sagte bloß: »Ja, ja.« Denn Frau Margarethe Wanzl hatte vor Mann und Sohn einen gewaltigen Respekt, und wenn sie schon einen Briefträger hoch über alle andern stellte, wie nun gar einen Minister?!

Der kleine Anton aber vergalt den Eltern ihre Sorgfalt und Liebe mit sehr viel Gehorsam. Freilich, das fiel ihm gar nicht allzu schwer. Denn da seine Eltern wenig befahlen, hatte Anton wenig zu gehorchen. Aber zugleich mit seinem Ehrgeiz, der beste Schüler zu sein, ging auch sein Bestreben, ein »guter Sohn« genannt zu werden. Wenn ihn seine Mutter vor den Frauen lobte, sommers, draußen vor der Türe, auf der dottergelben Holzbank, und Anton auf dem Hühnerbauer mit seinem Buche saß, so schwoll sein Herz vor Stolz. Er machte freilich dabei die gleichgültigste Miene, schien, ganz in seine Sache vertieft, von den Weiberreden kein Wort zu hören. Denn Anton Wanzl war ein geriebener Diplomat. Er war so gescheit, dass er nicht gut sein konnte.

Nein, Anton Wanzl war nicht gut. Er hatte keine Liebe, er fühlte kein Herz. Er tat nur, was er für klug und

praktisch fand. Er gab keine Liebe und verlangte keine.
Nie hatte er das Bedürfnis nach einer Zärtlichkeit, einer
Liebkosung, er war nicht wehleidig, er weinte nie. Anton
Wanzl hatte auch keine Tränen. Denn ein braver Junge
durfte nicht weinen.

So wurde Anton Wanzl älter. Oder besser: Er wuchs
heran. Denn jung war Anton nie gewesen.

Anton Wanzl änderte sich auch nicht im Gymnasium.
Nur in seinem äußeren Wesen war er noch sorgfältiger
geworden. Er war weiter der Vorzugsschüler, der Mus-
terknabe, fleißig, sittsam und tugendhaft, er beherrschte
alle Gegenstände gleich gut und hatte keine sogenannten »Vorlieben«, weil er überhaupt nichts hatte, was
mit Liebe zusammenhing. Nichtsdestoweniger dekla-
mierte er Schillersche Balladen mit feurigem Pathos und
künstlerischem Schwung, spielte Theater bei verschiedenen Schulfeiern, sprach sehr altklug und weise von der
Liebe, verliebte sich aber selbst nie und spielte den jungen
Mädchen gegenüber die langweilige Rolle des Mentors
und Pädagogen. Aber er war ein vorzüglicher Tänzer,
auf Kränzchen gesucht, von tadellos lackierten Manie-
ren und Stiefeln, steifgebügelter Haltung und Hose,
und seine Hemdbrust ersetzte an Reinheit, was seinem
Charakter von dieser Eigenschaft fehlte. Seinen Kollegen half er stets, aber nicht weil er helfen wollte, sondern aus Furcht, er könnte einmal auch was vom andern
brauchen. Seinen Lehrern half er weiter in die Überröcke, war stets bei der Hand, wenn man ihn brauchte,
aber ohne Aufsehen zu erregen, und wurde trotz seines
kränklichen Aussehens nie krank.

Nach der glänzend bestandenen Matura, den obliga-
ten Glückwünschen und Gratulationen, den elterlichen
Umarmungen und Küssen dachte Anton Wanzl über die

weitere Richtung seiner Studien nach. Theologie! Dazu hätte er sich vielleicht am besten geeignet, dazu befähigte ihn seine blasse Scheinheiligkeit. Aber – Theologie! Wie leicht konnte man sich da kompromittieren! Nein, das war es nicht. Arzt werden, dazu liebte er die Menschen zu wenig. Advokat wäre er gerne geworden, Staatsanwalt am liebsten – aber Jurisprudenz – das war nicht vornehm, galt nicht für ideal. Aber man war Idealist, wenn man Philosophie studierte. Und zwar: Literatur. Ein »Bettlerberuf« – sagten die Leute. Aber man konnte zu Geld und Ansehn kommen, wenn man es geschickt anstellte. Und etwas geschickt anstellen – das konnte Anton.

Anton war also Student. Aber einen so »soliden« Studenten hatte die Welt noch nicht gesehen. Anton Wanzl rauchte nicht, trank nicht, schlug sich nicht. Freilich, einem Verein musste er angehören, das lag tief in seiner Natur. Er musste Kollegen haben, die er überflügeln konnte, er musste glänzen, ein Amt haben, Vorträge halten. Und wenn auch die übrigen Vereinsmitglieder Anton ins Gesicht lachten, ihn einen Stubenhocker und Büffler nannten, so hatten sie doch im Stillen einen gewaltigen Respekt vor dem jungen Menschen, der noch in den grünen Semestern steckte und dennoch ein so ungeheures Wissen besaß.

Auch bei den Lehrern fand Anton Achtung. Dass er klug war, erkannten sie auf den ersten Blick. Er war übrigens ein äußerst notwendiges Nachschlagewerk, ein wandelndes Lexikon, er wusste alle Bücher, Verfasser, Jahreszahlen, Verlagsbuchhandlungen, er kannte alle neuen, verbesserten Auflagen, er war ein Schnüffler und Bücherwurm. Aber er hatte auch eine scharfe Kombinationsgabe, ein klein bisschen Stoffhuber, was den Professoren aber am meisten behagte, war eine wahrhaft

köstliche Naturgabe. Er konnte nämlich stundenlang
mit dem Kopf nicken, ohne zu ermüden. Er gab immer
recht. Dem Professor gegenüber kannte er keinen Wider-
spruch. Und so kam es, dass Anton Wanzl in den Semi-
narübungen eine bekannte Persönlichkeit war. Er war
stets gefällig, immer ruhig und dienstbeflissen, er fand
unauffindbare Bücher auf, schrieb Zettel aus und Vor-
tragsankündigungen, aber auch Überröcke hielt er weiter, war Schweizer, Türsteher, Professorenbegleiter.

Nur auf *einem* Gebiete hatte Anton Wanzl sich noch
nicht hervorgetan: auf dem der Liebe. Aber er hatte
kein Bedürfnis nach Liebe. Freilich, wenn er so im Stillen überlegte, so fand er, dass erst der Besitz eines Weibes ihm bei Freunden und Kollegen die vollkommenste
Achtung verschaffen konnte. Dann erst würden die Spöt-
teleien aufhören, dann stände er, Anton, da, ehrfurchtgebietend, hoch geachtet, unerreichbar, das Muster eines
Mannes.

Und auch seine unermessliche Herrschsucht verlangte
nach einem Wesen, das ihm vollständig ergeben wäre,
das er kneten und formen konnte nach seinem Willen.
Anton Wanzl hatte bis jetzt gehorcht. Nun wollte er einmal befehlen. In allem gehorchen würde ihm nur ein lie-
bendes Weib. Man musste es nur geschickt anstellen.
Und etwas geschickt anstellen, das konnte Anton. –

Die kleine Mizzi Schinagl war Miederverkäuferin bei
Popper, Eibenschütz & Co. Sie war ein nettes, dunkles
Ding mit zwei großen braunen Rehaugen, einem schnip-
pischen Näschen und einer etwas zu kurzen Oberlippe,
sodass das blitzblanke Mäuschengebiss schimmernd
hervorblinkte. Sie war schon »wie verlobt«, und zwar mit
Herrn Julius Reiner, Commis und Spezialist in Krawatten und Schnupftüchern, ebenfalls bei der Firma Popper,

Eibenschütz & Co. An dem sauberen jungen Mann fand
Mizzi zwar ein ziemliches Wohlgefallen, aber ihr kleines Köpfchen und noch weniger ihr Herz konnte sich den
Herrn Julius Reiner als den Gatten der Mizzi Schinagl vor-
stellen. Nein, der konnte unmöglich ihr Mann werden,
der junge Mensch, der noch vor kaum zwei Jahren von
Herrn Markus Popper zwei schallende Ohrfeigen erhalten hatte. Mizzi musste einen Mann haben, zu dem sie
aufblicken sollte, einen Ehrenmann von höherer sozialer
Stellung. Das echt weibliche Wesen, dessen angeborenen
Takt ein Mann erst durch Bildung erwerben muss, empfand manche Seiten des Spezialisten in Krawatten und
Schnupftüchern doppelt unschön. Am liebsten wäre
Mizzi Schinagl ein junger Student gewesen, einer von
den vielen bunt bekappten jungen Leuten, die draußen
nach Geschäftsschluss auf die weiblichen Angestellten
warteten. Mizzi hätte sich so gerne von einem Herrn auf
der Straße ansprechen lassen, wenn nur der Julius Reiner nicht so furchtbar achtgegeben hätte.

Aber da hatte grade ihre Tante, Frau Marianne Won-
tek in der Josefstadt, einen neuen, liebenswürdigen Zim-
merherrn bekommen. Herr Anton Wanzl war zwar sehr
ernst und gelehrt, aber von einer zuvorkommenden Höflichkeit, besonders Fräulein Mizzi Schinagl gegenüber.
Sie brachte ihm an den Sonntagnachmittagen den Jau-
senkaffee in seine Stube, und der junge Herr dankte immer mit einem freundlichen Wort und einem warmen
Blick. Ja, einmal lud er sie sogar zum Sitzen ein, aber
Mizzi dankte, murmelte etwas von Nicht-stören-Wol-
len, errötete und schlüpfte etwas verwirrt ins Zimmer
der Tante. Als Herr Anton aber sie einmal auf der Straße
grüßte und sich anschloss, ging Mizzi sehr gerne mit,
machte sogar einen kleinen Umweg, um zu ihrer Woh-

nung zu gelangen, verabredete mit Herrn stud. phil. Anton Wanzl ein Rendezvous am Sonntag und zankte am nächsten Morgen mit Julius Reiner.

Anton Wanzl erschien einfach, aber elegant gekleidet, sein fades, blasses Haar war heute sorgfältiger gescheitelt als je, eine kleine Erregung war seinem weißen, kalten Marmorantlitz doch anzumerken. Er saß im Stadtpark neben Mizzi Schinagl und dachte angestrengt darüber nach, was er eigentlich reden sollte. In einer solch fatalen Situation war er noch nie gewesen. Aber Mizzi wusste zu plaudern. Sie erzählte das und jenes, es wurde Abend, der Flieder duftete, die Amsel schlug, der Mai kicherte aus dem Gebüsch, da vergaß sich Mizzi Schinagl und sagte etwas unvermittelt: »Du, Anton, ich liebe dich.« Herr Anton Wanzl erschrak ein wenig, Mizzi Schinagl noch mehr, sie wollte ihr glühendes Gesichtchen irgendwo verbergen und wusste kein besseres Versteck als Herrn Anton Wanzls Rockklappen. Herrn Anton Wanzl war das noch nie passiert, seine steife Hemdbrust knackte vernehmlich, aber er fasste sich bald – einmal musste das doch geschehn!

Als er sich beruhigt hatte, fiel ihm etwas Vortreffliches ein. »Ich bin dîn, du bist mîn«, zitierte er halblaut. Und daran knüpfte er einen kleinen Vortrag über die Periode der Minnesinger, er sprach mit Pathos von Walther von der Vogelweide, kam auch auf die erste und zweite Lautverschiebung, von da auf die Schönheit unserer Muttersprache und ohne einen rechten Übergang auf die Treue der deutschen Frauen. Mizzi lauschte angestrengt, sie verstand kein Wort, aber das war eben der Gelehrte, so musste ein Mann wie Herr Anton Wanzl eben sprechen. Sein Vortrag kam ihr just so schön vor wie das Pfeifen der Amsel und das Flöten der Nachtigall. Aber vor lauter Liebe und Frühling hielt sie es nicht länger aus und unterbrach Antons wunderschönen Vortrag durch einen recht angenehmen Kuss auf die schmalen, blassen Lippen Wanzls, den dieser zu erwidern nicht minder angenehm fand. Bald regnete es Küsse auf ihn nieder, derer sich Herr Wanzl weder erwehren konnte noch wollte. Sie gingen schließlich stumm nach Hause, Mizzi hatte zu viel auf dem Herzen, Anton wusste trotz angestrengten Nachdenkens kein Wort zu finden. Er war froh, als ihn Mizzi nach einem Dutzend heißer Küsse und Umarmungen entlassen hatte.

Seit jenem denkwürdigen Tage »liebten« sie sich.

Herr Anton Wanzl hatte sich bald gefunden. Er lernte an Wochentagen und liebte an Sonntagen. Seinem Stolze schmeichelte es, dass er von einigen »Bundesbrüdern« mit Mizzi gesehen und mit einem vieldeutigen Lächeln begrüßt worden war. Er war fleißig und ausdauernd, und nicht mehr lange dauerte es, und Herr Anton Wanzl war Doktor.

Als »Probekandidat« kam er ins Gymnasium, von den Eltern brieflich bejubelt und beglückwünscht, von den Professoren »wärmstens« empfohlen, von dem Direktor herzlich begrüßt.

Hofrat Sabbäus Kreitmeyr war Direktor des II. k. k. Staatsgymnasiums, ein Philologe von Ruf, mit vielen sogenannten »Verbindungen«, bei den Schülern beliebt, bei Vorgesetzten gut angeschrieben, und verkehrte in der besten Gesellschaft. Seine Frau Cäcilie wusste ein »großes Haus« zu führen, veranstaltete Abende und Bälle, die den Zweck hatten, das einzige Töchterchen des Direktors, Lavinia – wie dieser sie etwas unpassend benannt hatte –, unter die Haube zu bringen. Hofrat Sabbäus Kreitmeyr war, wie die meisten Gelehrten alten

Schlages, ein Pantoffelheld, er fand alles für richtig, was
seine würdige Gemahlin anordnete, und glaubte an sie
wie an die alleinseligmachenden Regeln der lateinischen Grammatik. Seine Lavinia war ein sehr gehorsa-
mes Kind, las keine Romane, beschäftigte sich nur mit
der antiken Mythologie und verliebte sich nichtsdestoweniger in ihren jungen Klavierlehrer, den Virtuosen
Hans Pauli.

Hans Pauli war eine echte Künstlernatur. Das naive
Kindergemüt Lavinias hatte es ihm angetan. Er war in
der Liebe noch recht unerfahren, Lavinia war das erste
weibliche Wesen, mit dem er stundenlang zusammen-
saß, bei ihr fand er Bewunderung, die ihm sonst nicht
sehr oft zuteilwurde; und wenn auch die Hofratstoch-
ter nicht schön zu nennen war – sie hatte eine etwas zu
breite Stirn und wässerige, farblose Augen –, so konnte
man sie doch nicht, schon ihrer schönen Statur wegen,
gerade unhübsch nennen. Hans Pauli träumte zudem
von einer »deutschen« Frau, hielt viel auf Treue und verlangte, wie die meisten Künstler, ein weibliches Weib, bei
dem er seine Launen austoben, aber auch Trost und Er-
holung finden könnte. Nun schien ihm Fräulein Lavinia
dazu am besten geeignet, und da noch um sie der Zauber knospender Jugend wehte, schlug die Künstlerfan-
tasie Herrn Hans Pauli ein Schnippchen, und der ange-
hende Virtuose von Ruf verliebte sich stracks in Fräulein
Lavinia Kreitmeyr.

Wie es um die beiden stand, erkannte Herr Anton
Wanzl gleich am ersten Abend, den er im Kreitmeyrschen
Hause zubrachte. Lavinia Kreitmeyr gefiel ihm nicht im
Geringsten. Aber der Instinkt, mit dem Vorzugsschüler
des Lebens stets ausgerüstet sind, sagte ihm, dass Lavi-
nia eine gar passende Frau für ihn wäre und Herr Hofrat

Sabbäus ein noch passenderer Schwiegervater. Diesen kindischen Künstler Pauli konnte man leicht an die Luft setzen. Man musste es nur geschickt anstellen. Und etwas geschickt anstellen – das verstand Anton.

Herr Anton Wanzl hatte es nach einer halben Stunde herausgefunden, dass Frau Cäcilie die wichtigste Rolle im Hause spielte. Wollte er die Hand des Frl. Lavinia, so musste er vor allem das Herz der Mutter gewinnen. Und da er sich auf die Unterhaltung älterer Matronen besser verstand als auf die junger Mädchen, so verband er nach der alten lateinischen Regel das dulce mit dem utile und machte den Kavalier der Frau Direktor. Er sagte ihr manche zarte Schmeichelei, die ein Pauli in seiner reinen Torheit Fräulein Lavinia gesagt hätte. Und bald hatte Frau Cäcilie Kreitmeyr den Herrn Anton Wanzl ins Herz geschlossen. Seinem Rivalen Hans Pauli gegenüber benahm sich Anton mit kühner ironisierender Höflichkeit. Dem Musiker verriet sein künstlerisches Feingefühl, mit wem er es zu tun habe. Er, der Tor, das Kind, durchschaute Herrn Anton Wanzl tiefer als alle Professoren und weisen Männer. Aber Hans Pauli war kein Diplomat. Er äußerte Anton Wanzl gegenüber stets unverhohlen seine Meinung. Anton blieb kühl und sachlich, Pauli erhitzte sich, Anton rückte bald mit seiner schweren Rüstung der Gelehrsamkeit ins Feld, gegen solche Waffen konnte Hans Pauli nichts ausrichten, denn er war wie so viele Musiker ohne größeres Wissen, seine schwerfällige Verträumtheit erdrückte in ihm dasjenige, was man in der Gesellschaft »Geist« nennt, und er musste sich beschämt zurückziehen.

Fräulein Lavinia Kreitmeyr schwärmte zwar für Bach und Beethoven und Mozart, aber als rechte Tochter eines Philologen von Ruf hatte sie eine gleich große Verehrung für die Wissenschaft. Hans Pauli war ihr wie ein Orpheus erschienen, dem Flora und Fauna lauschen mussten. Nun aber war ein Prometheus gekommen, der das heilige Feuer vom Olymp geradewegs in die Wohnung des Herrn Hofrat Kreitmeyr brachte. Hans Pauli aber hatte sich mehrere Male blamiert, er zählte in der Gesellschaft kaum mit. Auch war Anton Wanzl ein Mann, den auch der Hofrat sehr hochstellte, den Mama so sehr lobte. Lavinia war eine gehorsame Tochter. Und als Herr Kreitmeyr ihr eines Tages riet, Herrn Dr. Wanzl die Hand zum Bunde fürs Leben zu reichen, sagte sie: »Ja.« Ein gleiches »Ja« bekam auch der hocherfreute Anton zu hören, als er bei Fräulein Lavinia bescheiden anfragte. Die Verlobung wurde für einen bestimmten Tag, den Geburtstag der Lavinia, angesetzt. Hans Pauli aber verstand jetzt die Tragik seines Künstlerlebens. Er war verzweifelt, dass man ihm einen Anton Wanzl vorgezogen, er hasste die Menschen, die Welt, Gott. Dann setzte er sich auf einen Dampfer, reiste nach Amerika, spielte in Kinos und Varietés, wurde ein verlottertes Genie und starb schließlich vor Hunger auf der Straße. An einem wunderschönen Juniabend wurde im hofrätlichen Hause die Verlobung gefeiert. Frau Cäcilie rauschte in grauseidenem Kleide, Herr Hofrat Kreitmeyr fühlte sich unbehaglich in seinem schlecht sitzenden Frack und zupfte abwechselnd bald an seiner windschiefen Krawatte, bald an den blitzblanken Manschettenröllchen. Herr Anton strahlte vor Freude an der Seite seiner hell gekleideten, etwas ernsten Braut, Toaste wurden gehalten und erwidert, Becher erklangen, Hochrufe dröhnten bis hinaus durch die offenen Fenster in das Tuten der Autos.

Draußen rauschten die Wellen der Donau ihr uraltes Lied von Werden und Vergehen. Sie trugen die Sterne mit und die weißen Wölklein, den blauen Himmel und den Mond. In heiß duftenden Jasminbüschen lag die Nacht und hielt den Wind in ihren weichen Armen, dass nicht der leiseste Hauch durch die schwüle Welt ging.

Mizzi Schinagl stand am Ufer. Sie fürchtete sich nicht vor dem tiefdunklen Wasser unten. Drin musste es wohlig und weich sein, man stieß sich nicht an Kanten und Ecken wie auf der dummen Erde droben, und nur Fische gab es drin, stumme Wesen, die nicht lügen konnten, so entsetzlich lügen wie die bösen Menschen. Stumme Fische!

Stumme! Auch ihr Kindchen war stumm, tot geboren. »Es ist am besten so«, hatte Tante Marianne gesagt. Ja, ja, es war wirklich am besten. Und das Leben war doch so schön! Heute, vor einem Jahr. Ja, wenn das Kindchen lebte, so musste auch sie leben, die Mutter. Aber so! Das Kind war tot, und das Leben tot – –

Durch die nächtliche Stille klang plötzlich ein Lied aus tiefen Männerkehlen. Burschengesänge, alte Lieder – Studenten waren es. Ob wohl alle Studenten so waren? Nein! Der Wanzl! Der war doch nicht einmal ein richtiger Student! Oh, sie kannte ihn gut! Ein Feigling war er, ein Heuchler, ein Scheinheiliger! Oh, wie sie ihn hasste!

Die Lieder klangen immer näher. Deutliche Schritte waren vernehmbar.

Antons »Bundesbrüder« kehrten von einem Sommerfest zurück. Herr stud. jur. Xandl Hummer, hoch in den Dreißigern, im 18. Semester, »Bierfass« genannt, betrank sich nicht leicht und holte jetzt rüstig aus. Seine kleinen Äuglein erspähten dort ferne am Ufer eine Frauengestalt. »Holla. Brüder, es gilt ein Leben zu retten!«, sagte er.

»Fräulein«, rief er, »warten Sie einen Augenblick! Ich komm' schon!« Mizzi Schinagl sah trübe in das aufge-

dunsene rote Gesicht Xandls. Ein jäher Gedanke durch-
zuckte ihr Hirn. Wie, wenn – – Ja, ja, sie wollte sich rächen! Rächen an der Welt, an der Gesellschaft!

Mizzi Schinagl lachte. Ein gelles, schneidendes Lachen. So lacht eine – dachte sie. Nur noch einen Blick
warf sie ins Wasser. Und starrte dann eine Weile in die
Luft.

Sie hörte nicht die rohen Späße des Studenten. Er aber
nahm ihren Arm. Im Triumph wurde sie auf die »Bude«
Xandls geführt.

Am nächsten Morgen brachte sie »Bierfass« in die
»Pension« zu »Tante« Waclawa Jancic am Spittel. –

Herr Anton Wanzl war mit seiner jungen Frau von der
Ferien- und Hochzeitsreise zurückgekehrt. Er war ein
gewissenhafter, strenger, gerechter Lehrer. Er wuchs in
den Augen der Vorgesetzten, spielte eine Rolle in der besseren Gesellschaft und arbeitete an einem wissenschaftlichen Werk. Sein Gehalt stieg und stieg, er wuchs von
einer Rangklasse in die andere. Seine Eltern hatten ihm
den Gefallen erwiesen und waren kurz nach seiner Hochzeit beide fast in derselben Zeit gestorben. Herr Anton
Wanzl aber ließ sich jetzt zu der größten Verwunderung
aller in seine Heimatstadt versetzen.

Das kleine Gymnasium verwaltete dort ein alter
Direktor, ein lässiger Mann, alleinstehend, ohne Weib
und Kind, der nur in der Vergangenheit lebte und sich
um seine Pflichten nicht kümmerte. Nichtsdestoweniger
war ihm sein Amt lieb geworden, er musste lachende,
junge Gesichter um sich sehen, seine Bäume im großen
Park pflegen, von den Bürgern des Städtchens ehrfürchtig gegrüßt werden. Man hatte drüben im Landesschul-
rat Mitleid mit dem alten Manne und wartete nur noch
auf seinen Tod.

Anton Wanzl kam und nahm die Verwaltung der Schule in die Hand. Als Rangältester wurde er Sekretär, er schrieb Berichte an den Schulrat, bekam die Kasse in Verwaltung, beaufsichtigte den Unterricht und die Reparaturen, schaffte Ordnung. Er kam auch hie und da nach Wien und hatte Gelegenheit, an den Abenden, die seine Schwiegermutter seltener zwar, aber doch immer noch veranstaltete, hie und da einem Herrn von der Statthalterei auch mündlichen Bericht zu erstatten. Dabei verstand er es vortrefflich, seine eigene Tätigkeit ins hellste Licht zu rücken, von seinem Direktor mit einem bedauernden Unterton in der Stimme zu sprechen und seine Worte mit einem vielsagenden Achselzucken zu begleiten. Frau Cäcilie Kreitmeyr aber besorgte das übrige.

Eines Tages spazierte der alte Herr Direktor mit seinem Sekretär Dr. Wanzl in den schönen Gartenanlagen des Gymnasiums. Der alte Herr freute sich beim Anblick der Bäume, hie und da huschte ein frisches Jungengesicht vorbei und verschwand wieder. Des Herrn Direktors altes Greisenherz freute sich.

Gerade bog der Schuldiener in die Allee ein, grüßte und überreichte einen mächtigen Brief. Der Herr Direktor schnitt das große weiße Kuvert bedächtig auf, zog das Blatt mit dem großen Amtssiegel hervor und begann zu lesen. Ein Ausdruck des Schreckens belebte plötzlich seine alten, schlaffen Züge. Er machte eine Bewegung, als wollte er nach seinem Herz greifen, schwankte und fiel. Nach einigen Sekunden war er in den Armen seines Sekretärs gestorben.

Dem Herrn Direktor Dr. Anton Wanzl ging es gut. Sein Ehrgeiz ruhte seit Jahren. Manchmal dachte er wohl an eine Universitätsprofessur, die er hätte erreichen können, aber bald hatte er sich die Sache überlegt. Er war mit sich sehr zufrieden. Und noch mehr mit den Menschen. Manchmal im tiefsten Winkel seines Herzens lachte er über die Leichtgläubigkeit der Welt. Aber seine blassen Lippen blieben geschlossen. Selbst wenn er allein war, in seinen vier Wänden, lachte er nicht. Er fürchtete, die Wände hätten nicht nur Ohren, sondern auch Augen und könnten ihn verraten.

Kinder hatte er keine, sehnte sich auch nicht nach ihnen. Zu Hause war er der Herr, seine Gemahlin blickte bewundernd zu ihm empor, seine Schüler verehrten ihn. Nur nach Wien kam er seit einigen Jahren nicht mehr. Dort war ihm einmal was höchst Fatales passiert. Als er einmal in der Nacht mit seiner Frau aus der Oper heimkehrte, begegnete ihm an der Ecke ein aufgeputztes Frauenzimmer, warf einen Blick auf Frau Lavinia an seiner Seite und lachte schrill auf. Lange klang dieses wilde Lachen Herrn Anton Wanzl in den Ohren.

Direktor Wanzl lebte noch lange glücklich an der Seite seiner Frau. Aber seine stark überspannten Kräfte ließen mählich nach. Der überanstrengte Organismus rächte sich. Die lange durch die Macht des straffen Willens zurückgehaltene Schwäche brach auf einmal durch. Eine schwere Lungenentzündung warf Anton Wanzl aufs Krankenlager, das ihn nicht mehr loslassen sollte. Nach einigen Wochen schweren Leidens starb Anton Wanzl.

Alle Schüler waren gekommen, alle Bürger des Städtchens, Kränze mit langen schwarzen Schleifen überdeckten den Sarg, Reden wurden gehalten, Abschiedsworte nachgerufen.

Herr Anton Wanzl aber lag tief drinnen im schwarzen Metallsarg und lachte. Anton Wanzl lachte zum ersten Male. Er lachte über die Leichtgläubigkeit der Menschen, über die Dummheit der Welt. Hier durfte er lachen. Die Wände seines schwarzen Kastens konnten ihn nicht verraten. Und Anton Wanzl lachte. Lachte stark und herzlich.

Seine Schüler ließen es sich nicht nehmen, ihrem verehrten und geliebten Direktor einen marmornen Grabstein zu setzen. Auf diesem standen unter dem Namen des Verstorbenen die Verse:

»Üb immer Treu und Redlichkeit
Bis an dein kühles Grab!«

Barbara

(1918)

Sie hieß Barbara. Klang ihr Name nicht wie Arbeit? Sie hatte eines jener Frauengesichter, die so aussehen, als wären sie nie jung gewesen. Man kann ihr Alter auch nicht mutmaßen. Es lag verwittert in den weißen Kissen und stach von diesen ab durch eine Art gelblichgrauer Sandsteinfärbung. Die grauen Augen flogen rastlos hin und her wie Vögel, die sich in den Wust der Polster verirrt; zuweilen aber kam eine Starrheit in diese Augen; sie blieben an einem dunklen Punkt oben an der weißen Zimmerdecke kleben, einem Loch oder einer rastenden Fliege. Dann überdachte Barbara ihr Leben.

Barbara war 10 Jahre alt, als ihre Mutter starb. Der Vater war ein wohlhabender Kaufmann gewesen, aber er hatte angefangen zu spielen und hatte der Reihe nach Geld und Laden verloren; aber er saß weiter im Wirtshause und spielte. Er war lang und dürr und hielt die Hände krampfhaft in den Hosentaschen versenkt. Man wusste nicht: Wollte er auf diese Art das noch übrige Geld festhalten oder es verhüten, dass jemand in seine Tasche greife und sich von deren Inhalt oder Leere überzeuge? Er liebte es, seine Bekannten zu überraschen, und wenn es seinen Partnern beim Kartenspiel schien, dass er schon alles verloren habe, zog er zur allgemeinen Verblüffung noch immer irgendeinen Wertgegenstand, einen Ring oder eine Berlocke, hervor und spielte weiter. Er starb schließlich in einer Nacht, ganz plötzlich, ohne Vorbereitung, als wollte er die Welt überraschen. Er fiel, wie ein leerer Sack, zu Boden und war tot. Aber die Hände hatte er noch immer in den Taschen, und die Leute hatten Mühe, sie ihm herauszuzerren. Erst damals sah man, dass die Taschen leer waren und dass er vermutlich nur deshalb gestorben war, weil er nichts mehr zu verspielen hatte …

Barbara war 16 Jahre alt. Sie kam zu einem Onkel, einem dicken Schweinehändler, dessen Hände wie die Pölsterchen »Ruhe sanft« oder »Nur ein halbes Stündchen« aussahen, die zu Dutzenden in seinem Salon herumlagen. Er tätschelte Barbara die Wange, und ihr schien es, als kröchen fünf kleine Ferkelchen über ihr Gesicht. Die Tante war eine große Person, dürr und mager wie eine Klavierlehrerin. Sie hatte große, rollende Augen, die aus den Höhlen quollen, als wollten sie nicht im Kopfe sitzen bleiben, sondern rastlos spazieren gehen.

Sie waren grünlichhell, von jener unangenehmen Grüne, wie sie die ganz billigen Trinkgläser haben. Mit diesen Augen sah sie alles, was im Hause und im Herzen des Schweinehändlers vorging, über den sie übrigens eine unglaubliche Macht hatte. Sie beschäftigte Barbara, »so gut es ging«, aber es ging nicht immer gut. Barbara musste sich sehr in acht nehmen, um nichts zu zerbrechen, denn die grünen Augen der Tante kamen gleich wie schwere Wasserwogen heran und rollten kalt über den heißen Kopf der Barbara.

Als Barbara 20 Jahre alt war, verlobte sie der Onkel mit einem seiner Freunde, einem stark knochigen Tischlermeister mit breiten, schwieligen Händen, die schwer und massiv waren wie Hobel. Er zerdrückte ihre Hand bei der Verlobung, dass es knackte und sie aus seiner mächtigen Faust mit Not ein Bündel lebloser Finger rettete. Dann gab er ihr einen kräftigen Kuss auf den Mund. So waren sie endgültig verlobt.

Die Hochzeit, die bald darauf stattfand, verlief regelrecht und vorschriftsmäßig mit weißem Kleide und grünen Myrten, einer kleinen, öligen Pfarrersrede und einem asthmatischen Toast des Schweinehändlers. Der glückliche Tischlermeister zerbrach ein paar der feinsten Weingläser, und die Augen der Schweinehändlerin rollten über seine starken Knochen, ohne ihm was anhaben zu können. Barbara saß da, als säße sie auf der Hochzeit einer Freundin. Sie wollte es gar nicht begreifen, dass sie Frau war. Aber sie begriff es schließlich doch. Als sie Mutter war, kümmerte sie sich mehr um ihren Jungen als um den Tischler, dem sie täglich in die Werkstätte sein Essen brachte. Sonst machte ihr der fremde Mann mit den starken Fäusten keine Umstände. Er schien von einer eichenhölzernen Gesundheit, roch immer nach frischen Hobelspänen und war schweigsam wie eine Ofenbank. Eines Tages fiel ihm in seiner Werkstätte ein schwerer Holzbalken auf den Kopf und tötete ihn auf der Stelle.

Barbara war 22 Jahre alt, nicht unhübsch zu nennen, sie war Meisterin, und es gab Gesellen, die nicht übel Lust hatten, Meister zu werden. Der Schweinehändler kam und ließ seine fünf Ferkel über die Wange Barbaras laufen, um sie zu trösten. Er hätte es gar zu gerne gesehen, wenn Barbara sich noch einmal verheiratet hätte. Sie aber verkaufte bei einer günstigen Gelegenheit ihre Werkstätte und wurde Heimarbeiterin. Sie stopfte Strümpfe, strickte wollene Halstücher und verdiente ihren Unterhalt für sich und ihr Kind.

Sie ging fast auf in der Liebe zu ihrem Knaben. Es war ein starker Junge, die groben Knochen hatte er von seinem Vater geerbt, aber er schrie nur zu gerne und stram-

pelte mit seinen Gliedmaßen so heftig, dass die zuse-
hende Barbara oft meinte, der Junge hätte mindestens ein
Dutzend fetter Beinchen und Arme. Der Kleine war
hässlich, von einer geradezu robusten Hässlichkeit. Aber
Barbara sah nichts Unschönes an ihm. Sie war stolz und
zufrieden und lobte seine guten geistigen und seelischen
Qualitäten vor allen Nachbarinnen. Sie nähte Häubchen
und bunte Bänder für das Kind und verbrachte ganze
Sonntage damit, den Knaben herauszuputzen. Mit der
Zeit aber reichte ihr Verdienst nicht aus, und sie musste
andere Einnahmequellen suchen. Da fand sich, dass sie
eigentlich eine zu große Wohnung hatte. Und sie hängte
eine Tafel an das Haustor, an der mit komischen, hilflosen Buchstaben, die jeden Augenblick vom Papier he-
runterzufallen und auf dem harten Pflaster zu zerbrechen drohten, geschrieben stand, dass in diesem Hause
ein Zimmer zu vermieten wäre. Es kamen Mieter, fremde
Menschen, die einen kalten Hauch mit sich in die Wohnung brachten, eine Zeit lang blieben und sich dann wieder von ihrem Schicksal hinausfegen ließen in eine andere Gegend. Dann kamen neue.

Aber eines Tages, es war Ende März, und von den Dä-
chern tropfte es, kam er. Er hieß Peter Wendelin, war
Schreiber bei einem Advokaten und hatte einen treuen
Glanz in seinen goldbraunen Augen. Er machte keine
Schererei, packte gleich aus und blieb wohnen.

Er wohnte bis in den April hinein. Ging in der Früh
aus und kam am Abend wieder. Aber eines Tages ging er
überhaupt nicht aus. Seine Türe blieb zu. Barbara klopfte
an und trat ein, da lag Herr Wendelin im Bette. Er war
krank. Barbara brachte ihm ein warmes Glas Milch, und
in seine goldbraunen Augen kam ein warmer, sonniger
Glanz.

Mit der Zeit entwickelte sich zwischen beiden eine Art Vertraulichkeit. Das Kind Barbaras war ein Thema, das sich nicht erschöpfen ließ. Aber man sprach auch natürlich von vielem andern. Vom Wetter und von den Ereignissen. Aber es war so, als steckte etwas ganz anderes hinter den gewöhnlichen Gesprächen und als wären die alltäglichen Worte nur Hüllen für etwas Außergewöhnliches, Wunderbares.

Es schien, als wäre Herr Wendelin eigentlich schon längst wieder gesund und arbeitsfähig und als läge er nur so zu seinem Privatvergnügen länger im Bett als notwendig. Schließlich musste er doch aufstehen. An jenem Tage war es warm und sonnig, und in der Nähe war eine kleine Gartenanlage. Sie lag zwar staubig und trist zwischen den grauen Mauern, aber ihre Bäume hatten schon das erste Grün. Und wenn man die Häuser rings vergaß, konnte man für eine Weile meinen, in einem schönen, echten Park zu sitzen. Barbara ging zuweilen in jenen Park mit ihrem Kinde. Herr Wendelin ging mit. Es war ein Nachmittag, die junge Sonne küsste eine verstaubte Bank, und sie sprachen. Aber alle Worte waren wieder nur Hüllen, wenn sie abfielen, war nacktes Schweigen um die beiden, und im Schweigen zitterte der Frühling.

Aber einmal ergab es sich, dass Barbara Herrn Wendelin um eine Gefälligkeit bitten musste. Es galt eine kleine Reparatur an dem Haken der alten Hängelampe, und Herr Wendelin stellte einen Stuhl auf den wackligen Tisch und stieg auf das bedenkliche Gerüst. Barbara stand unten und hielt den Tisch. Als Herr Wendelin fertig war, stützte er sich zufällig auf die Schulter der Barbara und sprang ab. Aber er stand schon lange unten und hatte festen Boden unter seinen Füßen, und er hielt immer noch ihre Schulter umfasst. Sie wussten beide nicht, wie ihnen geschah, aber sie standen fest und rührten sich nicht und starrten nur einander an. So verweilten sie einige Sekunden. Jedes wollte sprechen, aber die Kehle war wie zugeschnürt, sie konnten kein Wort hervorbringen, und es war ihnen wie ein Traum, wenn man rufen will und doch nicht kann. Sie waren beide blass. Endlich ermannte sich Wendelin. Er ergriff Barbaras Hand und würgte hervor: »Du!« »Ja!«, sagte sie, und es war, als ob sie einander erst jetzt erkannt hätten, als wären sie auf einer Maskerade nur so nebeneinander hergegangen und hätten erst jetzt die Masken abgelegt.

Und nun kam es wie eine Erlösung über beide. »Wirklich? Barbara? Du?«, stammelte Wendelin. Sie tat die Lippen auf, um »Ja« zu sagen, da polterte plötzlich der kleine Philipp von einem Stuhl herab und erhob ein jämmerliches Geschrei. Barbara musste Wendelin stehen lassen, sie eilte zum Kinde und beruhigte es. Wendelin folgte ihr. Als der Kleine still war und nur noch ein restliches Glucksen durch das Zimmer flatterte, sagte Wendelin: »Ich hol' sie mir morgen! Leb wohl!« Er nahm seinen Hut und ging, aber um ihn war es wie Sonnenglanz, als er im Türrahmen stand und noch einmal auf Barbara zurückblickte.

Als Barbara allein war, brach sie in lautes Weinen aus. Die Tränen erleichterten sie, und es war ihr, als läge sie an einer warmen Brust. Sie ließ sich von dem Mitleid, das sie mit sich selbst hatte, streicheln. Es war ihr lange nicht so wohl gewesen, ihr war wie einem Kinde, das sich in einem Wald verirrt und nach langer Zeit wieder zu Hause angekommen war.

So hatte sie lange im Walde des Lebens herumgeirrt, um jetzt erst nach Hause zu treffen. Aus einem Winkel der Stube kroch die Dämmerung hervor und wob

Schleier um Schleier um alle Gegenstände. Auf der
Straße ging der Abend herum und leuchtete mit einem
Stern zum Fenster herein. Barbara saß noch immer da
und seufzte still in sich hinein. Das Kind war in einem
alten Lehnstuhl eingeschlummert. Es bewegte sich plötzlich im Schlafe, und das brachte Barbara zur Besinnung.
Sie machte Licht, brachte das Kind zu Bett und setzte sich
an den Tisch. Das helle, vernünftige Lampenlicht ließ sie
klar und ruhig denken. Sie überdachte alles, ihr bisheri-
ges Leben, sie sah ihre Mutter, ihren Vater, wie er hilflos
am Boden lag, ihren Mann, den plumpen Tischler, sie
dachte an ihren Onkel, und sie fühlte wieder seine fünf
Ferkel.

Aber immer und immer wieder war Peter Wendelin
da, mit dem sonnigen Glanz in seinen guten Augen. Gewiss würde sie morgen »Ja« sagen, der gute Mensch, wie
lieb sie ihn hatte. Warum hatte sie ihm eigentlich nicht
schon heute »Ja« gesagt? Aha! Das Kind! Plötzlich fühlte
sie etwas wie Groll in sich aufsteigen. Es dauerte bloß den
Bruchteil einer Sekunde, und sie hatte gleich darauf die
Empfindung, als hätte sie ihr Kind ermordet. Sie stürzte
zum Bett, um sich zu überzeugen, dass dem Kind kein
Leid geschehn war. Sie beugte sich darüber und küsste es
und bat es mit einem hilflosen Blick um Verzeihung.
Nun dachte sie, wie doch jetzt alles so ganz anders werden müsste. Was geschah mit dem Kinde? Es bekam
einen fremden Vater, würde er es lieb haben können?
Und sie, sie selbst? Dann kamen andere Kinder, die sie
mehr lieb haben würde. – – – – War das möglich? Mehr
lieb? Nein, sie blieb ihm treu, ihrem armen Kleinen.
Plötzlich war es ihr, als würde sie morgen das arme, hilflose Kind verlassen, um in eine andere Welt zu gehen.
Und der Kleine blieb zurück. – – Nein, sie wird ja blei-

ben, und alles wird gut sein, sucht sie sich zu trösten. Aber immer wieder kommt diese Ahnung. Sie sieht es, ja, sie sieht es schon, wie sie den Kleinen hilflos lässt. Selbst wird sie gehen mit einem fremden Manne. Aber er war ja gar nicht fremd!

Auf einmal schreit der Kleine laut auf im Schlafe. »Mama! Mama!«, lallt das Kind; sie lässt sich zu ihm nieder, und er streckt ihr die kleinen Händchen entgegen. Mama! Mama! Es klingt wie ein Hilferuf.

Ihr Kind! – So weint es, weil sie es verlassen will. Nein! Nein! Sie will ewig bei ihm bleiben.

Plötzlich ist ihr Entschluss reif. Sie kramt aus der Lade Schreibzeug und Papier und zeichnet mühevoll hinkende Buchstaben auf das Blatt. Sie ist nicht erregt, sie ist ganz ruhig, sie bemüht sich sogar, so schön als möglich zu schreiben. Dann hält sie den Brief vor sich und überliest ihn noch einmal.

»Es kann nicht sein. Wegen meines Kindes nicht!« Sie steckt das Blatt in einen Umschlag und schleicht sich leise in den Flur zu seiner Tür. Morgen würde er es finden.

Sie kehrt zurück, löscht die Lampe aus, aber sie kann keinen Schlaf finden, und sie sieht die ganze Nacht zum Fenster hinaus.

Am nächsten Tage zog Peter Wendelin aus. Er war müde und zerschlagen, als hätte er selbst alle seine Koffer geschleppt, und es war kein Glanz mehr in seinen braunen Augen. Barbara blieb den ganzen Tag über in ihrem Zimmer. Aber ehe Peter Wendelin endgültig fortging, kam er mit einem Sträußlein Waldblumen zurück und legte es stumm auf den Tisch der Barbara. Es lag ein verhaltenes Weinen in ihrer Stimme, und als sie ihm die Hand zum Abschied gab, zitterte sie ein wenig. Wendelin sah sich noch eine Weile im Zimmer um, und wieder kam ein goldener Glanz in seine Augen, dann ging er. Drüben im kleinen Park sang eine Amsel, Barbara saß still und lauschte. Draußen am Haustor flatterte wieder die Tafel mit der Wohnungsanzeige im Frühlingswind.

Mieter und Monde kamen und gingen, Philipp war groß und ging in die Schule. Er brachte gute Zeugnisse heim, und Barbara war stolz auf ihn. Sie bildete sich ein, aus ihrem Sohne müsse etwas Besonderes werden, und sie wollte alles anwenden, um ihn studieren zu lassen. Nach einem Jahre sollte es sich entscheiden, ob er Handwerker werden oder ins Gymnasium kommen sollte. Barbara wollte mit ihrem Kinde höher hinauf. Alle die Opfer sollten nicht umsonst gebracht sein.

Zuweilen dachte sie noch an Peter Wendelin. Sie hatte seine vergilbte Visitkarte, die vergessen an der Tür stecken geblieben war, und die Blumen, die er ihr zum Abschied gebracht hatte, in ihrem Gebetbuch sorgfältig aufbewahrt. Sie betete selten, aber an Sonntagen schlug sie die Stelle auf, wo die Karte und die Blumen lagen, und verweilte lange über den Erinnerungen.

Ihr Verdienst reichte nicht, und sie begann, vom kleinen Kapital zu zehren, das ihr vom Verkauf der Werkstätte geblieben war. Aber es konnte auf die Dauer nicht weitergehen, und sie sah sich nach neuen Verdienstmöglichkeiten um. Sie wurde Wäscherin. In der Früh ging sie aus, und in der Mittagsstunde schleppte sie einen schweren Pack schmutziger Wäsche heim. Sie stand halbe Tage im Dunst der Waschküche, und es war, als ob der Dampf des Schmutzes sich auf ihrem Gesicht ablagerte.

Sie bekam eine fahle, sandsteinfarbene Haut, um die Augen zitterte ein engmaschiges Netz haarfeiner Falten. Die Arbeit verunstaltete ihren Leib, ihre Hände waren rissig, und die Haut faltete sich schlaff an den Fingerspitzen unter der Wirkung des heißen Wassers. Selbst wenn sie keinen Pack trug, ging sie gebückt. Die Arbeit lastete auf ihrem Rücken. Aber um den bittern Mund spielte ein Lächeln, sooft sie ihren Sohn ansah.

Nun hatte sie ihn glücklich ins Gymnasium hinüberbugsiert. Er lernte nicht leicht, aber er behielt alles, was er einmal gehört hatte, und seine Lehrer waren zufrieden. Jedes Zeugnis, das er nach Hause brachte, war für Barbara ein Fest, und sie versäumte es nicht, ihrem Sohn kleine Freuden zu bereiten. Extratouren gewissermaßen, die sie um große Opfer erkaufen musste. Philipp ahnte das alles nicht, er war ein Dickhäuter. Er weinte selten, ging robust auf sein Ziel los und machte seine Aufgaben mit einer Art Aufwand von körperlicher Kraft, als hätte er ein Eichenbrett zu hobeln. Er war ganz seines Vaters Sohn, und er begriff seine Mutter gar nicht. Er sah sie arbeiten, aber das schien ihm selbstverständlich, er besaß nicht die Feinheit, um das Leid zu lesen, das in der Seele seiner Mutter lag und in jedem Opfer, das sie ihm brachte.

So schwammen die Jahre im Dunst der schmutzigen Wäsche. Allmählich kam eine Gleichgültigkeit in die Seele Barbaras, eine stumpfe Müdigkeit. Ihr Herz hatte nur noch einige seiner stillen Feste, zu denen die Erinnerung an Wendelin gehörte und ein Schulzeugnis Philipps. Ihre Gesundheit war stark angegriffen, sie musste zeitweilig in ihrer Arbeit einhalten, der Rücken schmerzte gar sehr. Aber keine Klage kam über ihre Lippen. Und auch wenn sie gekommen wäre, an der Elefantenhaut Philipps wäre sie glatt abgeprallt.

Er musste nun darangehen, an einen Beruf zu denken. Zu einem weiteren Studium mangelte es an Geld, zu einer anständigen Stelle an Protektion. Philipp hatte keine besondere Vorliebe für einen Beruf, er hatte überhaupt keine Liebe. Am bequemsten war ihm noch die Theologie. Man konnte Aufnahme finden im Seminar und hatte vor sich ein behäbiges und unabhängiges Leben. So glitt er denn, als er das Gymnasium hinter sich hatte, in die Kutte der Religionswissenschaft. Er packte seine kleinen Habseligkeiten in einen kleinen Holzkoffer und übersiedelte in die engbrüstige Stube seiner Zukunft.

Seine Briefe waren selten und trocken wie Hobelspäne. Barbara las sie mühevoll und andächtig. Sie begann, häufiger in die Kirche zu gehen, nicht weil sie ein religiöses Verlangen danach verspürte, sondern um den Priester zu sehen und im Geiste ihren Sohn auf die Kanzel zu versetzen. Sie arbeitete noch immer viel, trotzdem sie es jetzt nicht nötig hatte, aber sie glich einem aufgezogenen Uhrwerk etwa, das nicht stehen bleiben kann, solange sich die Rädchen drehen. Doch ging es merklich abwärts mit ihr. Sie musste sich hie und da ins Bett legen und etliche Tage liegen bleiben. Der Rücken schmerzte heftig, und ein trockenes Husten schüttelte ihren abgemagerten Körper. Bis eines Tages das Fieber dazukam und sie ganz hilflos machte.

Sie lag eine Woche und zwei. Eine Nachbarin kam und half aus. Endlich entschloss sie sich, an Philipp zu schreiben. Sie konnte nicht mehr, sie musste diktieren. Sie küsste den Brief verstohlen, als sie ihn zum Absenden übergab. Nach acht langen Tagen kam Philipp. Er war gesund, aber nicht frisch und steckte in einer blauen Kutte. Auf dem Kopfe trug er eine Art Zylinder. Er legte ihn sehr sanft aufs Bett, küsste seiner Mutter die Hand und zeigte nicht das mindeste Erschrecken. Er erzählte von seiner Promotion, zeigte sein Doktordiplom und stand

selbst dabei so steif, dass er aussah wie die steife Papier-
rolle und seine Kutte mit dem Zylinder wie eine Blech-
kapsel. Er sprach von seinen Arbeiten, trotzdem Barbara
nichts davon verstand. Zeitweilig verfiel er in einen nä-
selnden, fetten Ton, den er seinen Lehrern abgelauscht
und für seine Bedürfnisse zugeölt haben mochte. Als die
Glocken zu läuten begannen, bekreuzigte er sich, holte
ein Gebetbuch hervor und flüsterte lange mit einem an-
dächtigen Ausdrucke im Gesicht.

Barbara lag da und staunte. Sie hatte sich das alles so
ganz anders vorgestellt. Sie begann, von ihrer Sehnsucht
zu sprechen und wie sie ihn vor ihrem Tode noch einmal
hatte sehen wollen. Er hatte bloß das Wort »Tod« gehört,
und schon begann er, über das Jenseits zu sprechen und
über den Lohn, der die Frommen im Himmel erwartete.
Kein Schmerz lag in seiner Stimme, nur eine Art Wohlgefallen an sich selbst und die Freude darüber, dass er am
Lager seiner todkranken Mutter zeigen konnte, was er
gelernt hatte.

Über die kranke Barbara kam mit Gewalt das Verlangen, in ihrem Sohn ein bisschen Liebe wachzurufen. Sie
fühlte, dass es das letzte Mal war, da sie sprechen konnte,
und wie von selbst und als hauche ihr ein Geist die Worte
ein, begann sie, langsam und zögernd von der einzigen
Liebe ihres Lebens zu sprechen und von dem Opfer, das
sie ihrem Kinde gebracht. Als sie zu Ende war, schwieg
sie erschöpft, aber in ihrem Schweigen lag zitternde Erwartung. Ihr Sohn schwieg. So etwas begriff er nicht. Es
rührte ihn nicht. Er blieb stumpf und steif und schwieg.
Dann begann er, verstohlen zu gähnen, und sagte, er
gehe für eine Weile weg, um sich ein bisschen zu stärken.

Barbara lag da und begriff gar nichts. Nur eine tiefe
Wehmut bebte in ihr und der Schmerz um das verlorene

Leben. Sie dachte an Peter Wendelin und lächelte müde. In ihrer Todesstunde wärmte sie noch der Glanz seiner goldbraunen Augen. Dann erschütterte sie ein starker Hustenanfall. Als er vorüber war, blieb sie bewusstlos liegen. Philipp kam zurück, sah den Zustand seiner Mutter und begann, krampfhaft zu beten. Er schickte um den Arzt und um den Priester. Beide kamen; die Nachbarinnen füllten das Zimmer mit ihrem Weinen. Inzwischen aber taumelte Barbara, unverstanden und verständnislos, hinüber in die Ewigkeit.

Karriere

(1920)

Er war dreiundzwanzig Jahre zweiter Buchhalter bei der Firma Reckzügel und Compagnie, Sattel- und Riemenzeug-Export en gros, und verdiente dreihundertundfünfzig Kronen im Monat.

Und hieß Gabriel Stieglecker.

Und weiters ist über ihn zu sagen, dass er, um nicht ganz zu verhungern, nach Nebenverdiensten suchte und einige fand. Er leistete bei den Firmen Brüder Pollacek, Simon Silberstein und Bruder, Rosalie Funkel Aushilfsdienste jeden Monat einige Tage vor Ultimo. Zusammen hatte Gabriel Stieglecker sechshundertundfünfundsiebzig Kronen im Monat. Und davon starb er nun schon drei Jahre und fünf Monate lang.

Er war ein ausgezeichneter, prompter und verlässlicher Buchhalter. Die Firmen Brüder Pollacek, Simon Silberstein und Bruder und Rosalie Funkel konnten sich dank den Leistungen des Gabriel Stieglecker einen eigenen Buchhalter ersparen. Er hielt ihre Bücher in Ordnung, wusste auch, was vor Steuerbehörden und Polizei verborgen bleiben musste, und war diskret wie ein Brunnenloch.

Gabriel Stieglecker liebte seinen Beruf. Die grüne Tinte bevorzugte er vor der blauen und vor dieser die rote. Aber am liebsten war ihm die violette. Alle Buchhalter der Welt schrieben Zahlen in schwarzer Kaisertinte. Gabriel Stieglecker schrieb grundsätzlich violette Zahlen. Er behauptete, von der violetten Tinte bestimmt zu wissen, dass sie dauerhafter sei als die andere und mit einer unerreichbaren Intensität durch die Poren des Papiers dringe. Ja, es sei sogar anzunehmen, dass mit violetter Tinte geschriebene Ziffern noch lange nach dem völligen Zerfall des Papiers gleichsam wie transparente Bilder in der Luft fortbeständen.

Was die von Gabriel Stieglecker geschriebenen Ziffern selbst betrifft, so ist zu bemerken, dass sie niemals mit, andern zu verwechseln waren. Sie hatten eine persönliche Note, einen Charakter, waren Individualitäten. Die 3 hatte keinen Bauch, die 2 keinen Buckel, die 7 keinen Schwanz. Sondern alle Ziffern hatten »Linie«, waren zart und schlank wie moderne Frauen und konnten an künstlerischem Schwung nur von Modellzeichnungen in den neuesten Modezeitschriften übertroffen werden.

Denn Gabriel Stieglecker liebte seine Geschöpfe, die Ziffern. Er blies ihnen sozusagen seinen Atem ein, und davon erschienen sie so unterernährt. Er spielte mit ihnen wie ein Knabe mit Zinnsoldaten, er ließ sie in Doppelreihen aufmarschieren und markierte den Rand eines Exerzierplatzes durch einen grasgrünen Strich. Oder er richtete mit roter Tinte ein Blutbad unter ihnen an, das aber niemals mutwillig und schrankenlos sich über das Blachfeld ergießen durfte, sondern mittels eines Lineals gewissermaßen in säuberliche Kanäle abgeleitet wurde. Ordnung musste sein, auf jeden Fall.

Nur so ist es zu verstehen, dass Gabriel Stieglecker nun schon den sechsten Monat des vierten Jahres mit sechshundertundfünfundsiebzig Kronen Monatslohn stirbt. Ich sage: »stirbt«, nicht etwa aus Vergesslichkeit, sondern mit Absicht. Denn die Geschichte ist wahr, Gabriel Stieglecker heißt anders, aber er lebt. Die Geschichte ist übrigens zu merkwürdig, als dass jemand anderer als das Leben sie erfunden haben könnte. Wie aus dem Folgenden zu ersehen ist.

Gabriel Stieglecker war immer noch Gast am Stammtisch im Café Aspern, wo er allsonntäglich einen Schwarzen mit Sacharin trank. Und allsonntäglich musste er, der gerade damit beschäftigt war, über den seltsamen Patinaglanz seiner gestern erstandenen violetten Tinte nachzudenken, Vorwürfe anhören. Warum er denn noch immer nicht eine Gehaltserhöhung verlangt habe? Und ob er denn nicht einsehe, dass er schändlich ausgebeutet würde? heutzutage? von *der* Firma? *der* sauberen Gesellschaft?

Um diese Vorwürfe rasch und sicher vergessen zu können, ging Gabriel Stieglecker jeden Sonntag nach der Stammtischsitzung ins Büro Zahlen schreiben. Gabriel Stieglecker erledigte das ganze Montagsmorgenpensum und wäre eigentlich sehr glücklich darüber schlafen gegangen, wenn ihn nicht die Sorge geplagt hätte, dass er – am nächsten Morgen nichts mehr zu tun haben würde.

So waren Gabriel Stiegleckers Sonntagsnächte qualvoll und zerrissen. Gabriel Stieglecker war überhaupt gegen Sonntage.

An einem und demselben Tag geschah Folgendes:

Die Wäscherin kündigte eine zehnprozentige Erhöhung an;

die Elektrische führte den Zweikronentarif ein;

und die Wirtin erhöhte den Mietzins mit Rücksicht auf die »Verteuerung der Elektrizität« um dreißig Kronen.

(Dass Gabriel Stieglecker trotzdem kein elektrisches Licht im Zimmer hatte, setze ich als selbstverständlich voraus und erwähne es nur zum Zweck der Beruhigung aller jener, die sich etwa über das Vorgehen der Wirtin Gabriel Stiegleckers aufregen sollten.)

Diese drei Katastrophen veranlassten den zweiten Buchhalter Gabriel Stieglecker, sich beim ersten Buchhalter Rat zu erbitten.

Der erste Buchhalter nahm seine Brille ab, die er bei der Arbeit trug, und setzte den goldenen Zwicker auf; was er sonst nur zu tun pflegte, wenn ihn der Prokurist rufen ließ.

Der erste Buchhalter sah aber nicht, wie zu erwarten gewesen wäre, durch die Mitte der Zwickergläser, sondern über deren oberen Goldrand hinweg auf Gabriel. Dabei neigte er den Kopf auf die Brust, und es sah aus, als wollte er mit imaginären Hörnern gegen Gabriel anrennen.

»Die zwanzigprozentige Aufbesserung dürfte Ihnen doch wohl genügen, oder nicht?«, sagte der erste Buchhalter, der nur deshalb erster war, weil er schon zweiunddreißig Jahre im Hause Ziffern schrieb; nur mit Kaisertinte natürlich.

Seine Frage war geflüstert, aber sie trug deutlich die Tonfarbe eines etwa in Wolkenpölstern gedämpften Donnergrollens.

»Ich habe keine zwanzigprozentige Aufbesserung erhalten!«, stöhnte Gabriel.

»Dann müssen Sie sie verlangen«, sagte der erste Buchhalter laut, wobei er den Zwicker wieder abnahm und die Brille aufsetzte.

Infolgedessen musste sich Gabriel Stieglecker entfernen.

Er ging an seinen Schreibtisch und dachte nach. Eine zwanzigprozentige Aufbesserung direkt verlangen konnte man nicht. Wohl aber konnte man unter behutsamer Berufung auf die seinerzeit gütigst erfolgte Aufbesserung an alle Angestellten und mit Rücksicht auf die durch die allgemeine Teuerung besonders erschwerte Lebensführung um eine Gehaltserhöhung von fünfzig Kronen ergebenst ansuchen.

Gabriel Stieglecker tauchte eine neue Feder in die violette Tinte mit dem seltsamen Patinaglanz und schrieb einen Brief an seinen Chef. Er bat um fünfzig Kronen und zeichnete schließlich nicht nur hochachtungsvoll ergebenst, sondern auch noch ganz tief, in der unteren Ecke rechts, seinen Namen. So tief, dass der Familienname fast unter den Tisch gefallen wäre.

Am nächsten Morgen fand Gabriel Stieglecker auf seinem Tisch einen Brief, in dem ihm die Firma mitteilte, dass sein Gehalt ab Fünfzehnten dieses um fünfundzwanzig Kronen mehr betrage.

Zu Hause fand Gabriel Stieglecker zu seiner großen Überraschung einen anderen Brief vor. Und zwar von der Firma Simon Silberstein und Bruder, bei der Gabriel aushilfsweise Buchhalter war. Vielleicht stand darin um Gottes willen, dass die Firma auf seine weiteren Dienste verzichte? Dann konnte er freilich verzweifeln.

Aber die Firma Simon Silberstein und Bruder teilte dem Buchhalter Gabriel Stieglecker mit, dass sie ihren Betrieb bedeutend erweitert habe und dass sie ihn als ersten Buchhalter mit einem Anfangsgehalt von tausend Kronen zu engagieren wünsche. Gabriel Stieglecker möchte sofort schriftlich mitteilen, ob er diese Stellung anzunehmen »bereit eventuell in der Lage« wäre.

Gabriel Stieglecker überzeugte sich zuerst von der Echt-
heit der Unterschrift und setzte sich sofort an seinen Schreibtisch, um seine Bereitwilligkeit zum Eintritt bei der Firma
Simon Silberstein und Bruder unter den ihm im Schreiben Zahl soundso mitgeteilten Bedingungen kundzuge-
ben. Aber er erinnerte sich, dass er zu Hause keine violette
Tinte habe. Mit schwarzer Kaisertinte aber konnte er einen
Brief von solch entscheidender Bedeutung natürlich nicht
schreiben.

Während er Polenta mit Sauce aß, kamen ihm Be-
denken. Jetzt musste er natürlich kündigen! Aber wie?
Konnte man so ohne Weiteres einen Brief an die Firma
schreiben? Ging das so? Jetzt war er dreiundzwanzig Jahre im Hause. Noch zwei Jahre, und er würde ein
Jubiläum feiern. Der Chef selbst würde kommen und
ihm ein Präsent überreichen, vielleicht eine außertour-
liche Zuwendung, und der Prokurist würde eine kleine
Rede halten, und der Oberbuchhalter würde seinen goldenen Zwicker aufhaben. Konnte man so ohne Weiteres
kündigen?

Und wenn schon! Die Kündigung allein hätte natürlich wenig gemacht! Aber sicherlich würde ihn der
Chef, zumindest Herr Reckzügel junior, in das Chefzim-
mer rufen. Und das Zimmer, ja, das war es, was Gabriel
eigentlich fürchtete.

Es war eine Doppeltür. Die erste war aus Holz, und die
zweite war gepolstert. Sie erinnerte so von ungefähr an
eine Kassaschranktür, nur war sie lautlos und vornehm.
Wenn man die Tür nur ansah, fühlte man schon weiche
Müdigkeit. Sitzend auf gepolsterten Lederstühlen, war
man in den vorhypnotischen Zustand versetzt, in den
man unbedingt fallen musste, wenn der Herr Reckzügel
jemanden anredete. Im Zimmer standen breite, behag-

liche Ledersofas um einen nussbraunen Tisch. In der Ecke links wuchtete ein massiver Schreibtisch, und an der linken Wand schlief die braune Feuerkassa mit ihren zugefallenen metallenen Klappenlidern über den Schlössern. In der Luft aber war ein sinnbetörender Duft von Havanna, Ananasäpfeln und Perolin.

Dieses Zimmer malte sich Gabriel so deutlich aus, dass er in eine Art Lethargie fiel. In diesem Zustand schrieb er einen Brief an die Firma Simon Silberstein und Bruder, in dem er hervorhob, dass er die Ehre wohl zu schätzen wisse, aber mit Rücksicht auf sein langjähriges Verhältnis zu dem Hause, in dem er jetzt seit nunmehr dreiundzwanzig Jahren bedienstet sei, um eine Bedenkzeit von acht Tagen bitten müsse.

Diese acht Tage waren die unangenehmsten in Gabriels nicht sehr angenehmem Leben.

Gabriel Stieglecker hatte sogar seine Ziffern vergessen. Er dachte nicht mehr recht an sie, und es kam vor, dass er – man denke! – mit schwarzer Kaisertinte eine ganze Zahlenreihe auf der Soll-Seite schrieb. Hier und dort hatte sogar eine 2 schon einen Buckel, eine 7 schon einen Schwanz. Es war schrecklich.

Am Montag hatte sich Gabriel zu entscheiden. Am Sonntag ging er nicht in sein Stammcafé. Und auch nicht ins Büro.

Vielmehr machte Gabriel einen Spaziergang durch den Stadtpark in Anbetracht des schon frühlingsmilden Wetters. Und begegnete der Firma Simon Silberstein und Bruder.

Die Firma Silberstein und Bruder war unerhört freundlich mit Gabriel. Sie nahm die Voraussetzung, dass er als Buchhalter eintreten würde, als schon gege-

ben an und ließ sich überhaupt nur mehr in Detailfragen
ein. Schließlich lud sie ihn auch noch zu einem beschei-
denen Nachtmahl im Parkrestaurant ein. – –

Als Gabriel am Sonntagabend heimkehrte, stand es bei
ihm fest, dass er bei der Firma Silberstein und Bruder
eintreten würde.

Er stand um fünf Uhr früh auf, rasierte sich und
machte mit einem Stuhl Gelenksübungen. Er atmete tief,
hielt den Atem ein und führte sich überhaupt sehr sonderbar auf. Er gymnastizierte sich Mut zu. Dann fuhr er
ins Büro mit der Straßenbahn; zum ersten Male seit der
Einführung des Zweikronentarifes.

Er setzte sich schnell und mit jünglinghafter Gebärde
an den Schreibtisch, tunkte eine neue Feder in die violette Tinte mit dem seltsamen Patinaglanz und schrieb,
schrieb seine Kündigung.

Just als er hochachtungsvoll ergebenst schließen wollte,
kam der Diener. Gabriel sollte zum Chef.

Seit dem ersten Jänner, an welchem Tage Gabriel Stieglecker nach althergebrachter Sitte dem Chef viel Glück
zum neuen Jahre gewünscht hatte, war Gabriel Stieglecker nicht in dem gefährlichen, hypnotisierenden Zimmer gewesen. Was wollte der Chef? Vielleicht hatte er
schon eine Ahnung und wollte gar Gabriel zuvorkommen? Nun! Desto besser!

Im Zimmer des Chefs duftete es sehr nachdrücklich nach
Zigarren, Ananas und Perolin.

Der Herr Reckzügel senior stand in der Mitte unter
dem Kronleuchter, dessen unterster Messingknopf sich
bequem in seiner Glatze spiegelte, und hielt einen dunkelblauen Rock in der Hand.

Gabriel blieb hart an der gepolsterten Tür stehen. Er war betäubt. Wie durch eine sehr dicke Wand hörte er den Chef:

»Herr Stieglecker, ich wollte nur sagen, dass ich diesen noch an und für sich« – Herr Reckzügel sagte immer »an und für sich« – »sehr gebrauchsfähigen Rock in meinem Schrank gefunden habe. Ich glaube bemerkt zu haben, dass Sie sich gegenwärtig leider in nicht sehr günstigen Verhältnissen befinden. Ich wollte nur sagen, dass an und für sich nichts daran wäre. Sie wissen, wie ich es meine, wenn Sie et cetera.« Herr Reckzügel sagte immer »et cetera«, wenn er nichts Passendes wusste.

Gabriel Stieglecker wankte mit dem Rock hinaus und an seinen Schreibtisch. Hier brach er zusammen. Den Kündigungsbrief zerriss er in unzählige Fetzen. Und dachte dabei angestrengt nach, dass er den Rock zerreiße.

Wie konnte man da kündigen? Der Rock, der Rock! Durfte er so undankbar sein? Einen Rock hatte ihm der gegeben, und er sollte kündigen?! Das tat er nicht, er, Gabriel Stieglecker.

Sondern er tat Folgendes: Er tunkte abermals eine neue Feder in die violette Tinte mit dem seltenen Patinaglanz und schrieb an die Firma Simon Silberstein und Bruder, dass er für die gestrige freundliche Einladung sehr dankbar sei, jedoch mit Rücksicht auf ganz besondere, erst im Laufe der letzten Stunde eingetretene Umstände gezwungen sei usw.

Dann schrieb Gabriel mit derselben Feder tadellos schlanke Ziffern mit violetter, Patina schimmernder Tinte auf die Haben-Seite. Es waren die herrlichsten Ziffern, die Gabriel Stieglecker je geschrieben hatte.

April

Die Geschichte einer Liebe

(1925)

Die Aprilnacht, in der ich ankam, war wolkenschwer und regenschwanger. Die silbernen Schattenrisse der Stadt strebten aus losem Nebel zart, kühn, fast singend gegen den Himmel. Fein und dünngelenkig kletterte ein gotisches Türmchen in die Wolken. Die dottergelbe Scheibe der erleuchteten Rathausuhr hing wie an einem unsichtbaren Seil in der Luft. Um den Bahnhof roch es süß und trocken nach Steinkohle, Jasmin und atmenden Wiesen.

Die einzige Droschke der Stadt wartete, gleichgültig und bestaubt, vor dem Bahnhof. Die Stadt musste klein sein. Sie besaß gewiss eine Kirche, ein Rathaus, einen Brunnen, einen Bürgermeister, eine Droschke. Das Pferd war braun, breithufig, trug rötliche Zottelmanschetten über den Fußgelenken und hatte keine Scheuklappen. Seine Augen glotzten groß und wohlwollend auf den Platz. Wenn es wieherte, neigte es den Kopf seitwärts, wie ein Mensch, der sich zum Niesen anschickt.

Ich stieg in die Droschke und überholte auf der Landstraße alle wackelnden Hutschachteln und schwankenden Koffer mit den daran hängenden Menschen. Ich hörte, was die Leute einander sagten, und fühlte die Armut ihrer Schicksale, die Kleinheit ihres Erlebens, die Enge und Gewichtlosigkeit ihrer Schmerzen. Über die Felder zu beiden Seiten der Straße ergoss sich Nebel wie geschmolzenes Blei und täuschte Meer und Grenzenlosigkeit vor. Deshalb waren die Hutschachteln, die Menschen, die Reden, die Droschke so gering und lächerlich. Ich glaubte wirklich an das Meer zu beiden Seiten und wunderte mich über seine Stille. Es ist vielleicht gestorben, dachte ich. Der Schornstein einer Fabrik, der plötzlich neben einem weißen Häuserwinkel aufstieg, beängstigend trotz seiner Schlankheit, sah aus wie ein erloschener Leuchtturm.

Zufällige Menschen lagerten am Wegrand: Vorhuten der Stadt. Sie waren zutraulich und aufrichtig, ich konnte sehen, was in ihnen vorging: Eine Mutter wusch ihr Kind in einem Fasseimer. Das Gefäß trug einen blanken und grausamen Blechgürtel, und das Kind schrie. – Ein Mann saß in seinem Bett und ließ sich von einem Jungen einen Stiefel ausziehn. Der Junge hatte ein rotes, angestrengt-aufgedunsenes Gesicht, und der Stiefel war schmutzig. – Eine alte Frau kehrte mit einem Besen auf den Dielen der Stube herum, und ich ahnte ihre nächste Tätigkeit; sie würde jetzt das blau-rote Tischtuch zusammenraffen, zum Fenster oder zur Tür gehen und die Speisereste in den kleinen Garten schütten. Ich hatte Mitleid mit dem Kind im Fasseimer, dem stiefelziehenden Jungen, den Speiseresten. Alte Frauen, die in der Nacht aufräumen, müssen schlecht sein. Meine Großmutter, die wie ein Hund aussah, kehrte immer in der Nacht mit dem Besen auf den Dielen umher. Ich war sehr klein, hasste die Großmutter und den Besen und liebte Papierschnitzel, Zigarrenstummel und allerlei Abfälle. Ich rettete alles, was auf dem Fußboden lag, vor dem Besen der Großmutter in meine Taschen. Ich liebte besonders Strohhalme. Von allen Dingen waren sie am meisten lebendig. Manchmal, wenn es regnete, sah ich zum Fenster hinaus. Auf den Wellen einer der unzähligen Regenbächlein schwamm, tänzelte, drehte sich kokett und

unbekümmert ein Strohhälmchen und ahnte nichts
von dem Kanalschacht, dem es zutrieb, in dem es verschwinden würde. Ich rannte auf die Straße, der Regen
war schwer und wütend, er peitschte mich, aber ich lief
den Strohhalm retten und erreichte ihn knapp vor dem
Kanalgitter.

Viele Leute sah ich in der Nacht. In dieser Stadt gingen
die Menschen vielleicht so spät schlafen, oder war es der
April und die Erwartung, die in der Luft lag, dass alles
Lebende wach bleiben musste? Alle, die mir entgegen-
kamen, hatten irgendeine Bedeutung. Sie trugen Schicksale, waren selbst Schicksale; sie waren glücklich oder
unglücklich, keineswegs gleichgültig und zufällig; oder
sie waren zumindest betrunken. In kleinen Städten sind
nachts keine zufälligen Menschen auf der Straße. Nur
Liebhaber oder Straßenmädchen oder Nachtwächter
oder Wahnsinnige oder Dichter. Die Zufälligen und
Gleichgültigen sind sicher zu Hause.

In der Mitte des Marktplatzes stand der Gründer der
Stadt, ein steinerner Bischof, als gäbe er acht. So mittendrin ist er und so wichtig. Ich glaube, die Leute hielten
ihn für tot und erledigt. Sie gingen an ihm vorbei und
grüßten nicht; sie hätten sich nicht gescheut, Geheimstes
in seiner Nähe zu sagen oder auch ein Verbrechen zu be-
gehen. Wozu hielten sie ihn überhaupt noch?

Mir tat der Bischof leid, der sich gewiss so geplagt
hatte, als er die Stadt gründete. Er trug einen verkniffe-
nen Zug um den Mund und sah ganz so aus wie jemand,
der die Undankbarkeit der Welt kennengelernt hat. Ich
versprach ihm in jener Nacht, fleißig in der Geschichte
über ihn nachzulesen. Aber ich kam nie dazu. Denn
auch in dieser kleinen Stadt hatten die lebenden Menschen Geschichten, die mir in den Weg liefen, mich um-

stellten und einspannten. Und übrigens war es Frühling, und ich mag in solcher Jahreszeit keine Bischöfe und keine Gründer.

Ich wusste schon am nächsten Morgen ein paar Geschichten.

Ich wusste, dass der Briefträger erst seit einigen Tagen hinke und keineswegs von Geburt lahm sei. Er trank selten, zweimal im Jahr: an seinem Geburtstag, das war der 15. April, und am Todestag seines Sohnes, der in der großen Stadt durch Selbstmord geendet hatte. Der Rausch war nachhaltig, und der Briefträger taumelte drei Tage zwischen den Mauern des Städtchens herum, ehe er nüchtern wurde. An diesen drei Tagen bekamen die Leute dieser Stadt keinen Brief. Der Verkehr mit der Außenwelt stockte.

Vor einer Woche, am 15. April, war der Briefträger in seinem Rausch gestürzt und hatte sich ein Bein verrenkt. Davon kam sein Hinken. Das war nicht die einzige Geschichte.

In dem Hotel, in dem ich schlief, roch es nach Naphthalin, Moschus und alten Kränzen. Der große Speisesaal hinter dem Schankladen war niedrig, die Decke gewölbt, und die Wände trugen viereckige, braunhölzerne Pflästerchen mit Sprüchen. Anna, das Mädchen, stützte den rechten Arm auf das Fensterbrett und gab acht, dass die Krüge nicht leer wurden. Sie wurden nie leer. Denn die Leute tranken hier nicht sehr viel Wein und klapperten mit den Krugdeckeln, wenn Anna nicht aufpasste.

Anna war damals siebenundzwanzig Jahre alt und blond und glatt gekämmt. Sie sah immer so aus, als wäre sie vor einer Weile aus dem Wasser gestiegen. So straff und blank war ihr Gesicht, und so frisch und streng und feuchtblond zogen sich ihre gestrählten Haarsträhnen aus der Stirne.

Sie hatte schlanke, kräftige, aber schüchterne Hände, von denen ich immer glaubte, dass sie sich schämen.

Anna stammte aus Böhmen und liebte den Ingenieur. Der Ingenieur war der Betriebsleiter jener Fabrik, in der Annas Vater arbeitete. Anna hatte ein Kind von dem Ingenieur.

Der Ingenieur hatte geheiratet und Anna Geld gegeben fürs Kind und für die Reise. So war Anna Kellnerin in dem kleinen Städtchen. Ich trat einmal zufällig in Annas Zimmer und sah die Fotografie ihres Kindes. Es war ein schönes Kind, es griff mit runden Fäusten in die Luft und trank die Welt mit großen Augen. Anna war schweigsam und erzählte ihre Geschichte sehr kurz.

Ich mag Ingenieure dieser Art nicht und liebte Anna.

»Sie lieben ihn immer noch?«, fragte ich Anna.

»Ja!«, sagte sie. Sie sagte es so selbstverständlich und trocken wie irgendeine geschäftliche Auskunft.

In dem Städtchen gab es ein Kinotheater. Der Besitzer war ein jüdischer Tuchwarenhändler. Er hatte ein Kino gegründet, weil er tüchtig und betriebsam war und es ihn schmerzte, dass er einen ganzen Sonntag nichts zu tun haben sollte. Er verkaufte daher an Wochentagen Tuchwaren und ließ Sonntag im Kino spielen.

Ins Kino ging ich mit Anna.

Im Städtchen gab es eine Bibliothek. Der junge Mann, der Besucher zu bedienen und, wenn niemand da war, Staub aufzuwischen hatte, war blass, romantisch blass und dünn wie ein auferstandener Dichter und hatte eine blond-gelbe Schopflohe, die von seinem Kopf gegen den Suffit flackerte. Er stand immer auf einer Doppelleiter, er spazierte mit der Doppelleiter hinter dem Ladentisch herum, er konnte es vortrefflich, besser als jeder Zimmermaler. Als hätte er überhaupt nur auf Doppelleitern gehen gelernt. Die Leihbibliothek hatte auch alte, gute Bücher, und ich ging mit Anna in die Leihbibliothek.

Anna freute sich sehr.

Manchmal wusste ich, dass Anna zärtlich sein könnte. Ich liebte die Frauen, deren Güte wie ein verschütteter Quell, unsichtbar fruchtlos, aber unermüdlich, jedes Mal gegen die Oberfläche anströmt und, weil ein Ausweg nicht möglich, nach der Tiefe gedrängt, verborgene Schächte gräbt und gräbt bis zum Versiegen. Ich liebte Anna. Ich konnte ihren Reichtum nicht lassen. Sie wusste nicht, wie viel ihr verloren ging, wenn sie so daherschritt, rückwärts lebend, jede andere Sehnsucht ausschaltete und nur die nach Vergangenem trug und pflegte.

Ich habe noch nicht vom Park erzählt, in dem die Liebe dieser Stadt blühte. Der Goldregen wucherte leichtsinnig und liederlich zwischen Linden und Kastanien. Die Bänke standen nicht in den Alleen, sondern mitten auf den Beeten. Ich dachte, diese Bänke hätte der Bischof, als sie noch ganz jung waren, in die Erde gepflanzt, und sie wuchsen immer jedes Jahr um ein Stückchen in die Breite. Die Füße hatten sicherlich schon Wurzel gefasst im lockeren Boden.

Am Sonntag, nach dem Kino, ging ich mit Anna in den Park.

Einmal sahen wir, wie zwei sich küssten, und Anna lachte.

»Es ist nicht gut, Anna«, sagte ich, »über die Liebe zu lachen. Ich mag Menschen nicht, die so lügen können.«

Da hörte Anna zu lachen auf.

Als wir nach Hause kamen, erwies es sich, dass der Wirt Anna gesucht hatte, denn es war ein Gast gekommen. Er hatte einen knarrenden, neuen Lederkoffer mit vielen grünen und roten Heftpflästerchen. Er war schwarz gelockt und glutäugig, und er konnte gewiss Mandoline spielen und Mädchen verführen. Hätte ich in seine Brieftasche einen Blick tun können, so hätte ich eine ganze Sammlung bunter Schleifen und blonder Haare und rosa Liebesbriefe gesehn. Aber ich kam nicht dazu und wusste es auch so.

Er trank Bier in der Wirtsstube. Das Bier passte nicht zu seinem Gesicht, er hätte Wein trinken müssen. Er ließ sich von Anna bedienen und war sehr höflich. Er sprach lauter Schnörkel. Seine Worte sehen aus wie seine Unterschrift wahrscheinlich, dachte ich.

In dieser Nacht bemerkte ich, dass mein Licht fehlte. Ich machte die Tür auf und ging zu Anna in die Stube. Anna war im Hemd und weinte. Sie blieb auf ihrem Bett sitzen und erschrak nicht, als ich kam, sondern weinte ruhig und mit Ausdauer weiter.

Dann sagte sie: »Er sieht genauso aus!«

Der neue Gast sah genauso aus wie Annas Ingenieur. »Es ist schrecklich!«, sagte Anna.

Seit damals liebten wir uns und verbargen es nicht voreinander. Anna konnte sehr zärtlich sein und eifersüchtig auch. Aber ich kümmerte mich nicht um die Frauen. Die Frauen dieser Stadt gefielen mir gar nicht.

Nur wenn ich sah, wie sie an goldumrahmten Frühlingsabenden über die Felder wanderten, ein Paar ums andere, rührten sie mich. Sie waren dazu da, die Welt zu erneuern. Sie wuchsen, liebten und gebaren. Im Frühling begannen sie ihr mütterliches Werk und vollendeten es

im Laufe der Jahre. Ich sah, wie sie, berauscht und mit
Appetit auf Rausch, harmlos und beflissen, Gottes Gebot
zu erfüllen, wie Maikäfer in die Wälder ausschwärmten.

Spät in der Nacht noch standen sie in den dunklen
Hausfluren, klebten sie an den Lippen und Schnurrbär-
ten der Männer, kicherten und waren dankbar bis zur
Demut für jedes gute Wort, das man ihnen in den Schoß
warf. Schön waren die Nächte, in denen die Grillen und
die Mädchen unermüdlich zirpten.

Und die Regentage auch.

Die Mädchen standen in den Fenstern und lasen in
Büchern aus der Leihbücherei und aßen Butterbrot. Ein
Regenschirm schwankte durch die Gasse und überdachte
den zierlichen, dünnen Notariatsschreiber. Er sah aus
wie eine aufrecht gehende Heuschrecke.

Strohhalme tänzelten, wirbelten, drehten sich kokett
und schwammen ahnungslos dem Verderben der Kanalgitter zu. Ich lief nicht mehr, sie aufzuhalten. Immer
dachte ich, dass ich es doch tun müsste. Der Regen, die
Harmlosigkeit des Strohhalms, das Kanalgitter und
ich gehörten zusammen. Vielleicht war auch noch
der Notariatsschreiber dabei. Der Regentag war grau
schraffiert, der Strohhalm ertrank, das Kanalgitter ver-
schluckte ihn, der Notariatsschreiber stocherte schirm-
überdacht durch die Gasse. Und ich hätte eigentlich laufen müssen, den Strohhalm retten. Jedes in der Welt hat
seine Aufgabe.

Sehr früh am Morgen stand ich täglich auf. Anna schlief
noch, und der Wirt und der zweite Gast. Die Stiefel der
Hausbewohner standen, noch nicht gereinigt, ein Stück
Gestern, vor den Türen. Im Hof pendelte der Pudel,

gähnte und suchte nach vergessenen Knochen unter der Hoteldroschke, die, unbespannt, mit einer zwecklosen Deichsel, vor dem Schuppen wartete wie ein ausgegrabenes Gefährt. Jakob, der Kutscher, schnarchte im Schuppenbau, brünstig und stark; er schnarchte einen Hymnus auf Natur und Gesundheit. Es war gar nicht lächerlich, sein Schnarchen. Es klang selbstverständlich und machtvoll; ein Naturlaut, ein verhülltes Donnerrollen, ein Hirschröhren. Um fünf Uhr erhob sich ferne und wie aus übersinnlichen Welten heranschwellend das klagende Tuten der Dampfmühle und weckte Jakob, den Kutscher. Er musste in den Kleidern geschlafen haben, denn er kam, gleichzeitig mit dem letzten, verzitterten Oberton der Mühlensirene, in seiner großkarierten Ärmelweste, in Hosen und bestiefelt, barhaupt, mit einem zerknitterten Pergamentgesicht, sprudelte aus trichtergeformtem Munde Wasser auf seine gekrümmten Handflächen und rieb sich Stirn und Augen. Dann ging er quer über den Hof ins Haus, schwer und mühevoll, als müsste er jedes Bein wie einen Baum mit Wurzeln aus der Erde ziehn.

An der ersten Straßenbiegung klinkte Käthe ihr Fenster auf und sah hinunter in die Stadt. Ich grüßte Käthe immer. Ich hatte noch nie mit ihr gesprochen, ich hatte gar nichts mit ihr zu sprechen, ich grüßte sie nur, weil sie aus dem Fenster sah und weil die Welt so früh am Morgen noch nicht konventionell war, sondern einfach wie in den ersten Tagen ihrer Kindheit, ein paar Jahre nach der Erschaffung, als noch im Ganzen zwanzig Menschen sie belebten und alle zwanzig freundlich und gut miteinander waren. Später, wenn ich heimkehrte, war's Mittag bereits, die Welt um alle Jahrtausende älter, und ich grüßte nicht mehr, weil es sich nicht schickte, in einer so fortgeschrittenen Welt ein Mädchen zu grüßen, mit dem man noch nie gesprochen.

Durch den Park knirschte ein rundbäuchiger Spritzwagen, Rasen und Beete berieselnd. Eine Amsel sprang mit Gassenbubengebärden neben dem Wagen her und schlug mit dem linken Flügel gegen die zerstäubenden Wassertropfen. Unsichtbar lärmte irgendwo oben ein ganzes, in die Ferien geschicktes Lerchenpensionat. Rund um die Bänke, die in der Mitte der Beete standen, war das Gras ein wenig müde und hergenommen von der nächtlichen Liebe der Menschen. Und mir entgegen schritt der lange Eisenbahnassistent durch den Park in den Dienst.

Den Eisenbahnassistenten hasste ich. Er war sommersprossig, unglaublich lang und gerade. Ich dachte, sooft ich ihn sah, an einen Brief an den Eisenbahnminister. Ich wollte vorschlagen, den hässlichen Eisenbahnassistenten als Telegrafenstange unterwegs irgendwo zwischen zwei kleinen Stationen zu verwenden. Nie hätte mir der Eisenbahnminister diesen Dienst erwiesen.

Ich wusste nicht, warum ich den Beamten so hasste. Er war außergewöhnlich groß gewachsen, aber ich hasse ja nicht grundsätzlich das Außergewöhnliche. Mir schien, dass der Eisenbahnassistent mit Absicht so hoch hinaufgeschossen sei, und das reizte mich auf. Mir schien, als hätte er seit seiner Jugend nichts anderes getan als wachsen und Sommersprossen sammeln. Und außerdem hatte er rötliche Haare.

Auch trug er immer seine Uniform und eine rote Kappe. Er machte langsame und kleine Schritte, obwohl er mit seinen langen Beinen ganz gut rasch hätte gehen können. Aber er ging langsam und wuchs, wuchs, wuchs.

Ich weiß noch heute sehr wenig über den Eisenbahnbeamten. Aber ich hätte damals schon schwören können,
dass er viele versteckte Gemeinheiten begangen habe.

Solch ein Eisenbahnassistent konnte zum Beispiel
einen Zug, in dem sein persönlicher Feind saß, zu einem
Zusammenstoß bringen und die Schuld geschickt auf
den Zugführer schieben. Es war eigentlich gefährlich,
mit der Eisenbahn zu fahren.

Solch ein Eisenbahnassistent, dachte ich, ist niemals
imstande, einer Frau wegen auf seine rote Kappe zu verzichten. Wenn er liebte, so legte er bestimmt die Kappe
mit der Öffnung nach oben sorgsam auf einen Stuhl. Er
vergaß nicht, die Hose im Bug zusammenzufalten, und
verstand gewiss nicht die Lust, einer Frau dankbar zu
sein. Er konnte auch Frauen durch eine List überrum-
peln. Und eifersüchtig war er auch.

Sooft ich ihn sah, dachte ich über einen Brief an alle
Frauen der Welt: Frauen! Hütet Euch vor dem Eisenbahnassistenten!

Anna mochte den Eisenbahnassistenten auch nicht.
Anna fragte: »Warum hasse ich ihn?«

Ich wusste nicht, wie ich Anna antworten sollte, und
erzählte ihr die Geschichte von Abel, meinem Freund,
und der Frau seines Lebens.

Abel, mein Freund, sehnte sich nach New York.

Abel war Maler, Karikaturist. Er hatte bereits karikiert,
als er noch nicht einen Bleistift halten konnte. Er achtete
die Schönheit gering und liebte Krüppelei und Verzerrt-
heit. Er konnte keinen geraden Strich zustande bringen.

Abel achtete die Frauen gering. Männer lieben in einer
Frau die Vollkommenheit, die sie zu sehen sich einbil-
den. Abel aber leugnete die Vollkommenheit.

Er selbst war hässlich, sodass ihn die Frauen lieb hatten. Frauen vermuten Vollkommenheit oder Größe hinter männlicher Hässlichkeit.

Einmal gelang es ihm, nach New York zu fahren. Auf dem Schiff sah er zum ersten Mal in seinem Leben eine schöne Frau.

Als er im Hafen landete, verschwand ihm die schöne Frau aus den Augen. Da kehrte er mit dem nächsten Schiff nach Europa zurück.

Anna konnte den Zusammenhang zwischen Abel, meinem Freund, und dem langen Eisenbahnassistenten nicht begreifen.

»Warum erzählst du mir von Abel?«, fragte sie.

»Anna«, sagte ich, »alle Geschichten hängen zusammen. Weil sie einander ähnlich sind oder weil jede das Entgegengesetzte beweist. Zwischen dem langen Eisenbahnassistenten und meinem Freund Abel ist ein Unterschied. Ein sehr banaler Unterschied: Abel, mein Freund, geht zugrunde, aber der Eisenbahnassistent wird leben und Stationsvorstand werden. Abel, mein Freund, hat eine Sehnsucht. Nie wird der Eisenbahnassistent eine andere Sehnsucht haben als die, Stationsvorsteher zu werden. Abel, mein Freund, lief aus New York fort, weil er die Frau seines Lebens aus den Augen verloren hatte. Nie wird der Eisenbahnassistent einer Frau wegen aus New York fortlaufen.«

Ich war überzeugt, dass Anna nun den Zusammenhang verstehe. Anna aber umarmte mich und fragte: »Würdest du meinetwegen aus New York weglaufen?«

In dieser Nacht liebte ich Anna sehr, weil ich wusste, dass ich ihretwegen nie aus New York weglaufen würde. Ich fürchtete, es ihr zu sagen, und liebte sie dafür. Ich war feige und führte mich sehr männlich auf. Anna verstand mich aber und weinte. Jetzt sehe ich aus wie der Ingenieur, dachte ich.

Am Morgen schlief Anna, als ich fortging. Sie fühlte, dass ich aufgestanden war, und suchte, schlafend noch, mit schwachen Armen in der Leere herum.

Es regnete, deshalb ging ich ins Kaffeehaus.

Der Kellner trug einen zerknitterten Frack und eine schwere Juchtenledertasche an der rechten Hüfte. Er hieß Ignatz, und jeder nannte ihn so. Er hatte keinen anderen Namen. Nur ich sagte: Herr Ober!

Ignatz hatte Tag und Nacht Dienst. Er schlief auf zwei Stühlen im Kaffeehaus, und davon kam der zerknitterte Frack. Die Geldtasche schnallte er niemals ab. Er war an beiden Seiten etwas plattgedrückt, wie ein Fisch. Seine Arme hingen, wie bekleidete Rückenflossen, schlaff hinunter. Und außerdem hatte er große graugrüne Fischaugen und kalte, feuchte Hände. Er wischte sie immer an der Ledertasche ab. Ich mochte Ignatz nicht, denn er wollte kein Kellner sein. Er las alle Zeitungen und sprach mit den Gästen von Politik. Er wollte lieber Politiker sein.

Aber er blieb doch Kellner und war unzufrieden.

Er sah immer so aus, als gäbe er den Gästen die Schuld an seiner verpfuschten Karriere.

Er nahm Trinkgelder und dankte sehr kühl.

Einmal kam ich mit Anna ins Kaffeehaus, und Ignatz sagte: »Wie geht es, Fräulein Anna?«, und wischte sich die rechte Hand an der Ledertasche ab, um Anna mit einer trockenen Hand zu begrüßen. »Wie geht's Ihnen, Ignatz?«, fragte Anna und gab ihm die Hand.

Weil Ignatz die Hand zu lange behielt, sagte ich: »Herr Ober!« Da grüßte Ignatz und ging.

Im Kaffeehaus hing ein großer Wandkalender.

Jeden Morgen um acht Uhr kam der Postdirektor, ein alter Herr mit weißem Backenbart. Der Postdirektor ging sehr aufrecht und hatte überlange Hosen an und Sporen an den Stiefelabsätzen, vielleicht, um den Hosenrand zu schonen. Er hatte gewiss bei der Artillerie gedient.

Der Postdirektor hatte so unwahrscheinlich tiefblaue, gute Augen, dass ich glaubte, er hätte sie bei einem Optiker eigens für sich machen lassen. Auch sein Backenbart war so märchenhaft weiß. Der Postdirektor puderte seinen Backenbart vielleicht, jeden Morgen oder vor dem Schlafengehen.

Jeden Morgen riss der Herr Postdirektor einen Zettel vom Wandkalender im Kaffeehaus ab. Ignatz hätte das ganze Jahr den 1. Januar sein lassen. Aber der Postdirektor achtete darauf, dass jeder Tag seinen Namen und seine Nummer habe.

Ich liebte den Postdirektor.

Der Park, in dem die Liebe blühte, lag nicht in der Mitte, sondern am Ende der Stadt. Er lief hinaus in die Wiesenwege. Am Ausgang war ein Gasthaus, in dem ich Nachtmahl aß. Gegenüber war die Postdirektion. Die Post war ein neues Gebäude, in einem schneeweißen Kalkgewande; es trug ein Wappen an der Stirn und am doppelflügeligen, grünen Haustor ein rundes Posthorn. Die Post war das einzige Haus mit zwei Stockwerken in dem Städtchen.

Im zweiten Stockwerk wohnte der Herr Postdirektor.

Immer stand ein Fensterflügel offen im zweiten Stockwerk. Ich dachte: Dort, wo das Fenster offen steht, wohnt der Herr Postdirektor.

Er muss jedes Mal in den Himmel sehn, damit seine Augen blau bleiben. Der Herr Postdirektor, dachte ich, ist ein kinderloser Herr, und er hat eine alte Frau mit weißem, gescheiteltem Haar. Sie sprechen nur am Abend miteinander, der Postdirektor und die Frau.

Immer saß ich im Gasthaus so, dass ich das offene Fenster sehen konnte. Vielleicht kommt einmal der Herr Postdirektor in den Himmel schaun – hoffte ich. Aber er kam selten. Eines Tages setzte sich ein wunderschönes Mädchen ans Fenster und sah in den Himmel.

Ich erschrak über die Schönheit und sah so plötzlich zum Fenster des Gasthauses hinaus und zu dem Mädchen empor, dass sie es fühlte und mich ansah. Weil ich verlegen wurde, grüßte ich. Sie grüßte auch. Nun kam sie täglich ans Fenster.

Ich pflanze meine Erlebnisse wie wildes Weinlaub und sehe zu, wie sie wachsen. Ich bin faul, und das Nichts ist meine Leidenschaft. Dennoch lebte ich seit der Stunde, in der ich das Mädchen am Fenster gesehen hatte, in einer steten Spannung, die ich nur noch aus meiner Knabenzeit kannte. Damals war ich noch Teil der Welt, Strohhalm im Strom des Geschehens, schwimmend und fortgerissen. Ich weinte über den Verlust einer Papiertüte, einer Nutzlosigkeit. Seitdem ich alt bin, weine ich nicht mehr und lache nicht. Niemand kann mir ein unmittelbares Leid zufügen. Über Schmerz und Freude bin ich hinausgewachsen.

Nun aber lebte ich Schmerz und Freude und sank tief in die Kleinigkeiten.

Das Mädchen sah jeden Tag zum Fenster hinaus, wenn ich vorbeiging. Jeden Tag grüßte ich. Am dritten Tag lächelte sie.

An ihrem Lächeln lernte ich, dass es nichts Geringfügiges gibt unter der Sonne. Ihr Lächeln am dritten Tag war ein großes Ereignis.

Ihr Gesicht war blass und klein. Ihre schwarzen Augen blank, wie geputzt. Ihr Haar glatt und rückwärts gekämmt. Ihre Schultern schmal und furchtsam.

Auch wenn es regnete, sah sie zum Fenster hinaus, und das Fenster war offen. Ich saß im Wirtshaus, und die Fensterscheibe war von der Regenkälte angelaufen. Ich musste das Glas jedes Mal blank wischen. Jedes Mal lächelte das Mädchen.

Einmal saßen zwei Männer an dem Tisch in der Fensterecke des Wirtshauses, und ich aß nicht, sondern ging hinaus und wanderte vor dem Wirtshaus auf und ab und war lächerlich wie ein Nachtwächter. Ich hatte den Mantelkragen hochgeschlagen und ging langsam, mit großen Schritten. Von meinen Kleidern tropfte es. Die Leute standen im Haustor des Postgebäudes oder in der Einfahrt des Wirtshauses und warteten, bis der Regen aufhören würde. Wenn es blitzte, fuhren sie ein bisschen zusammen und hörten auf zu reden. Manchmal sahen sie mich an. Ein junges Weib vom Lande, in Holzpantoffeln und mit aufreizend prallen Brüsten, die hinter der regenfeuchten Bluse fortwährend zitterten vor Kälte und Erregung, rückte einmal auf der Schwelle zur Seite, zupfte mich am Ärmel und wies auf den freien Platz. Ich aber ging weiter, und oben lächelte das Mädchen.

Die Menschen sahen zum Fenster hinauf und lachten. Das junge Weib lachte auch. Ich sah mich um, da waren sie alle verlegen, vielleicht hielten sie mich für verrückt.

Von diesem Vorfall lebte ich eine ganze Woche lang. Ich erzählte Anna von dem Mädchen, und Anna lachte mich aus. »Warum lachst du?«, sagte ich. »Ich liebe das Mädchen am Fenster.«

»Warum gehst du nicht zu ihr hinauf?«

»Ich will's tun!«

»Nein, tu's nicht!«, bat Anna. »Vielleicht liebst du sie wirklich.«

Ich werde niemals vergessen, wie eines Tages der Postdirektor neben dem Mädchen am Fenster stand. Ich grüßte, und der Postdirektor grüßte wieder. So selbstverständlich, als wäre ich sein guter Freund.

Das Mädchen war seine Nichte, sagte mir Anna.

Ich beschloss, zum Postdirektor zu gehn.

Aber es dauerte zwei Wochen, und ich ging noch immer nicht. Ich wollte sagen: Verehrter Herr Postdirektor, Ihre Augen und Ihre Sporen und selbst Ihre überlange Hose habe ich gern. Dieses Mädchen liebe ich aber. Ich glaube, sie ist die Frau meines Lebens. Ich will sie nicht verlieren wie Abel, mein Freund.

Und dann würde ich die Geschichte von meinem Freund Abel erzählen.

Der Postdirektor würde lächeln und aufstehn, und seine Sporen würden leise klirren, so wie kaum erwachsene silberne Tschinellen, die erst ordentlich klingen lernen müssen.

Das Mädchen würde meine Geschichte verstehen und nicht fragen wie Anna.

Das Mädchen ist überhaupt ganz anders.

Ich wüsste auch, was ich dem Mädchen zu sagen hätte.

Ich fuhr in die große Stadt, um mir selbst Geld zu schicken, und schrieb meinen Namen verkehrt und nur den Anfangsbuchstaben meines Vornamens. Dann kam ich zurück und wartete auf das Geld.

Der Briefträger kam und war sehr aufgeregt, weil er das letzte Mal vor zwei Jahren Geld gebracht hatte. Das war schon lange her, und er wiederholte rasch die Vorschriften und verlangte meine Papiere. Er behielt die

Kappe auf dem Kopf, während er im Zimmer stand, denn er war im Dienst.

Er wollte mir das Geld geben, aber ich sagte:

»Mein Name ist verkehrt geschrieben.«

»Das tut nichts«, sagte der Briefträger.

»Oh, doch!«, sagte ich. »Tragen Sie das Geld zum Herrn Postdirektor, und fragen Sie ihn, ob Sie mir das Geld geben dürfen.«

Später saß ich zehn oder fünfzehn Minuten lang beim Herrn Postdirektor. Aber wir sprachen nur von meinem Geld, und er sagte, dass er gar nicht zweifle; ich wäre der rechtmäßige Empfänger. In dieser Stadt hat noch nie jemand so oder ähnlich geheißen.

»Ja, es ist eine sehr ruhige kleine Stadt«, sagte der Herr Postdirektor, und er wollte mir eigentlich damit ein Kompliment machen. Es war, als sagte er: Wo denken Sie hin! Einen so schönen, lauten Namen wie Sie trägt keiner hier.

Seine Sporen klangen leise, wie kaum erwachsene Tschinellen, und alles war eigentlich so, wie ich es mir vorgestellt hatte. Nur von dem Mädchen am Fenster war nicht die Rede.

Als ich draußen stand, sah ich zum Fenster hinauf. Am Fenster stand der Herr Postdirektor. Ich grüßte ihn noch einmal, und er nickte. Ich glaubte, damals wäre der geeignete Augenblick gewesen, noch einmal hinaufzugehen und von dem Mädchen zu sprechen. Aber gerade die geeigneten Augenblicke auszunützen, bin ich niemals imstande.

Alles im Leben wird alt und abgenutzt: Worte und Situationen. Alle geeigneten Augenblicke sind schon da gewesen. Alle Worte sind schon gesprochen worden. Ich kann nicht Worte und Situationen wiederholen. Es ist, als trüge ich immerfort abgelegte Kleider.

Am Abend jenes Tages stand das Mädchen nicht am Fenster. Ich beschloss abzureisen.

Ich ging ins Hotel und packte meinen Koffer. Anna kam und fragte:

»Wie lange wirst du fortbleiben?«

Nie wäre es ihr eingefallen, dass ich für immer verreisen könnte.

»Zwei Tage!«, sagte ich und fühlte nicht die Spur von Reue über diese Lüge. Was war eine Lüge Anna gegenüber? Das Mädchen am Fenster war nicht mehr da, und bei dem Postdirektor hatte ich den geeigneten Augenblick nicht ausgenützt.

»Warst du beim Postdirektor?«, fragte Anna.

»Ja!«, sagte ich. »Aber das Mädchen vom Fenster sah ich heut nicht mehr.«

»Sie wird krank sein!«, sagte Anna.

»Krank? – Warum sagst du das?«

»Sie ist krank! Weißt du das nicht? Sie ist überhaupt krank! Schwindsüchtig und lahm. Deshalb geht sie auch niemals auf die Straße. Sie wird bald sterben!«

Anna sprach das alles sehr schnell. Ihre Worte schlugen Purzelbäume.

Dennoch hörte ich jede Silbe, scharf und trocken. Diese Silben gruben sich in mein Hirn wie harte Münzen in eine schmelzende Wachsplatte. Ich sah Anna, wie sie dastand, mit straff zurückgekämmtem Haar, blank, als wäre sie eben aus dem Wasser gestiegen. Anna wird nicht sterben!, dachte ich.

Das Mädchen am Fenster wird sterben! wird sterben! wird sterben!

Nie werde ich mit ihr sprechen. Deshalb also hatte ich den geeigneten Augenblick nicht ausgenutzt. Nicht, weil

ich geeignete Augenblicke nicht leide, sondern weil das
Mädchen krank ist.

»Anna!«, sagte ich: »Nun geh' ich für immer fort.«

»Weil sie krank ist?«, lachte Anna.

»Ja!«

»Aber ich bin gesund!«, sagte Anna.

In diesem Augenblick hatte sie das Gesicht einer
Triumphierenden. Es war blass und kalt.

»Ich gehe mit dir zur Bahn!«, sagte Anna.

Anna ging mit mir zur Bahn.

Ein Zug kam an, und ich wollte gerade zum Fahrkarten-
schalter. Da kam der Reisende wieder und grüßte. Er hatte
einen knarrenden Lederkoffer und roch nach Pomade.

Anna griff krampfhaft nach meinem Arm, und ich
blieb stehen.

»Du, fahr nicht!«, sagte Anna.

Sie glich nicht mehr einer Triumphierenden. Sie sah
aus wie ein armes, verstörtes Tier, wie ein in die Enge
getriebenes, umstelltes Eichhörnchen auf einem grausamen, baumlosen Acker.

Der Reisende trat auf mich zu, sagte: »Ergebenster!«
und »Guten Abend!« und: »Sind wohl auch angekommen? Oder verreisen jetzt?«

»Nein!«, sagte ich. »Soeben angekommen!« – und ging
mit Anna in die Stadt zurück.

Ich schlief die ganze Nacht nicht, denn ich dachte an
das sterbende Mädchen. Seitdem ich wusste, dass sie bald
tot sein würde, fühlte ich mich sicher in meiner Macht
über sie. Ich hielt sie fest, ich konnte ihre Hände greifen.
Sie war in meinen Besitz übergegangen.

Ich dachte gar nicht daran, dass sie auch früher schon
krank gewesen. Für mich war sie es eben erst geworden.

Sie wird sterben, dachte ich, und es war mir wie einem, der weiß, dass man in einer Stunde kommen wird, um ihm einen Gegenstand zu pfänden, den er liebt.

Den ganzen nächsten Morgen schritt ich auf und ab vor dem Postgebäude. Der Herr Postdirektor kam jede Stunde einmal ans Fenster, sah mich und wunderte sich gewiss. Er ging um die Mittagszeit aus dem Hause, ich grüßte ihn, und er erwiderte und wunderte sich. Dann, um drei Uhr nachmittags, kam er zurück, und ich ging immer noch auf und ab vor dem Hause. Ich ging hin und zurück, bewusstlos wie ein Uhrpendel und getrieben von einem unbekannten Räderwerk.

Am Abend setzte ich mich ins Wirtshaus und sah hinaus: Das Fenster im Postgebäude ging auf, und sie kam.

Sie grüßte zuerst und etwas hastig, schien mir. Sie hatte wahrscheinlich geglaubt, ich würde heute nicht mehr warten, weil sie gestern krank gewesen war. Ich sah nur kurz hinauf, und in meinen Augen lag eine lange Rede.

Wenn ich drei Tage ununterbrochen gesprochen hätte, ich hätte ihr gar nicht so viel sagen können.

Ich war ganz dumm und knabenhaft aufgeregt. Sie verstand, schien mir, was ich gesagt hatte. Dann klinkte sie das Fenster zu, als es stärker dunkelte, im Zimmer floss plötzlich helles Licht, und die Gardinen schlossen sich. An der weichen, hellen Gardinenfläche zeichnete sich der Schatten eines großen Mannes ab. Es war nicht der Herr Postdirektor, denn der Schatten des Postdirektors hätte einen Backenbart gehabt. Es war ein bartloser Mann. Vielleicht der Bruder.

Ich ging noch eine Stunde durch den Park. Die Menschen liebten sich immer noch auf den Bänken und Beeten. Ich begegnete mehreren Frauen, die mit losen Haaren und mit einer fremdartigen Ausgelassenheit verlorener und berauschter Menschen auf den Kieswegen, ziellos scheinbar, wanderten. Ihr Gang war so taumelnd und dennoch erregt-lebendig. Sie nahmen sich aus wie Kreisel, die früher einmal von irgendeiner fremden Kraft in rastloses Rotieren versetzt worden waren und nun, da die Wirkung dieser unbekannten Macht erschöpft ist, immer noch im nachhaltenden Zauber des rotierenden Schwunges befangen, aber müde, ihre letzten flatternden Runden vollziehen und nach einem äußeren Stützpunkt oder dem eigenen Gleichgewicht vergeblich suchen.

Alle diese, dachte ich, sind gesund und werden nicht sterben.

Ich traf Anna in ihrem Zimmer, wie sie im Hemd am Bettrand saß und weinte. Sie hielt die Hände nicht nach der Art weinender Menschen vor das Angesicht. Es schien, dass ihr unermüdliches, mit Landregengleichmaß und stetig rinnendes Weinen nicht aus ihrer Seele kam, sondern wie von außen her; etwas Fremdes, Plötzliches, Überfallendes, gegen welches sich zu wehren nutzlos, das zu verhüllen ohne Zweck war.

In dieser Nacht liebte ich Anna wie zum ersten Male, mit der Zärtlichkeit und der Freude, mit der man einen ganz neuen Besitz umhüllt.

Am nächsten Morgen erlebte ich die letzte Geschichte dieses Städtchens.

Sehr früh saß der Reisende schon im Kaffeehaus und aß Kuchen. Er aß nicht mit der Hand, sondern umständlich mit Messer und Teelöffel, denn der Reisende war ein feiner Mann und wusste sich zu benehmen. Er aß sehr lange an seinem Kuchen. Dann stand er auf, ging zum Wandkalender und riss das Datum von gestern herunter, entschieden und so, als schüfe er das Heute, den neuen Tag, stolz und machterfüllt wie ein Gott. Mir bangte vor der Ankunft des Postdirektors.

Der Herr Postdirektor riss seit Jahrzehnten die alten Tage ab und entschleierte die neuen, behutsam und demütig, nicht wie ein Gott, sondern wie ein Diener Gottes. Heute würde er entsetzt nach dem Wandkalender sehen, irre werden in den Wochentagen und Daten und die Welt nicht mehr verstehen.

Deshalb hob ich den zerknitterten Zettel auf, glättete ihn und brachte ihn, so gut es ging, wieder am Wandkalender an.

Der Reisende sah mir zu und sagte: »Mein Herr, heute ist der 28. Mai!« Ich erschrak fast, so laut sagte er das Datum dieses Tages, und obwohl es eine sehr einfache Sache war und alle Welt es wissen musste, schien mir, als hätte der Reisende ein scheues Geheimnis mit unverschämter Rohheit ausgebrüllt.

Der 28. Mai!

In diesem Augenblick schlug die Turmuhr halb acht, der Herr Postdirektor trat ein, seine Sporen klirrten leise und übermütig, sie kicherten, und der Herr Postdirektor ging feierlich an den Wandkalender und enthüllte den neuen Tag. Erst jetzt war's der 28. Mai geworden!

Dieser 28. Mai wurde einer der wichtigsten Tage meines Lebens. Ich beschloss nämlich abzureisen.

Was hätte ich auch länger tun sollen in diesem Städtchen? Das Mädchen am Fenster musste sterben, Anna tat mir weh, ihr Anblick schmerzte mich, und ich konnte ihr nicht helfen. Den Briefträger kannte ich schon auswendig, und das silberne Sporenklimpern des Herrn Postdirektor auch. Käthe, dachte ich, wird jeden Morgen um die gleiche Stunde ihr Fenster aufklinken, und es wird nichts dabei sein, wenn ich nicht mehr vorübergehend guten Morgen sage. Und es war schon der 28. Mai.

Am 28. Mai konnte ich unmöglich länger bleiben. Fast ohne dass ich es gesehen hätte, waren die Ähren auf den Feldern mannshoch und noch darüber gewachsen. Wenn ein halbes Dutzend aufeinanderstehender Hasen durch die Felder geschossen wäre, man hätte nicht einmal eine Ohrenspitze des letzten und obersten gesehen. Es war ein gesegnetes Jahr, und in den Obstgärten lag der Blütenschnee so dicht und hoch, dass man mit nackten Füßen hätte gehen können und die Gartenerde nur wie eine ferne Wirklichkeit fühlen.

Auch sah man es den Wolken bereits an, dass sie sich nicht mehr, von Jugend und Sorglosigkeit getrieben, auf dem Himmel herumlümmelten, sondern mit bedächtiger Beschwer dastanden oder ihre fruchtbaren, schwellenden Leiber wälzten, um einer Pflicht zu genügen. Am 28. Mai weiß man bereits, was man will.

Es ist, dachte ich, so lächerlich, dass ich hier Abend für Abend vor dem Fenster eines Mädchens wandere, das sterben wird und das ich niemals küssen kann. Ich bin nicht mehr jung, dachte ich. Jeder Tag ist eine Aufgabe, und jede meiner Stunden war eine Sünde am Leben.

Einmal träumte ich von einem großen Hafen. Ich hörte ein machtvolles Klirren von zwanzigtausend Schiffsketten und das Brüllen beschäftigter Matrosen. Ich sah, wie schwere Kräne sich hoben und senkten, glatt und selbstverständlich und ohne Mühe, als würden sie nicht von Menschen in Bewegung gesetzt, sondern als arbeiteten sie aus eigenem und nach göttlichem Willen. Es war nicht der Krampf des Eisens, sondern die leichte Gelenkigkeit natürlicher Kräfte.

Manchmal träumte ich von einer großen Stadt, es war vielleicht New York. Ich atmete das Rasseltempo ihres Lebens, ihre Straßen rannten groß, breit, unaufhaltsam, mit Menschen, Fahrzeugen, Pflastersteinen, Laternenpfählen, Litfaßsäulen, ich weiß nicht, wohin und wozu. Die Stadt stand nicht, sondern lief. Nichts stand. Große Fabriken qualmten aus riesigen Schornsteinen den Himmel an. In sekundenkurzen Pausen hielt ich die Augen geschlossen, um die Melodien dieses Lebens zu hören. Es war eine gräuliche Musik; sie klang so wie die Melodie eines verrückt gewordenen, ungeheuren Leierkastens, dessen Walzen durcheinandergeraten waren. Diese Musik aber reizte auf. Es war nur hässlicher, nicht falscher Rhythmus. Eine Weile schrie ich im Rhythmus mit, dann erwachte ich.

Als ich wach war, wunderte ich mich, dass ich eigentlich nicht mehr Teil der Stadt war, sondern gänzlich losgelöst von ihr und lächerlicher Bewohner eines lächerlichen Städtchens. Was war ich denn eigentlich? Der Mann unterm Fenster. Freund, sagte ich zu mir, begrabe dieses Mädchen, das ohnehin nicht mehr lebt, und gib dich mit dem Leben ab. Wichtig ist das Leben. Es hätte vielleicht mehr Sinn (nach den gültigen Regeln menschlicher Vernunft hätte es mehr Sinn), zu dem Mädchen hinaufzugehen und tagsüber an ihrem Bett zu sitzen und des Abends mit ihr am Fenster und ihr ein bisschen von dem ungeheuren Chaosrasseln mitzubringen und dem vielen roten Blut, das durch die Adern der Welt floss.

Aber wichtiger ist das Leben.

Indem ich so grausam zu mir sprach, versuchte ich, den Schmerz zu begraben. Ich begrub ihn unter einem Wall von Grausamkeit.

Ich fuhr in der einzigen Droschke der Stadt, in der ich gekommen war, zurück. Anna hatte ich nichts gesagt.

Es war später Nachmittag. Die Sonne rann in goldenen, breiten Strömen. Der Bahnhof kauerte wie eine große, gelbe Katze in der Sonne. Die Schienenstränge liefen weit in die Welt, eisern umspannten sie die Erde.

Als ich im Zug saß und zum Fenster hinaussah, war ich bereits von der Stadt und von den letzten Wochen durch Grausamkeit, Freude, Kraft getrennt.

Mochte der Briefträger sich einen Rausch antrinken, der Postmeister mit seinen Tschinellen klirren, der Reisende nach Pomade duften. Der Kellner Ignatz feuchte Hände haben. Anna seine Geliebte werden.

Und das Mädchen am Fenster? …

Es kann sterben!, sagte ich und schäme mich nicht zu gestehen, dass ich mich bei dieser Gelegenheit über meine Gesundheit freute.

Was war das für eine Krankheit, in der ich die letzten Wochen zugebracht hatte? Was war doch mein Freund Abel für ein sentimentaler Kerl? Nie, nie, nie würde ich aus New York wegfahren einer Frau wegen.

Ja, ich will gerade jetzt nach New York fahren. Amerika ist ein herrliches Land. Kein steinerner Bischof hat es gegründet.

Während ich so dachte, pfiff der Zug und tat einen Ruck. In diesem Augenblick trat der lange Eisenbahnassistent mit der roten Kappe aus der Tür seiner Amtsstube auf den Perron. Die Tür war noch eine Weile offen.

Und hinter dem Eisenbahnassistenten kam ein wunderschönes Mädchen. Es war, es war das Mädchen vom Fenster.

»Bleib noch!«, hörte ich den Eisenbahnassistenten zu ihr sagen. »Ich bin gleich fertig!«

Das Mädchen aber hörte ihn nicht. Es sah mich an. Wir sahen uns an. Sie stand aufrecht, im weißen Kleid, gesund und gar nicht lahm und auch gar nicht schwindsüchtig. Offenbar war sie die Braut des Eisenbahnbeamten oder seine Frau.

Während der Zug noch einmal anzog und leise zu rollen anfing, winkte ich und sah dem Mädchen in die Augen. Nur dieses Blickes wegen habe ich diese Geschichte geschrieben.

Im Coupé war mir, als hätte ich die Pflicht zu weinen. Ich aber lachte, sah, wie auf dem Felde ein Hirt seinen Hund schlug, ein Streckenwächter mit dem Signal strammstand, seine Frau Wäsche trocknete und ein kleiner Landwagen auf einem Feldweg torkelte.

»Das Leben ist sehr wichtig!«, lachte ich. »Sehr wichtig!« und fuhr nach New York.

Der blinde Spiegel

(1925)

I

Die kleine Fini saß auf einer Bank im Prater und hüllte
sich in die gute, bergende Wärme des Apriltages. Einer
süßen, nie gekannten, fremden Ohnmacht gab sie sich
willig hin wie einer Melodie. Das Blut hämmerte schwer
und schnell gegen die dünne Haut der Pulse und Schläfen. Das blasse Grün der Bäume und Wiesen breitete sich
aus über Kinderwagen, Steinen und Bänken. Alles Sichtbare floss ineinander, als blickte man aus einem sehr
schnellen Zug in eine sehr grünende Welt. Es dauerte
einen ewigen Augenblick. Dann gewannen Menschen und
Gegenstände der Umgebung ihre Konturen wieder, eigene
Gestalt und eigenes Leben, Gang und Haltung, besonderes Merkmal und vertrautes Gesicht. Aber die Ohnmacht
schwang noch nach, singend im Blut, mit ihm kreisend,
füllte sie die Adern, den ganzen Körper wie ein Choral
eine Kirche. Die Leere sang, schwer waren die Glieder,
aber leicht und schwebend das Leben, Flügel bekam das
Herz wie in der Stunde besiegten Sterbens. Fernab flat-
terten schwarze Ängste nieder, kein Dunkel drohte mehr,
es wartete keine Gewalt, keine Furcht zuckte auf am weiten, glücklichen Horizont eines wunderbaren Tags. Fini
konnte das langsame Pochen ihres Herzens hören, trös-
tend war diese unmittelbare Nähe des eigenen warmen
Lebens, zum ersten Mal und überraschend waren sie und
ihr Herz merkbar allein, und sein Pochen wie eine lang-

sam tropfende, tröstliche Antwort auf angstvoll verschwiegene Fragen. Die Brust war leicht wie kurz nach
einer ausgeschütteten Qual, und sorglich gebettet in eine
beglückende Wehmut – als würde man weinen, als löste
sich eine schmerzlich gekrampfte Fessel nach langen Jahren – endlich, endlich.

Fini, die Kleine, erhob sich und streckte die Arme,
jung, wie ein junger Vogel zu fliegen versucht, und als sie
den ersten Schritt machte, kamen die Gedanken wieder.
In rätselhafter Nähe hatten sie gelauert, wie Fliegen-
schwärme kamen sie; die kleinen Ängste, die flinken,
schwarzen Sorgen, die hässlich huschenden Nöte, die
Drohungen des Morgen und Übermorgen, die grausamen Bilder grausamer Tage, und die Furcht wölbte sich
wie ein niederes Joch über zitterndem Nacken.

Verrauscht war die süße Musik der Ohnmacht, der
gute, schläfrige Sang des Vergessens, verblasst alle leuchtende Weite des sorglosen Nichts und ausgekühlt die bergende Wärme des lauen Tags. Fini fror im Aprilabend,
als sie aufstand, um die Briefe auszutragen an die Firma
Mendel & Co., an das Landesgericht I und II, an den
Nebenkläger Wolff & Söhne, die fremden Briefe in dem
grüngefassten Buch, die fremden Briefe in die fremden
Vorzimmer, die leichte, die schmerzende Last, die man
austrug, um das Porto zu verdienen, von vier Uhr nachmittags bis sieben Uhr abends.

Durch die großen Straßen ging sie, verloren und gering, und merkte erst in einem Hausflur, dass der Brief
an das Landesgericht I nicht mehr da war, der wichtige
Brief, in der lockeren Reihe flüchtiger Unterschriften
fehlte eine, war eine Zeile leer und rundete sich, sah man
lange darauf, zu einem furchtbar glotzenden Loch, einem
hohlen, weißen Auge. Ein großes Zittern befiel das kleine,

frierende Mädchen, und die Kälte wuchs, die man kaum
mehr ertrug, mitten im lauen Aprilabend – man fühlte
ihn, und er wärmte nicht. Fini wollte die Wärme herab-
ziehn und sie um die dünnen Schultern legen. Wie der
Abend die Stadt einhüllte, so sollte er sie auch schützen,
die verloren war in der unermesslichen Straße.

Ach!, wenn man so dünn und gering ist, tut es gut,
sich irgendwo bergen zu können, in der lärmenden
Wüste der Stadt. Drohend wölbt sich das eiserne Leben
über unsern kleinen Köpfen, und wir sind machtlos und
verloren, preisgegeben dem bellenden Hund und dem
blinkenden Polizisten, dem gierigen Auge des Mannes
und dem keifenden Ruf des kriegsbereiten Weibes, dem
wir besinnungslos in den Weg treten, jeder Macht, die
auf den Plätzen lebt und an den Ecken lauert. Jetzt müsste
man ein Haus wissen, in das man gehn dürfte, ein schüt-
zendes Haus mit reichem Portal, das uns mütterlich emp-
fängt und speist und tröstet und die große Furcht aus
unsern Herzen treibt wie der mächtige Portier die un-
befugten Eindringlinge; jetzt, da man die Unbarmher-
zigkeit des Draußen gefühlt hatte, täte ein großes, ber-
gendes Haus so wohl. Keine Sorge wäre drin um den
verlorenen Brief und das bange erwartete Morgen.

Als der weiß gekittelte Mann kam und eine Laterne
mit langer Stange entzündete, huschte eine kleine Wärme
durch das frierende Mädchen und ein armer, aber guter
Trost, dass zwischen dem Heute und dem Morgen noch
eine lange Nacht lag. Zwischen dem Unglück und seinen
schrecklichen Folgen waren zwölf oder zehn Stunden
und ein Schlaf und ein rettender Traum vielleicht und
Zeit genug für ein Wunder, das einmal ja kommen muss
in unserem Leben. Vielleicht, wenn kein Traum kam und
das Wunder enttäuschte, ließ sich in der Früh noch mit

Doktor Blum, dem Sozius, reden, der besser war, weil er
jünger war, und eine Stirnlocke trug wie ein Student.

Wäre der Hausflur nicht, in den wir jeden Abend gehn
müssen, der Hausflur, der schlimmer war als die Straße,
in dem der Kot junger Katzen roch und die Pförtnerin
lauerte, und die Treppe nicht mit dem schadhaften Geländer wie einem lückenreichen Gebiss und die ver-
grämte Mutter nicht mit der ewigen Neugier und dem
ungläubig geschärften Ohr – wäre das alles nicht, so
könnte man das Morgen Gott, dem lieben Gott, überlassen und heute noch feiern, im weichen Bett, ein Buch
und Ansichtskarten auf der Decke.

II

Noch war die Mutter nicht zu Hause. – Es ist gut, wenn
unsere Mütter nicht da sind, die Mütter mit den ungläubig forschenden Augen, die traurig sind und weinen müssen, strenge und fürchterlich und dennoch traurig, unsere
armen Mütter, die nichts verstehen und schelten und vor
denen wir lügen müssen. Wir brauchen niemandem
Bericht zu erstatten, und keine Furcht ist in uns vor der
Wirkung des Berichts, keine Furcht vor dem Zwang zur
Lüge und keine um ihre Entdeckung. Fini entkleidete sich
langsam; sie fühlte es warm und feucht an ihren Schen-
keln rinnen, Blut musste es sein, groß war ihre Sorge. Irgendetwas war mit ihr geschehen, und sie forschte in
ihrem vergesslichen Gehirn nach einer Sünde, einer vor
grauen Tagen begangenen.

Es ist schön, sich allein im Zimmer vor dem Spiegel
entkleiden zu können – allein, die Tür ist versperrt, als

hätte man sein eigenes Zimmer wie Tilly, die Große –
und festzustellen, wie die Brüste wachsen, weiß und fest
und von rosigen Kuppen gekrönt, obwohl sie noch nicht
so groß und durch die Kleider deutlich sichtbar sind wie
bei Tilly, die einen Freund hat und küssen darf.

Gerührt, als streichelte sie ein kleines, fremdes Tier, so
tastete Fini an ihrem Körper, erfühlte den beginnenden
Schwung der Hüfte und das kühl gerundete Knie und
sah, wie das Blut eine schmale rote Furche zog, das nackte
Bein entlang.

Die kleinen Mädchen fürchten sich, wenn sie das rote
Blut sehen und wenn sie nicht wissen, woher es kommt,
und ganz allein und nackt sind, ohne die schützende
Hülle des Kleides, mit einem lebendigen Spiegel eingeschlossen in einem Zimmer, rotes Blut, unbekanntes, aus
unbekannten Gründen fließendes sehen, ist ihre Furcht
dreimal so groß. Die Wunder haben in ihnen selbst ihre
Ursache und ihr Leben, und wir erschrecken vor dieser
Nähe des Rätsels, von dem wir geglaubt haben, dass es in
der Weite wächst und ferne unsern Körpern. Fini hielt
den Atem an und hörte plötzlich die große Leere im
Zimmer, fühlte das Totsein der toten Gegenstände, sah
die Lampe in einem Nebel brennen, in einem weißen
Nebel, der die Form eines Angesichts annahm und behielt, eines gespenstischen Angesichts mit leuchtendem
Kern. Fini hörte aus unermesslicher Ferne wie aus einem
geahnten Jenseits Stimmen der Straße und das Kreischen
einer Bahn, die Melodie einer ewigen Geige und ein
tröstliches Rauschen der Stille wie aus einer großen
Muschel. Kühl und weich flutete die unendliche Stille,
ein Ozean, der von den Füßen aufstieg und stieg – schon
stand sie mit den Knien darin, und die blaue Stille deckte
die Hüften ein und wuchs um das Herz beklemmend.

Ein gutes Dunkel kam und deckte sie zu. Sie sank in die Ohnmacht, in den weichen, ausgebreiteten, gastlichen Mantel aus zärtlichem Samt.

III

So fand sie die Mutter, die allzeit geschäftige, in Sorgen ergrauende, die Mutter, die von der Tour kam, aus Purkersdorf mit der Westbahn.

Den Hut, den schiefen, auf der Fahrt beschädigten, zum Einkassieren unerlässlichen, warf sie auf das Sofa. Eier zerbrachen mit kläglichem Laut in der Tasche. Schön öffnete sie den zitternden Mund zum Fluch, ein hässliches Wort krümmte die Lippe, da erschrak sie, dachte an Selbstmord und grausigen Bericht in der Zeitung und beugte sich über Fini.

Das Mädchen erwachte und sah über sich das breite Gesicht der Mutter, sah in die schmerzlichen Augen und eine unbekannte Güte darin, einen Trost und ein fremdes Erschrecken. Rasch hob sie die Mutter auf starken Armen ins weiße, breite, weiche Bett, kalte Milch brachte sie und küsste Stirn, Mund und Augen wie lange nicht mehr. Vertraut war die Berührung der mütterlichen Lippen, lang entbehrt und wie eine Wiederkehr der halb vergessenen Kindheit. »Mein gutes Kind«, sagte die Mutter und wiederholte die Worte, und ihre Stimme war verwandelt, die Stimme einer alten, einer gewesenen, verlorenen, zurückgekehrten Mutter. »Jetzt bist du unwohl«, sagte die Mutter und: »Nun bist du eine Frau.« Und Fini verstand, was Tilly, die Erwachsene, immer gefragt hatte: ob sie auch schon unwohl sei. Eine stille Feier entzündete sich im Innern, ein heimliches Fest, als trüge man ein weißes Kleid und würde konfirmiert.

»Bleib morgen zu Hause, geh nicht ins Büro«, sagte die Mutter. Weich und warm wie ein kleiner, lieber Wind ging ihre Stimme über Finis Gesicht. So merkwürdig verwandelt war alles; der Bruder schwieg, der sonst immer tobte, die Mutter summte leise in der Küche, und der Nachtwind spielte mit einer zart klirrenden Fensterangel im Nebenzimmer. Ruhe, weiße, war im Bett und in der Welt, die behagliche Wärme eines neu gefundenen Heims, Heimat ohne Ende, Güte ohne Grenze und mit der Mutter die Gemeinsamkeit des Erwachsenseins und des Frauseins. Nicht mehr strafende Mutter war sie, sondern schwesterliche Frau.

Spät am Abend klingelte die Nachbarin noch, auf einen Plausch kam sie; leise rasselte ihr Schlüsselbund, und man hörte sie reden. Fini lauschte; die Mutter sprach mit der Frau vom Krieg; sie lasen im Abendblatt den Sieg von Sadowa und sprachen von den Männern, die lange nichts mehr schrieben. Der Duft bratender Erdäpfel wandelte durch die Zimmer; die Frauen aßen und kicherten; jetzt erzählte die Mutter von Fini, und das Kichern der alten Frau wurde unangenehm, und ihr Flüstern kam wie ein Zischen unverständlich und beunruhigend aus der Küche.

Zu schön war die Behaglichkeit des weißen, heimatlichen Bettes und zu aufregend ein misstrauisches Lauschen. Es war besser, man legte sich gerade hin und dachte an gar nichts mehr.

Aber plötzlich überfiel Fini der Gedanke an den schrecklichen verlorenen Brief, und sie rief die Mutter herbei und erzählte es ihr, die nicht erschrak und nicht fluchte, sondern gütiger wurde und weicher, Trost und

Vermittlung versprach und mit beiden Händen die Decke glättete. So verwandelt hat sich die Welt, eine Dankbarkeit strömt aus tausend aufgebrochenen Quellen, und
aus den Tiefen verschütteter Kindheit holen wir unsere
alten, kleinen, frommen Gebete hervor und weinen ein
bisschen zu dem auferstandenen Gott und schlafen ein.

IV

Um acht Uhr früh schon weckte eine schrille Klingel, eine
Feldpostkarte des Vaters kündigte sie an oder eine Todes-
nachricht; eines von beiden nur konnte es sein. Tag für
Tag, Stunde um Stunde wartete man auf die Karte, auf die
Todeskarte vom Regiment, und man zitterte vor dem kurzen Geschrill der Glocke, das man ersehnte, wenn es aus-
blieb. Fini hörte der Mutter gewöhnliches Ächzen beim
Aufstehen, das Schlurfen ihrer Pantinen bis zur Tür und
zurück, den Gruß des Postboten und das Rattern der em-
porgezogenen, hölzernen Jalousien. Es dauerte ein paar
Minuten, es waren Minuten süßer, banger Ungewissheit,
die wir lieb haben, die gespannten Minuten mit dem an-
gehaltenen Atem vor den großen Überraschungen, die
man immer ersehnt, und wären sie auch fürchterlich.

Aus der Küche scholl der Mutter freudiger Ausruf,
herbei eilte sie ans Bett und setzte sich und meldete die
Ankunft des Vaters, der schon unterwegs war, entronnen
dem Tode, verletzt, und vielleicht für immer dem Hause
wiedergegeben.

Mit zärtlich zittrigen Fingern zerknitterte sie die rote
Karte, schon sah sie aus wie am Busen zerdrückt, und der
arme Kopf vergaß das Butterbrot für Josef und die Oblie-

genheiten der morgendlichen Stunden. Am Bettrand saß sie mit dünn gewickeltem Zopf und spann Träume, wollte Touren aufgeben, die vergeblichen wenigstens, und von Arnold, dem Onkel, die erträglichen und ertragssicheren abkaufen, in den Gegenden der Munitionsarbeiter, die sichere Gehälter bezogen und verlässliche Ratenzahler waren.

Eine merkwürdige Güte offenbarte das Leben, Gnaden schüttete Gott aus, er verwandelte die Mutter, die fluchende, die Rächerin und die Richterin, in die gütige, freudige Frau, fast konnte man's nicht glauben. Oft schon waren Zweifel in Fini des Morgens gewesen, ob sie in die Wirklichkeit des Tages erwacht oder entschlummert war in die Fortsetzung des Traumes. Diesmal war alles unwahrscheinlich, die Sonne und der blinkende Sperling am blechernen Fensterbrett, die goldige Staubsäule in der Ecke beim Ofen, die Wiederkehr des Vaters und die Ruhe im Herzen.

Die Mutter strömte den schwülen Duft ihrer Körper- und Bettwärme aus, sie roch vertraut wie warme Milch und weckte in Fini das Verlangen, die Arme um den Hals der Frau zu legen, die nachgiebige Weichheit der mütterlichen Brüste zu fühlen und glücklich zu weinen. Wäre nicht der Gedanke an den verlorenen Brief noch lebendig in seiner ganzen Furchtbarkeit – wie wäre der Morgen sorgenfrei und wunderbar –, wäre die nächste, die kommende Stunde nicht in der Kanzlei vor dem Doktor Finkelstein.

»Ich will hingehen und ihm erzählen«, sagte die Mutter. Und Fini entsann sich der Schuljahre und der mütterlichen Vermittlungen und ungeschickten Ausreden und des blamierenden Diskurses zwischen Mutter und Lehrer und entschloss sich, selbst zu gehen. Wenn Gott,

der wiedergekehrte, neu erbetete, helfen wollte, so half er
in allen schwierigen Dingen den kleinen Mädchen, und
wie immer, wenn wir fast keinen Ausweg mehr wissen,
dämmert in unsern Köpfen langsam eine Ausrede und
formt sich zum wahrscheinlichen Bericht, an den wir
selbst am Ende glauben. Konnte man nicht mit der Feldpostkarte hingehn und den verlorenen Brief mit Aufregung entschuldigen, die man wohl glaubte, während
man eine Ohnmacht, eine gewöhnliche, belächelte? Vieles Wunderbare war seit gestern geschehn, viel mehr
Wunder brachte das Heute. – Und Fini, die Kleine, ging
über die Straßen, vor denen sie sich gestern so gefürchtet
hatte, und war nicht mehr gering und verloren, sondern
stolz und gehoben, gewachsen und reif geworden in der
schwülen, regenschwangeren Luft des trüben Tags. Die
Wolken hingen fallbereit. Kleiner schien die Unermess-
lichkeit der Atmosphäre und näher der Welt; verlangend
lag der Himmel über der Erde, bereit, sie zu umarmen
und zu befruchten.

V

Die Wunder hörten nicht auf, die Güte Gottes gebar sich
immer neu. Ein Mann kam, eine Viertelstunde vor dem
Doktor Finkelstein, und brachte den Brief, den verlorenen,
in die Kanzlei. Fini gab ihm ihr letztes Straßenbahngeld.
Sie sah den Mann genau an und behielt sein Gesicht, seine
Kleidung, seinen Schnurrbart treu im Gedächtnis. Jahrelang später wusste sie, dass ihm Haarbüschel, graue, aus
den Ohren wuchsen. Allerdings kam der Sozius Blum in
dem Augenblick herein, als der Mann fortging, groß,

stark, duftend und strahlend, ein Gott der Frauen. Behutsam und väterlich fasste er Finis Arm, Milde und Verzeihung schwangen in seiner Stimme, als er zur Vorsicht für alle künftigen Fälle mahnte. Dabei spürte sie den sanften Druck seiner Finger am Oberarm, sie blickte zu ihm auf und sah seine sorgfältig verworrene Locke über dem linken Auge und seinen lächelnden Mund.

Später floss das Wunderbare über in die gewöhnliche Lauheit ärgerlichen Tages. Fini saß vor dem braunen Telefonapparat mit den verwirrenden Stöpseln und verworrenen Bändern, den grün getupften, den rot gestreiften, den blauen und den unbesetzten Löchern, vor denen die rätselhaften Klappen aus rätselhaften Gründen plötzlich abfielen mit leisem Schlag wie verwelkte, harte Augenlider. Das Telefon schrillte, die helle Fanfarenstimme einer Frau verlangte den Doktor Blum; ein Stöpsel flog in ein beliebiges Loch, und Fini wartete auf den Erfolg. Schon ahnte sie gleichzeitig, dass es eine falsche Verbindung war, und sie wartete furchtsam wie in der Schule, wenn sie auf der Tafel eine Rechnung falsch gelöst hatte und hinter dem Rücken das peinliche Schweigen der Klasse fühlte und den triumphierenden Atem der Lehrerin auf der Schulter. Wie konnte man auch an diesem stöpselreichen Apparat den richtigen finden, wenn ein Wunder nicht zu Hilfe kam?

Ach, es kam nicht, sondern der Doktor Finkelstein. Gefräßig, mit einer Aktenmappe stürzte er, der ewig gefräßige, immer sturzbereite, streitbare, mit starken Brillengläsern funkelnde, herein; denn bei ihm hatte es geläutet und nicht beim Sozius, bei ihm hatte die Exzellenz Helena nichts zu suchen – »nichts zu suchen, sage ich« –, die Schlange, die sie beide noch ruinieren würde. »Ich mache keine Strafprozesse, das müssten Sie wissen, zehn

Jahre sitzen Sie hier!« Lärm kündigte ihn an, den Doktor Finkelstein, in einer Wolke von Lärm lebte er, und er begann zu diktieren. »Lassen Sie den Apparat, den Sie doch nie verstehen werden, und setzen Sie sich an die Maschine!« – Und leise vor sich hin wiederholte er: »Zehn Jahre sitzt sie schon hier« – bis plötzlich ein Blick zu Fini hinüberflog und ihr Gesicht streifte und eine dunkle Erinnerung an die Erzählung des Doktor Blum von einer neuen, jungen Hilfskraft weckte.

Wie flatterte das Herz, wenn er diktierte, die großen, fremden, nie gehörten Worte sprudelten, Sturzbäche erstaunlicher Satzgefüge, prachtvoll exotische Klänge, lateinische Namen, Sätze, labyrinthisch gebaute, mit kunstvoll verborgenen Prädikaten, die manchmal unerklärlich verloren gingen. Während Fini stenografierte, überhörte sie ein Wort, missverstand sie einen Namen, und der Bleistift, mühsam unter den Druck des Zeigefingers gezwungen, begann zu flattern, wild auf raschelndem Papier, der Klang eines gehörten Wortes zeugte ein ähnliches im Bewusstsein, drohend erhob sich am Ende des Diktats die unerlässliche Vorlesung des Stenogramms, und daran musste Fini denken, während sie schrieb. An die nächste halbe Stunde, in der es sich erweisen sollte, wie kläglich das Diktat ausgefallen war, an die misslungenen Sätze mit den verstümmelten Namen, die weggelassenen Parastenografen und verschobenen Prädikate. Es war, als hätte man ein verrücktes, wirbelndes Rad zu stenografieren; große, bunte Räder kreisten, wuchsen violett und rot gerändert aus dem Papier.

Dann erfolgte die Kündigung, notgedrungen, Entlassung auf der Stelle sogar. Rückkehr mit hängendem Kopf und Suchen in den kleinen Anzeigen des Morgenblattes.

Warten in den Vorzimmern und sorgsames Kallisteno-
grafieren der gleichlautenden Offerten. »Punktum,
Schluss!«, schrie Doktor Finkelstein, »lesen Sie, schnell!«
Aber an diesem wunderbaren Tage strömte Rettung,
plötzlich und dankbar empfangen, aus allen Türen. Nun
klingelte jemand, und Exzellenz Helena trat ein, ihre
Stimme klang hell, eine Siegesfanfare, in hellem Kleid
rauschte sie mit dem kühn geschwungenen Hut voll
jugendlicher Kornblumen. Aus einer merkwürdigen,
großen Welt kam sie, aus der Welt der noblen Klientel;
Leere war um sie, kein stenografierendes Mädchen und
kein Bürodiener, durch Kleider und Körper drangen ihre
Blicke, aus Glas war man selbst, ein durchsichtiger
Gegenstand. Die tobende Wildheit Doktor Finkelsteins
war dahin, Höflichkeiten stotterte er und empfahl sich
bestens, den Sozius versprechend.

Einen Akt galt es zu suchen, einen verlorenen Akt. Exzellenz Helena contra Ehegatten, und man suchte ihn
unter H, verzweifelt, schnell, fünfmal durchblätterte Fini
den Buchstaben H, bis Doktor Blum ungeduldig Tuschak
rief, Exzellenz Tuschak. Unter T fand sich der Akt. Währenddessen saß Tilly eifrig gebeugt über raschelnden
Papieren, Bleistifte spitzend, Radiergummis ordnend,
Löschblätter schneidend, Briefmarken zählend; verge-
bens suchte Fini ihren Blick, den freundschaftlichen
Blick, den Hilfe versprechenden – ein böses Ding war
Tilly, sie stellte sich fleißig und ließ den Kameraden im
Unglück. Es verdross und tat weh, das Blut schoss in die
Wangen, Fini fühlte, wie ein Strumpfband sich lockerte,
aber ein rettender Griff nach dem Knie war verboten und
hätte ein Jucken vorgetäuscht, das lockere Band und der
rutschende Strumpf nahmen den letzten Rest von Haltung, Papiere stoben flatternd auseinander.

Dann folgte eine heilende Stille, keine Klingel weckte. Fini sah durchs Fenster, sah die langsame Turmuhr, das rote Kloster mit dem Wandelgang für die Nonnen im Park, die hin und her schritten, schwarz und weiß, fremde Geschöpfe im Jenseits hinter den roten Mauern, im Garten, im Vorhof der ewigen Seligkeit. Die Scheu vor den Bräuten Christi verschwand, und Fini schien es wunderbar im Garten des Klosters. Langsam rückten die goldenen Zeiger vor, Exzellenz Helena verrauschte, einen Augenblick stand Doktor Finkelstein noch da mit funkelnden Brillengläsern, dann ratterte er los mit der schwarzen Mappe und der flatternden Hutkrempe.

In den Straßen war der Frühling, es hatte geregnet, und die großen Kieselquadersteine leuchteten rot und bläulich, als spiegelte sich in ihnen ein Regenbogen. Frisch gewaschen war das Gras auf den Rasenbeeten, die Amseln standen schwarz in der Straßenmitte, Fini schlenderte langsam mit Tilly, heute schon erwachsen, unwohl und Frau. »Ich sehe schlecht aus«, sagte Fini, »siehst du nicht? Ich bin unwohl«, sagte Fini wie etwas Selbstverständliches und maß die Brüste Tillys, die unter der dünnen Bluse zitterten. Die Männer lächelten sie an, die jungen Männer, die beutegierig durch die Straßen gingen.

Bei Trillby lockte gelbes Eis, von zarten Waffeln überdeckt, in rund geschliffenen Eiergläsern, die halben und ganzen Portionen auf marmornen Tischchen draußen, und die tiefen Korbsessel. Das Porto, das bitter verdiente, ging zur Hälfte drauf, ein Trinkgeld bekam die Kellnerin, und knapp, ehe ein Einjähriger sich anschickte, aus der hinteren Ecke an den Tisch der Mädchen zu treten, standen sie auf und schritten, neu gestärkt und den Glanz der untergehenden Sonne vor sich auf den Gesichtern, um die Ecke.

Es duftet zu Hause nach süßen Dingen, die man für den heimkehrenden Vater bereitet, der Bruder Josef tobt – und als wären Jahrzehnte seit gestern vergangen, so füllt wieder die graue Unerbittlichkeit das Haus, die Treppe und die Mutter. Dahin ist die warme Bettheimlichkeit von gestern, die Mutter kommt forschend aus der Küche, Einzelheiten des Tagesablaufes will sie wissen, unablässig. Tief schneiden die Seufzer ihrer Unzufriedenheit ins Herz, die Nacht kommt und die geizige Petroleumlampe mit dem graublau angehauchten Glaszylinder, aus dem die Nachbarin Regen für morgen prophezeit.

VI

Es regnete wirklich, und der Vater kam, mit ergrauten Schläfen, rätselhaft klein geworden und behaftet mit dem Duft von Jodoform, Hygiene, Rotem Kreuz und Eisenbahn.

Eine Granate hatte ihn Gott sei Dank verschüttet; nun war er da, für immer vielleicht, aber ratlos inmitten seiner gesunden Familie, betäubt von der Ankunft in seinem eigenen Haus, heimatlos in der Heimat und außergewöhnlich zwischen dem Gewöhnlichen, mit suchenden Blicken, die immer abglitten und zurückzukehren schienen in eine Ferne, in die verlassene Ferne, deren Schattenriss wir kaum ahnen konnten, deren Wirklichkeit uns niemals erkennbar war.

In Fini lebte er als der große, starke Mann, der sie in die Arme nahm, als er schied, jetzt war er klein und gedrückt, und ihn umarmte Fini. »Lauter sprechen«, bat er und erzählte, dass er schwerhörig geworden. Man sprach lauter, man schrie, und er hatte doch nicht verstanden, er war stocktaub, und nach zwei Tagen kam er mit einem schwarzen Hörrohr, das seltsam und erschrecklich aus der oberen Tasche seines Uniformrocks einen langen Hals mit breitem Trichter reckte. Verwandelt war er ohne Instrument, und noch mehr, wenn er es ans Ohr legte. Jeden Tag humpelte er an seinem Stock ins Spital und brachte den Geruch der Medikamente nach Hause und manchmal einen großen, länglichen Brotlaib, den man beim Bäcker nicht bekam. Die Verwandten kamen, ihn zu begrüßen, sie schrien mit Lust und weideten sich an seinen Missverständnissen und lachten verstohlen. Arnold, der Onkel, wollte seine guten Touren partout nicht verkaufen, und man sprach von einer Neugründung der Existenz.

Dann waren die lauten Besuchstage verrauscht, und einmal entstand ein Streit wegen einer Zündholzschachtel, die der Vater im Spital vergessen hatte oder im Wirtshaus – wer konnte es wissen? Ein wenig trank er, dann war er stiller als gewöhnlich, und manchmal stahl er kleine Dinge aus dem Hause. Die Mutter schrie, nur sie allein verstand er gut, und er blieb die Antwort nicht schuldig. Aber sprach die Mutter leise, verstand er dennoch nichts, und sie durfte fluchen – und Worte, die sie tief zurückgedrängt hätte, wäre er nicht taub gewesen, tanzten jetzt frech über ihren Mund und trafen ihn nicht, sodass er lächeln konnte, wenn sie »Schubiack« sagte.

In der Nacht aber hörte man sie zärtlich flüstern im Bett, wenn Fini zufällig erwachte; spät nach Mitternacht drang das Wispern schwül aus dem Schlafzimmer. Da belebte sich wahrscheinlich sein Gehör, denn es ging um Liebesdinge. Merkwürdig war, dass sie ihren Streit vergessen konnten, wenn sie Körper an Körper lagen; der warme Milchduft, der von der Mutter kam, versöhnt ihn, dachte Fini.

Warm war die Nacht, und das Bett strömte Wärme aus; Fini stand auf und ging ans offene Fenster, während Vater und Mutter im Schlafzimmer eine Kerze anzündeten mit heiserem Kichern.

Rührung überfällt uns in der klaren Nachtluft, wenn die Sehnsucht aus den blauen Gründen zu uns kommt und am Fenster der Pfiff einer weitrollenden Lokomotive hängen bleibt, auf dem Bürgersteig gegenüber liebesdurstig eine Katze schleicht, in einem Kellerfenster verschwindet, hinter dem der Kater lauert. Groß und sternenreich ist der Himmel über uns, zu hoch, um gütig zu sein, zu schön, um nicht einen Gott zu erhalten. Die nahen Kleinigkeiten und die ferne Ewigkeit haben einen Zusammenhang, und wir wissen nicht, welchen. Vielleicht wüssten wir ihn, wenn die Liebe zu uns käme; sie ist mit den Sternen verwandt und mit dem Schleichen der Katze, mit dem Pfiff der Sehnsucht und mit der Größe des Himmels.

Zwei Menschen entkleideten sich drüben, hinter den Jalousien sah man ihre Schatten, eine Hand löschte mit wehendem Schwung die Kerze aus, und Mann und Frau gingen schlafen – jetzt flüsterten sie, wie die Eltern flüstern. Fini fühlte die Nachtluft nicht mehr, rote Kreise vor den Augen sah sie, ein jäher Blutstrom rann in die Schenkel, und die Spitzen ihrer Brüste wuchsen, streckten sich dem Draußen, den Lokomotiven, den Pfiffen, den Sternen entgegen.

Der neue Tag graute; hinter den Häusern erhob sich ein weißes Leuchten. Sonntag war es. Der Morgen breitete sich aus, schnell hellte das Zimmer auf, am Nachmittag gehen wir mit Tilly ins Atelier; wir werden neue,

wunderbare Dinge erleben in einer unbekannten Welt,
neue, große Dinge, kleine, kleine Fini.

VII

Dieser Nachmittag im Atelier behielt seine leuchtende
Seltsamkeit noch lange Jahre später, als Fini schon in einer
anderen Welt lebte und die süße Dummheit ihrer jungen
Tage vergessen und vergraben hatte. Mitten zwischen den
großen und klugen Menschen war sie noch einsamer als
daheim, geringer als in den weiten, großen Straßen der
großen Stadt, wenn sich das Leben eisern über ihrem kleinen Kopfe wölbte. Aus allen Bereichen der wunderbaren,
ungekannten und kaum erahnten Welt strömten die Gedanken der Menschen, die schönen, die zarten, die unverständlichen, die weichen Gedanken, die Musik aus unzähligen, verstreuten und verborgenen Instrumenten. Die
Hälfte verstand sie nicht und wusste nicht, wen zu fragen;
denn unerreichbar war Tilly, die Erwachsene, Gewandte,
die kühn zu Hause war, wo man sie hinstellte, und aus der
glanzvollen Mitte, die sie einnahm und die ihr gebührte,
in den stillen Winkel Finis kühles Lächeln schickte und
kalt strahlenden Blick. Fini fühlte, dass keine Hilfe kam,
und es war ihr, als müsste sie, ungelernt, wie sie war, in
der nächsten Stunde zur Prüfung treten. Stolz und mutig
waren die Menschen, gewiss kamen sie aus den großen,
kühlen, bewachten Häusern und aus den reichen Zimmern, in denen Spiegel an jeder Wand die Haltung ihrer
Besitzer unter steter Aufsicht halten und bis zur Vollkommenheit verbessern. Wer aber, wie wir, aus den engen
Häusern kommt und in den Zimmern mit den blinden

Spiegeln heranwächst, bleibt zage und gering sein ganzes Leben lang.

Schon sprachen die Männer, sie hatten braune Gesichter und mutige Augen, und sie waren auch im Kriege gewesen, wie der Vater; aber sie kamen nicht klein und gedrückt und nicht taub nach Hause, und selbst aus ihrer Verstümmelung noch strahlte Glanz. Die Männer sind aus einer ganz anderen Welt als wir kleinen Mädchen, sie sind klug, stark und stolz, sie lernen viel und wissen viel, sie suchen die Gefahren, und durch die Straßen gehen sie herrschend, und ihrer ist, was sie sich wünschen, die Häuser, die Bahnen, die Frauen und die ganze Stadt.

Ein Maler, Ernst hieß er, zeigte Fini Skizzenblätter, einen Hund, ein nacktes Mädchen und Schwalben im Flug, und man sah es ihm an, dass er schenken wollte, weil Fini ihm leid tat. »Sagen Sie doch etwas«, bat er sie, aber nichts hatte sie zu sagen, und alles wäre so dumm gewesen, was sie einem Maler hätte sagen können, der Schwalben im Flug, einen Hund und nackte Mädchen malen konnte und der so, was er erblickte und was ihm gefiel, auf ein Papier brachte. Er sprach, Fini hörte nicht jedes Wort; denn sie dachte, dass sie selbst etwas sagen müsste. Einige Male öffnete sie den Mund, aber ein halb gedachtes Wort blieb auf der Zunge, furchtsam über einen blamierenden Laut wachte das angestrengte Gehirn. Es wurde ihr heiß in der Ecke, sie wagte nicht aufzustehn, sie hätte ein paarmal auf- und abgehen mögen, und sie durfte es nicht, und hilflos wie ein Vogel mit geputztem Gefieder kauerte sie auf einem runden, kleinen Stuhl und die getünchte Wand im Rücken, an die sie sich nicht lehnen durfte wegen des dunkelblauen Kleides. Sie hörte aus einer großen Weite die Stimme des Hausherrn, der ein Musiker war und Ludwig hieß und eine geblümte

Weste mit Perlmutterknöpfen trug, seine Stimme klang wie ein dunkles Cello, und Tilly durfte ihm du sagen, so nahe war sie den Menschen und glücklich.

Eine Skizze Ernsts stellte eine Frau dar, die auf einem dünnen Pfad zwischen weiten Wiesen und Feldern ging, und obwohl kein deutlicher Zusammenhang war zwischen dem Weg dieser einsamen Frau und Fini, behielt sie das Blatt dankbar, und es schien ihr, als wäre diese schöne, sanfte Frau sie selbst und ihr enger Pfad zwischen unendlich grünenden Wiesen, in ihrer Fruchtbarkeit dennoch traurigen, mit der ganzen Melancholie vergeblichen Blühens. In braunes Papier bettete sie das Bild, so lag es drei Tage an der Wand ihres kleinen Täschchens, bis einmal, da niemand zu Hause war, auch dieses Blatt das geheime Versteck fand, das niemandem bekannte, auf der nackten Tischplatte, unter dem mit Reißnägeln befestigten Wachstuch, wo das schöne, glatte Silberpapier sich breitete, unschätzbarer Reichtum, im Verborgenen leuchtend.

VIII

Alle unsere kleinen Geheimnisse, die wir durch harte Monate geborgen haben vor dem rohen Zugriff unbekümmerter Hände, die lieben, kleinen Perlmutterknöpfe und das gepresste Stanniolpapier, die künstlerischen Ansichtskarten und die farbenfreudigen Seidenproben, alle Dinge, die wir sorgsam gehütet haben wie warme Geschöpfe und an die wir täglich denken: im Büro, wenn der Doktor Finkelstein diktiert und wenn wir vor dem verwirrenden, braunen Telefonapparat ratlos sitzen, auf der Straße, wenn

wir die Briefe austragen, die wichtigen Briefe in dem grüngefassten Buch – unsere warmen Geschöpfe, unsere Trös-
tungen und unsere Geheimnisse –, eines Tages – man
räumt zu Hause auf – werden sie aufgestöbert aus ihrem
sicheren Gewahrsam, schamlos preisgegeben dem schamlosen Blick der Mutter und ihrer grausam vernichtenden
Hand. Wie kleine Vögel, die eine herzlose Gewalt aus dem
schützenden Nest schüttet, gehen unsere kostbaren Dinge
verloren in der wirren Wüste der auseinandergeschobe-
nen Möbel.

Eines Abends kehrte Fini heim und sah die Tischplatte nackt, ohne Wachstuch; Reißnägel lagen glänzend
in einem kleinen Häuflein, und zerrissen waren die letzten Reste der künstlerischen Ansichtskarten und der
Skizze mit der wandelnden Frau zwischen melancholisch blühenden Feldern. Es war eine Rückkehr in eine
verwüstete Heimat, in der ein Feind gehaust. Zertrümmert lag die ganze, mit liebender Mühsal aufgebaute
Welt. Ein Stück hing an jeder der verloren gegangenen
Nichtigkeiten, und Fini weinte, obwohl sie wusste, dass
sie lächerlich wurde vor dem Bruder und dem mitleidi-
gen Hohn der Mutter. Niemand in der Welt verstand,
was Fini verloren hatte: Die wunderbare Skizze mit der
wandelnden Frau, das Geschenk, empfangen in einer
Stunde, in der die Tore eines neuen, fremden, wunderbaren Lebens aufgegangen waren. Fini weinte und
schämte sich, dass sie kindischer Dinge wegen weinte,
und sie weinte zugleich, weil sie die Kostbarkeit des Verlorenen verleugnen musste.

Nur einer verstand sie vielleicht, der Vater, der taube,
der mit den Augen hörte; sie waren wissend und mit-
leidsvoll, und mit den letzten Resten seiner aufgehobe-
nen Herrlichkeit bemühte er sich, den Sohn zu be-

schwichtigen und die fluchende Frau. Plötzlich fühlte Fini seine harte Hand auf der Schulter; gute Worte sprach er und setzte sich zu Fini in die Ecke, auf die Kante des großen, eisenbeschlagenen Koffers, und beide waren sie Verbitterte und Gefesselte im Reiche der Mutter und des tobenden Bruders. Seit diesem Tag liebte Fini ihren Vater.

Die nie gestillte Sehnsucht lebte auf, die Sehnsucht nach einer kleinen, eigenen geheimen Lade, einem warmen Zuhause im kalten Heim, einer Stätte, die Zuflucht gewährte und Geheimes barg. So eine Lade versprach ihr der Vater; merkwürdig war sein Gebrechen: Seine Taubheit schwand, und die tiefsten Wünsche vernahm er mit tausend hellhörigen Ohren. Seine harthäutigen Finger zitterten ein bisschen und lagen auf denen Finis, und er bat sie: »Gehn wir spazieren!«

Und Fini ging mit dem Vater durch die lauten Straßen, die langsam dunkelten, und war mütterlich, als führe sie ein Kind, und schenkte dem Vater, dem humpelnden, die ganze Liebe, die dem Stanniolpapier gegolten hatte, den seidigen Bändern und der wandelnden Frau. Sie gingen spazieren und fühlten sich geborgen vor dem eisernen Zugriff der unermüdlich säubernden Mutter.

IX

Einmal, unterwegs, zwischen dem Landesgericht I und der Firma Marcus & Söhne, kam der Maler Ernst und grüßte tief, wie nur große Damen aus der noblen Klientel des Doktor Finkelstein gegrüßt werden. Es ließ sich nicht verbergen, dass sie das grüngefasste Buch trug und die wichtigen Briefe darin, um das Porto zu verdienen. »Ich mache Geschäftswege«, sagte sie und ließ den Maler warten vor den Häusern, in die sie hineinging. Dann lenkte er ihre Schritte durch den dunklen Park, in dem die Pärchen saßen und die Liebe blühte, in dem die weißen Schwäne auf blauen Teichen schwammen und den zu betreten die Mutter verboten hatte, eingedenk der Sitte und der mütterlichen Pflicht.

Zum ersten Male ging Fini mit einem Mann des Abends durch den Park, den sie nur am hellen Nachmittag durchschritten, wenn auf den Bänken die Schläfer Sonne tranken; am Nachmittag nur wagte sie, die hurtigen Füße hemmend, über den Kies der Wege zu gehen und der Blumenbeete Reichtum zu bestaunen und, aufgeschreckt durch den wuchtenden Fall des Turmuhrschlages, die hämmernde Sorge wegen nachlässiger Verspätung durch zehnfach beschleunigten Schritt zu betäuben.

Der Park war anders, dichter und dunkler, wärmer und gütig. Was hinter den Bäumen war, sah Fini nicht, was in der betäubenden Helle der Lampen sich zutrug, der stehen gebliebenen silbernen Blitze, die den Weg bis zum nächsten Licht in schwärzere Nacht tauchten. Melodien, von der Terrasse kommend, flossen gedämpft durch dicht belaubte Bäume und abgelenkt durch das Rauschen abendlichen Windes, auf- und abschwellend, in seltsam geschwungenen Wellen, und der starke Rhythmus eines bekannten Marsches glättete sich in der dunklen Allee zum Walzer.

Und neben Fini ging der Mann, der siegreiche Mensch mit der tief klingenden Stimme, und roch tierhaft und fremd, wie bitteres Kraut und Waldwurzel, und gleichgültig war, was er sagte. Wie unter einem segnenden

Regen ging man unter dem gleichklingenden Strom seiner unverstandenen Reden und senkte den Kopf und
spähte suchend nach einem bekannten Gesicht in der
Fülle der Gesichter, das zu Hause verraten könnte.

Auf die Terrasse des Restaurants stiegen sie, marmorne, herrliche Stufen empor, wie sie zu Thronen führen und gelb getöntem, schmelzendem Vanilleeis in sanft
gerundeten Tassen. In einem zärtlichen Winkel saßen
sie, enge die Knie an die marmorne Platte des niedrigen
Tisches gedrückt, und der silberne Klang eines kleinen
Löffels, der klirrend ans Glas schlug, betäubte für den
Bruchteil einer einzigen Sekunde.

Dann sah man die schweigenden, marmornen Männer, gedrückt in das schwarze Grün der rauschenden
Bäume, sah, wie die starren Gliedmaßen in der flutenden
Stille der Nacht zu leben begannen. Zum ersten Mal sah
Fini so lebendige Denkmäler, hörte sie das Pochen des
eigenen Herzens in den toten, nicht mehr toten, auferstandenen Dingen und fühlte den Kreislauf des eigenen Blutes in den Steinen, den Bänken, im Rasen und im
Baum, in der nächtlich geschlossenen Wasserlilie auf der
unhörbar murmelnden Oberfläche des Teiches und im
düster ragenden Schilf.

Den Park verließen sie, über die weiße Brücke, die von
Lichtern bekränzte, gingen sie auf den schweigenden
Marktplatz, in süßer Ratlosigkeit wandelnd, zwischen
verlassenen Ständen, gedrängt in die kargen Schatten
der niedrigen Dächer und der pferdelosen Wagen, der
Karren und der aufgestapelten Fässer. Heimatlose Kin-
der, wandelten sie, ein Dach suchend, ein Haus für ihre
Liebe. Sie gingen endlose Straßen hinunter, und wenn sie
an einem Hotel vorüberkamen, hielten sie beide einen
Augenblick inne und gingen dennoch weiter.

Plötzlich, aufgetaucht an einer stillen Ecke, steht der
Vater da, rastend auf den Krückstock gestützt, unter dem
Licht einer Bogenlampe, mit einem einbeinigen Kameraden – sie kamen wohl beide aus dem Spital. Der Vater
hob langsam seine lauschenden Augen und winkte ihr
mit der Hand, und sie ließ Ernst und gab dem Alten die
Hand, und der Vater tätschelte ihre Wange und zeigte sie
dem Kameraden. Er sagte nichts, er schickte sie zurück
mit einem leisen Wink des Zeigefingers. Fini lief zu
Ernst, dem geduldig wartenden, und begann zu reden,
als spräche sie nicht mit dem Mann, dem sieghaft nach
Erde und Wurzeln riechenden, sondern mit einer vertrauten Freundin. Alles schüttete sie in sein lauschendes
Ohr, die Sehnsucht der Kinder und die Furcht ihrer Tage
und die Bedrängnisse im Büro und die Enge daheim. Sie
erzählte von dem verloren gegangenen Bild und dem
sehnsüchtigen Schmerz um die wandelnde Frau auf
engem Pfad, zwischen traurig und fruchtlos blühenden
Feldern; vom atemberaubenden Diktat des Doktor Finkelstein, des fürchterlich mit kalten Brillengläsern funkelnden, des ewig gefräßigen, immer überfallbereiten,
mit flatternder Hutkrempe und drohend geschwungener
Mappe. Vom braunen Apparat mit den verwirrenden
Stöpseln und den verworrenen Bändern, den grün gestreiften, den rot gestreiften, den blauen, von herrschend
schrillen Frauenstimmen, die den Doktor Blum, den Sozius, verlangten. Von rätselhaften Klappen, die aus rätselhaften Gründen mit leisem, klagendem Klang nieder-
fielen. Von der Mutter vergeblichen Touren nach
Purkersdorf mit der Westbahn und von der Tilly Verrat
im Büro, wenn sie, Bleistifte spitzend, Briefmarken kle-
bend, den Hilfe suchenden Blick nicht erwiderte. Von
verwirrten Akten, die unter fremde Buchstaben gerieten,

unauffindbar, wenn man sie brauchte. Von des Vaters plötzlich eingebrochener Taubheit und der Notwendigkeit, eine Existenz zu gründen.

Sie fuhren nicht mit der Bahn nach Hause, zu Fuß gingen sie den weiten Weg, durch die rauschenden Straßen der Stadt, in denen sich das Leben eisern und nicht mehr furchtbar über unsern Köpfen wölbt. Wir sind nicht verloren an der Seite eines schützenden Bruders, dem unsere Geheimnisse gehören; unsere Furcht vor daheim, unsere Furcht vor der Welt ist dahin, Jahre sind her, seitdem wir das letzte Mal allein nach Hause gegangen sind, Jahre seit gestern, vergangene Wochen liegen weit zurück, sagenhaft verschollen die Zeit unserer furchtsamen Einsamkeit. Wir sind hungrig und fühlen keinen Hunger, müde sind unsere Füße, und wir könnten meilenlang schlendern, kühl wird es in der späten Abendstunde, uns friert es nicht.

Neue Skizzen versprach Ernst und ein Wiedersehen auf dem Marktplatz, wo die Fässer standen, gehäuft neben der von Lichtern bekränzten Brücke – ein unauffälliger Ort, wo niemand sie finden sollte. Es war spät, nicht mehr lauerte boshaft hinter dem Geländer die Hausmeisterin. Aber erschreckend in seiner gut gemeinten Lautlosigkeit trat der Vater aus der Tür der benachbarten Schenke; er hatte gewartet, auf Fini gewartet, um sie und sich selbst zu retten vor den forschenden Fragen der Mutter; einen gemeinsamen späten Spaziergang wollte er vorschützen, und die Gelegenheit, sich einen guten Sechsundneunziger zu gewähren, lockte ihn.

Sie stolperten beide die dunklen Treppen empor, eng umschlungen, beide kannten sie ihre Geheimnisse, die Sünder, und mutig traten sie in die Küche, der Mutter entgegen.

X

Das Leben, gestern noch gedrängt in die Enge der Straße, der Stadt und des Hauses, in die vier tapezierten Wände des Büros – wie wuchs es über die Mauern in die Wälder. Im geizigen Schatten der nächtlich lagernden Fässer trafen sie sich jeden Tag, durch die leeren hölzernen Hütten gingen sie, rochen den Duft verkaufter Seefische und liegen gebliebener Zwiebelschalen und gingen dennoch fromm vorbei an den toten Tischen und schlaffen Säcken, Hand in Hand, immer bereit, in der herrlichen Dürftigkeit einer Hütte ein Liebeslager aufzuschlagen und erschreckt durch den ferne hallenden Schritt des wandernden Polizisten, das Bellen des Hundes, das Schlurfen des Bettlers.

Hinaus kamen sie mit der Straßenbahn, die unter hängenden Zweigen dahinfuhr, geliebkost vom dunkelblauen, schattenden Flieder, vorbei am grünen Segen der Gehöfte, am grauen Fluch der Kasernen, hinaus auf die hügelansteigende Landstraße.

Im weichen Moose lagerten sie, auf steilen Pfaden hielten sie sich umklammert, oft waren ihre Körper einander nahe, und vor ihnen war die endliche Vereinigung, wie ein Feiertag nahe ist seinem Vorabend. Immer fühlte Fini den sanften Druck einer zärtlich gewölbten Hand auf ihrer kleinen Brust, huschende Fingerspitzen auf der kühlen Rundung der Schulter und des Oberarmes, immer wenn sie allein war und zu Hause, im Traum und wenn sie erwachte, im Büro, wo der Doktor Finkelstein seine Grausamkeit jäh verlor und der braune Apparat nicht mehr schreckte.

Musik hörten sie, enge aneinandergedrückt in einer engen Reihe, von Menschen umgeben und allein. Es erschütterte sie ein plötzlicher leiser Sang, einen Schauer fühlte man auf der nackten Haut und wartete auf die Wiederkehr dieses einen süßen Tones. Es berauschte eine rauschende Welle und hüllte sie ein, wie eine große Stille vor einer Ohnmacht einzuhüllen vermag. Es glitten die seidenbespannten Fiedelbogen auf- und abwärts, und in der verschwimmenden Ecke liebkoste der Trommler mit demütig liebender Neigung des Oberkörpers die Triangel, dass sie silbern lächelte. Aus dem Gleichmaß der Bewegungen schwoll das warme Rauschen, keiner Stimme der Natur vergleichbar, keinem Sang menschlicher, tierischer Kehle. Schöner als Vogelsang war der samtene Fluss der Flöte und der zierliche Sprung eines jugendlichen Tones auf den breiten Rücken des ehrwürdig rauschenden Tiefklanges. Aber stärker als Bass und dunkelviolettes Cello, herzlicher als der samtene Fluss der jungen Flöte, erschütternder als der große Wirbel der Pauke und der kleinen, schalkhaften Trommel, all diese Zauber verzaubernd, die Töne übertönend, die Farben überglühend und alle Instrumente zusammenfassend, war die große Stimme der Orgel im Hintergrund, Sang Gottes, des Herrn der Welt, des Schöpfers und Schaffers, des grausamen, guten, großen Gottes. Die Orgel gebar alle Instrumente neu, und in jedem Ton, der ihr entströmte, schlummerte der nächste und der übernächste, der eben verrauschte und der längst verhallte, das ferne Echo der laut gebärenden und wiedergebärenden Wälder. Auf den zitternden Wellen der Luft schwammen die Worte der niemals gehörten, der unverständlichen Sprache, und tief versank auf unsichtbaren Grund die Mühsal grausamer Tage. In den Geräuschen der Stadt, in die man dann trat, hörte man ewig die Melodie des Orchesters. »Die Musik«, sagte Ernst, »enthält alle Geräusche der menschlichen Welt, eingefangen in gesetzmäßige

Bindung und gesteigert ins Übermenschliche.« Aber das verstand Fini nicht.

Heim kam sie, nicht mehr ängstlich geduckt durch das dunkelgähnende Tor, nicht mehr furchtsam vorbei an der keifbereiten Hausmeisterin, nicht mehr traurig empor die knarrende Stiege mit dem schadhaften Treppengeländer steigend, nicht mehr den Gestank junger Kater beachtend – auch die hässliche Frage der Mutter hörte sie nicht mehr, und leicht kam ihr die Lüge, niemals konnte sie so gut lügen, wie wenn sie Musik gehört hatte. Straßenbahnen durften stundenlang Aufenthalt nehmen, Zusammenstöße mussten sich ereignen, Menschen von unwahrscheinlicher Ohnmacht befallen werden – und wie verwickeln sich kunstvoll die Fäden der Erzählung, wenn wir wollen, mühelos ersinnen wir einen gefallenen Gaul, dem man auf offener Straße eine Einspritzung macht, einen Wahnsinnigen, der nackt ein Gerüst emporklettert, wir befolgen die Einladung eines Inserats und stellen uns vor und müssen lange Stunden warten, ehe unter vielen Anwärterinnen an uns die Reihe kommt. Und Bescheid werden wir mit der Post erhalten.

Den kleinen Kasten hatte sie endlich, treulich gezimmert hat ihn der Vater. Am Sonntag zog er ihn aus der Ecke hervor, einen braunpolierten Kasten mit glänzendem Nickelschloss. Neue Skizzen von Ernst und eine neue wandelnde Frau auf einsamem Pfad zwischen melancholisch blühenden Feldern tat Fini hinein; mit lieblichen Fingern glättete sie gedrucktes Stanniolpapier ungesehen des Nachts auf der Bettkante, bunte Seidenfähnchen und Bänder, Perlmutterknöpfe und eine gefundene Schlipsnadel, einen japanischen Sonnenschirm aus buntem Papier und die weiche, oft gestreichelte Feder eines Hahnes, die rostbraune und golden schimmernde.

Es war eine Heimat inmitten des Heims, eine heimliche
Heimat, bergend und geborgen, liebend und geliebt, verschlossen und gütig. Unter dem Bett stand der Kasten,
wartete auf die zärtliche, einsame Stunde vor dem Schlafengehen, zweimal knackte der sicher sitzende Schlüssel
aus blankem, kühlem Stahl im sicheren Schloss, und
leicht, wie in Gelenken, bewegte sich die Tür in den An-
geln. Geborgen war alles gut vor dem Zugriff neugierig
forschender Finger.

XI

Es geschah um diese Zeit, dass Tilly krank wurde. Es fehlte
wochenlang der unermüdliche Lauscher, das durstig geöffnete Ohr, unausgesprochenes Erlebnis vieler Tage
staute sich in Fini.

Nichts erfuhr sie von der Krankheit der Freundin,
Ausflucht und lächelndes Misstrauen hatte man in ihrem
Hause für sorgende Fragen. Zwei Wochen später ging
Fini ins Sanatorium, lange zögerte sie mit dem Ent-
schluss, sie liebte die Luft des Spitals nicht und die vergit-
terten Fenster.

Es lebte in ihr das Krankenhaus, nie vergessen, unver-
gesslich, in dem sie gelegen war, sechsjährig und schar-
lachkrank, die schleichende, schwarze Krankenschwes-
ter, die bärtige Nonne, die im nächtlichen Saal vor dem
aufgestellten Spiegel auf dem Nachtkästchen Haare aus
dem Kinn zupfte. Die Schwester mit der Warze auf der
Oberlippe, einem hässlichen Insekt. Noch schritt der
weiß gekittelte Arzt durch ihre Träume, die Brille auf die
Stirn gerückt, der vieräugige Mann mit den tastenden

Händen, den gelben, warmen, dicht bewachsenen; noch lebten in Fini die Besuchsnachmittage von drei bis fünf, wenn die Mutter kam und Kuchen liegen ließ, den die Schwester sich nahm; die Korridore mit den Kranken in blau gestreiften Kleidern, mit den pergamentenen Gesichtern; und die große Badestube mit den vielen nackten Frauen, die verkrüppelte Zehen und Ballen an den Füßen hatten.

Geruch von Kampfer und Jodoform lagerte, eine böse Ahnung, über dem grünen Rasen des Sanatoriums und hemmte den Schritt. Fini roch an dem Flieder, den sie mitbrachte. Im dritten Stock lag Tilly, allein im kleinen Zimmer, blass und verändert und mit hängendem Mund. Nicht mehr das Mädchen, das erwachsene, erwachte, sicher und bewundert; nicht mehr die Freundin, die starke, die ratende und tröstende, Tilly, die stolze und abweisende; krank war Tilly und unheilbar. Nicht mehr drohte ihr der Tod, gestorben war sie und lebte. Anders und eine Fremde.

»Kleine Fini«, sagte Tilly, »wenn du wüsstest. Ein Tier ist der Mann, wenn er zu uns kommt und wenn er uns verlässt. Wenn wir dem eisernen Druck seiner Schenkel nachgeben und wenn er aufsteht, müde und mit nachlässigen Fingern uns das Kleid zuhakt. Kein Arzt will dir das Kind abtreiben, und wenn du Seife nimmst, erkrankst du. Jetzt ist alles vorbei – er kam nicht, als ich ihm schrieb, als ich sterben sollte, und auch jetzt kommt er nicht. Er wird niemals kommen. Auf den Knien flehte er mich an, und süßen Orangenlikör musste ich trinken. Kleine Fini, wenn du wüsstest.«

Wer war es? Ludwig war es. Fini hatte ihn vergessen, wie man einen alten Gegenstand vergisst, der auf dem Grunde des Kästchens ruhte, des sorgsam gehüteten.

Ludwig mit der dunklen Cellostimme, der Geiger in der geblümten Weste. Von seiner geheimen Kraft erzählte Tilly, der die Frauen – und klügere auch – erlagen. Wenn er eine berührte, so, man kann es nicht schildern, würde sie schwach und war ihm verfallen. Ein böses, fremdes Tier ist Ludwig, der Mann.

»Allen musste es geschehen. Du wirst es erleben!«, sagte Tilly und weinte. Der Abend brach plötzlich heran, er überfiel die Sonne. Eine Amsel pfiff im Garten. Ein Ruf scholl im Korridor und der huschende Schritt einer Schwester. Eine Klingel schrillte. Aus fernen Straßen kam Geheul einer Autohupe. Der mitgebrachte Flieder begann stark zu duften wie hundert Gärten.

Allein ging Fini durch die Straßen, nicht mehr am nächtlichen Marktplatz vorbei, wo die schwarz gelagerten Fässer sparsamen Schatten gaben, wo Ernst wartete, der Mann, ein grausames Tier. Sie fühlte die sanfte Rundung seiner hohlen Hand dennoch auf der kleinen Brust, deren Spitzen sich hart und drängend entgegenstreckten, dem Abend, der Straße und dem grausamen Mann. Sie floh nach Hause, ängstlich geduckt unter dem Druck des eisernen Lebens, oft gestreift im Gewirr der Stadt vom Arm eines männlichen Wesens. Heim huschte sie, die kleine Fini, hinein in das dunkle Haustor, die schadhafte Treppe empor; niemand war zu Hause, und ungesehen durfte sie weinen.

Spät, nach Wochen, kam Tilly zurück, verändert und alt, mit einer neuen Frisur, weil sie lockeres Haar bekommen hatte. Wie eine Frau aus fremden Bezirken war Tilly, schweigsam und gut, nicht mehr fleißig geduckt über raschelnden Papieren, wenn Doktor Finkelstein eintrat, nicht mehr Bleistifte spitzend, sondern mit schlaffer Brust und länglich gewordener Nase, mit fest geschlossenen Lippen, nicht mehr lächelnd in den Straßen, durch die sie zusammen gingen, und einmal nur gesprächig, mit tränenerfüllten Augen, in der kleinen, billigen Konditorei, während es regnete, stundenlang, den ganzen Nachmittag. Fremd und schrecklich war alles, was Tilly erzählte, von Ludwig, dem alle Mädchen verfielen, von den jungen Ärzten im Krankenhaus, von der Narkose, in die man untertauchte wie in ein Meer des Vergessens, von dem Erwachen, nachdem man sich tot geglaubt, von den düsteren Abenden daheim und dem ewigen Seufzen der Mutter.

Es regnete, und Tilly erzählte; gedrückt saßen sie in der dunkelnden Ecke der Konditorei.

XII

Eine neue Stelle für beide suchte und fand Tilly in der großen Warenzentrale, in der man Teuerungszulagen bekam und in der es lustig war. Hell und weit gestreckt lagen die Räume, reich an Fenstern, besonnt und lärmvoll und erfüllt von der Tätigkeit vieler Mädchen und Männer.

Die Mädchen saßen an den Schreibmaschinen, weiß und lächelnd, wie weiße Pflanzen blühten sie auf neben den Tischen. Viele Männer gab es, lächelnde und mürrische. Vorgesetzte, die man fürchtete und die zu gewinnen schwer war, und andere, denen man im Korridor begegnete, vor den doppelt gepolsterten Türen des Chefs.

Neue Freundschaft gewann Fini, mit Hede, der blonden, die Pralinés bekam und aus ihrer reich gefüllten Schublade verteilte.

Manchmal kam der junge Baron, vom Kriegsdienst enthoben und leutselig. Manchem weißen Mädchen griff er ans Kinn, und der und jener schenkte er Blumen.

Offiziere, heimgekehrt und in Urlaub, brachten froh gelaunt wunderbare Dinge, die man seit zwei Jahren nicht mehr gegessen hatte.

Nicht mehr ängstlich vor dem braunen Telefonapparat saß Fini, nicht mehr ratlos vor den bunt gestreiften Schnüren.

Nicht mehr zitterte die Luft vor dem Schrei Doktor Finkelsteins, des fürchterlich mit Brillengläsern funkelnden.

Und am Nachmittag, spät, in die schiefen, gelben Strahlen der Sonne, liefen die Mädchen hinaus, und auf jede wartete einer.

XIII

Eines Tages wartete Ludwig draußen. Fini hatte ihn vergessen, wie man einen Gegenstand vergisst, der tief auf dem Grund des Kastens ruht, des sorgsam gehüteten.

Leise sprach er wieder, mit verschleierter Stimme, die wie ein Cello klang, barhaupt ging er, und sein weicher Hut steckte zusammengerollt in der Rocktasche.

Erschrocken war Fini und spähte nach einer Nebenstraße, durch die sie flüchten könnte. Ungeschickt war sie und dachte nach, wie sie fliehen könnte, wenn sie gewandter wäre in der großen Kunst der Lüge und der Ausflüchte.

Das war Ludwig, der Mann; weich ging seine Stimme, gern hörte sie ihren Klang. Einmal blickte sie seitwärts, um sein Angesicht zu sehen, und begegnete seinem Aug', dem dreieckig sonderbar geschnittenen, den aufwärts fliehenden, schmalen Brauen, und sie dachte an Tilly.

»Sie denken an Tilly«, sagte Ludwig, unheimlich, der Mann, ein wildes Tier, vor dem es keine Rettung gab.

»Tilly ist eine dumme Frau«, sagte Ludwig und lachte kurz und tief.

Nie hatte Fini sein Lachen gehört, es klang wie ein kleiner, samtener Donner.

»Sie lieben den Maler Ernst?«, fragte Ludwig.

»Nein!«

»Ich bin in Sie verliebt«, sprach Ludwig und steuerte in eine belebte Straße, in der sie sich aneinanderdrängen mussten.

»Tilly hat Ihnen von mir Böses erzählt, und ich bin eigentlich nicht immer gut zu ihr gewesen. Aber Ihnen bin ich gut. Sie sind jung und schüchtern und ein bisschen dumm.«

Von seinem Arm ging eine große Wärme aus, Fini fühlte sie durch das dünne Kleid.

»Gehn wir in den Park«, sagte Ludwig.

Es ist zu spät, hätte sie gerne gesagt, und sie musste nach Hause. Dennoch ging sie an Ludwigs Seite und dachte an Tilly.

Sie gingen durch den Park, und jeden Augenblick fürchtete Fini, Ernst zu begegnen.

»Fürchten Sie nichts!«, sagte Ludwig. »Ernst ist heute eingeladen!«

Alles las er in ihren dummen Augen, und ihre Furcht stieg und schwoll an, und nun zitterte sie leise im Dämmer des Parks.

Ludwigs Arm fühlte sie, und gleichzeitig fiel ihr Blick auf eine verborgene Bank. Da saß Tilly und neben ihr ein Mann.

Ludwig lachte noch einmal kurz, wie vorher.

Durch fremde, dunkle Alleen gingen sie, nicht mehr war es der vertraute Park, der gute, schattende. Weit waren die Klänge der Musik, aus einer fernen Welt kamen sie. Fremd war der Park und fremd der Teich und fremd die Wasserrosen, die auf ihm schwammen. Ludwig nahm den Arm nicht mehr weg, wie eine Fessel drückte er und schmerzte nicht.

Plötzlich standen sie vor einem Haus, gingen sie eine Treppe empor, eine zweite, eine dritte, und müde wurde Fini, und ihr schwindelte vor den Treppen, die gewunden und mit ungewöhnlich hohen steinernen Stufen unendlich auf einen Turm zu führen schienen. Sah sie durch das Geländer hinunter, erblickte sie einen kleinen Ausschnitt des Flurs, ein dunkles, unbekanntes und rufendes Loch. Neben ihr ging Ludwig auf der schmalen Treppe, gedrängt an sie und Wärme verbreitend, und – blieb sie stehn und hoffte sie, dass er vorbeigehn oder zurückbleiben würde – so geschah dieses nicht, sondern auch er blieb auf demselben Treppenabsatz, und ihre Müdigkeit erriet er und legte seinen Arm um ihren Körper. Nichts sprachen sie, niemand begegnete ihnen, keine Stimme erscholl, und kein Laut wurde lebendig hinter den Türen der Wohnungen, an denen sie vorbeikamen. Fini hörte nur ihr eigenes und Ludwigs starkes Atmen. Sie wusste nicht, wohin er sie führte, und sie fürchtete sich auch nicht mehr. Eine große Leere war in ihr, und sie rastete eine Weile. Als lägen Schleier, stillende, über sie gebreitet, hörte sie gedämpftes Knarren einer Tür, und als blickte sie in einen Spiegel, sah sie sich selbst hineinschreiten in die weiße Helle des Ateliers.

Notenblätter sah sie, verstreute, über Tischen und Stühlen, und eine wirre Welt, vor der sie Achtung bekam. Hoch wohnte Ludwig, unter einem gläsernen Dach, und es fiel Fini ein, dass es furchtbar sein musste, so allein und so preisgegeben ein Gewitter zu erleben, Blitz und Donner und prasselnden Regen, nur durch Glas getrennt von dem Zorn des Himmels, aber nicht vor ihm geschützt. Jetzt sah man die Sonne fern hinter den Dächern rot verglühen, und die Gegenstände im Atelier bekamen eine warme, goldene Färbung. Geheimnisvolle Zeichen waren die Noten auf den großen, harten Papierbogen, halb beschrieben nur lagen einige, und die schwarzen Notenköpfchen saßen auf den dünnen Linien wie winzige Vögel auf Telegrafendrähten.

»Was soll ich Ihnen vorspielen?«, fragte Ludwig, die Geige mit dem Kinn festhaltend, und mit unglaubhaft geschickten Fingern strich er an dem schmalen, weiß glänzenden Bogen, als schliffe er ein Schwert, mit dem er Fini töten sollte. In einer großen Verlegenheit schwieg sie und suchte angestrengt in ihrem armen, vergesslichen Kopfe nach dem Bild eines Konzertprogramms, auf dem ein Lied gestanden hatte, das ihr gefiel. Wenig wusste sie von Musik, Fini, die kleine, und schließlich fiel ihr ein, dass es auch gleichgültig sei, was er spielte.

So fing er an mit tiefen, dunkelvioletten Tönen, die Helle gebaren, kühn gewölbt spannten sich Bogen aus Musik, weich geschwellt und silbern gekräuselt flossen Wellen aus Musik. In der Mitte hörte er auf und legte die Geige auf den Tisch, aufschreckend wie plötzlicher Lärm fiel die plötzliche Stille ein.

Mitten aus der wirren Unordnung des gläsernen Schranks holte er die schlanke Likörflasche und zwei dünne Gläser mit unendlich zartem Geklirr. Fini trank Likör, zum ersten Mal, er schmeckte süß und nach Orangenschalen, so ähnlich waren schon einmal gefüllte

Schokoladenpralinés gewesen – dieser Likör aber war nackt, nicht freundlich gebettet in lindernde Schale, und er ließ eine süße Taubheit zurück und schuf ein sanftes Schaukeln violettfarbener Lichtwellen vor den schläfrigen Augen.

Noch hörte sie den Klang der plötzlich verstummten Geige und sah den abendlichen Himmel nahe über der gläsernen Decke des Ateliers. Sie hörte Ludwigs leise Bewegungen nicht und wusste nur, dass sie hier eingeschlossen war mit dem Mann, der gefährlich war, aber sie noch ruhen ließ, und sie genoss diese Stunde, die ihr blieb, wie ein Verurteilter die letzte Spanne Zeit genießt, die ihn von seiner Strafe scheidet.

Nun stand er nahe bei ihr und sprach und sah ihr in die Augen und fiel, ehe sie begriffen hatte, in die Knie, barg seinen Kopf in ihrem Kleide und weinte. Es weinte Ludwig, der Mann, das Tier; sein Körper zuckte, seine breiten Schultern bebten. Fini, die kleine, verstand nicht, wie es gekommen war, sein Schmerz schmerzte sie.

Weil wir so klein und gering sind, wird uns doppelt weh, wenn ein großer Mann, der hoch unter dem Himmel in Gottes Nähe lebt und schmelzende Melodien spielt, kleiner und geringer als wir vor uns liegt – und wir nur können ihn erlösen. So leicht fallen uns die Kleider ab, die welke, unbrauchbare Schale, locker werden die Knöpfe und lösen sich selbst. In uns siegt das Blut, das rote, schwer ist der Kopf, im Nebel sehen wir die behaarte Brust des Mannes, riechen den Duft, den tierhaft fremden, sehen das Gesicht, das fremde, in der Nähe fremdere. Fini schloss die Augen, fühlte ihre Brust in der warmen, gehüllten Schale seiner Hand, der schmerzhaft und liebend pressenden, spürte seine zuckenden Finger drückender in der heimlichen Höhlung des Knies. Heiß

überhauchte sie sein heißer Atem und deckte sie zu,
scharf biss er in ihre Lippen, und wie ein großer, betäu-
bender, schmerzhafter und erschreckender Jubel kam in
sie der Mann, in ihrem Innern fühlte sie ihn, glühend
mit ihrem Körper verschmelzend und fremd, ein Gast in
ihr und in ihr zu Hause.

Langsam kehrte Fini wieder in die Welt, Ludwig
küsste sie matt und leise. Ihr war, als leckte er ihr Gesicht
mit heißer, vertrocknender Zunge, Ludwig, der Mann,
ein dankbar demütiges Tier.

XIV

Heimlich, des Nachts, an der Bettkante glättete Fini neu
gesammeltes Silberpapier und kramte unter den sorglich
gehüteten Schätzen das Bild hervor, die wandelnde Frau
zwischen melancholisch blühenden Feldern.

Nicht mehr lauschte sie aufgeregt dem nächtlichen
Geflüster der Eltern, nicht mehr spähte sie nach den heißen Geheimnissen der nachbarlichen Häuser. Immer
noch pfiffen die Züge durch die Nacht, wölbte sich der
Himmel über der schlafenden Straße, schlichen die Katzen, gedrückt an die Wände. Aber nichts mehr war wunderbar, nicht mehr lockte der sehnsüchtige Schrei der
Lokomotiven, unverhüllt war das Geheimnis schleichen-
der Tiere und nachbarlichen Tuns hinter blass erleuchteten Gardinen. Leer lagen vor ihr die kommenden Tage,
Tage ohne Furcht, ohne Hoffnung, wie ausgeräumte Ge-
mächer, nichts konnten sie geben, nur den kärglichen
Widerhall zaghafter Schritte. Gleichgültig war das Getriebe der Straße, nicht mehr spannte sich eisern das

Leben, nicht mehr ging Fini ängstlich geduckt unter schmerzendem Joch.

Nicht mehr war sie die wandelnde Frau zwischen blühenden Feldern, und fern und verloren war Ernst, der vergeblich wartete im geizigen Schatten der nächtlich gelagerten Fässer.

Am Ende dieses Tages lauerte das Böse, das Tilly geschehen war, ferne noch lag es, aber sichtbar.

Inzwischen reihte sich eine abenteuerliche Stunde im Atelier an die andere, das Gespräch mit Ludwig an das Spiel seiner Geige. Er holte nicht die klirrenden Gläser aus dem Schrank und die schlank geschliffene Likörflasche. Sie legten sich schlafen mit unerbittlichem Gleichmaß, und schal war das Aufstehen wie das Ende jeder sparsam genossenen Freude. Ein anderes Gesicht bekam Ludwig, wenn er zu Hause, entspannt und nicht mehr ringend um den eroberten Besitz, ohne Rock, in Pantoffeln herumging, nicht fremd mehr roch er, nicht tierhaft und nach bitteren Wurzeln, kein grausames Tier mehr – ein einsamer Mensch, alternd, kurzsichtig und mit spärlichem Haar, demütig und bittend, lässig und vergesslich, von ärmlicher Sorge bedrückt und kleinen Schulden. Den warmen Celloklang verlor seine Stimme, er hörte zu spielen auf und war wie ein erloschener Krater.

Einmal erzählte er, dass er eine Brille haben müsse – und er kaufte sich eine mit schwarzem Hornrand und stark geschliffenen Gläsern. Verändert und entfremdet war er auf einmal, wie der Vater mit dem Hörrohr, und wenn er die Brille ablegte, suchte er mit verlegenen Augen nach Gegenständen, die ihm nahe waren und die er dennoch nicht greifen konnte.

Schüler, von denen er gelebt hatte, schickte er nach Hause, bestellte Arbeiten ließ er liegen. Oft hastete er, mühsam atmend, die Treppen empor und rannte wieder hinunter. Den Hut vergaß er und den Regenschirm. Flüchtige Küsse hauchte er auf den Nacken Finis, und während er mit ihr sprach, schweifte sein Auge ungeduldig über die Straße, den Platz, den Garten. Einmal brachte er einen Hund nach Hause, der sich verlaufen hatte, und am nächsten Tage kam der Besitzer, das Tier zu holen. Zwei Tage trauerte Ludwig um den Hund. Eine alte Nierenkrankheit wiederholte sich, weil er im Regen ohne Mantel ausgegangen war, und eine Woche lag er krank im Bett. Er wusch sich nicht, hatte Fieber, und sein Bart wuchs, graue Stoppeln umgaben sein Angesicht, tief in die Höhlen sanken seine dreieckig geschnittenen Augen. Zerrissen war seine Wäsche und mühsam geflickt und gelb das Leintuch, auf dem er lag. Besuche empfing er nicht. Freunde schickte er weg, ein Konzert in der Provinz gab er auf, die alte Wirtschafterin beschuldigte er des Diebstahls, und sie kam nicht mehr. Sein Haar lichtete sich schnell, an seinen Fingern wuchsen die Nägel, die Zigaretten schmeckten ihm nicht, schwarzen Kaffee trank er, um sich wach zu erhalten, und Brom nahm er, um einzuschlafen.

»Ich will dich heiraten«, sagte er zu Fini, und sie führte ihn nach Hause. Beschlossen war ihr Schicksal, vorbei das Jungsein, Mädchensein, Kindsein. Ihm war sie anheimgefallen, treu blieb sie ihm und brauchte das Schicksal Tillys nicht abzuwarten. Ein kranker, alter Mann war er, arm und verlassen, vom Leben, von der Musik, von den Freunden. »Wir werden zusammen wieder jung«, sagte er zu Fini. Sie führte ihn nach Hause, beklemmend legte sich ein Schweigen über das Zimmer, in dem sie saßen, die Mutter mit eilig übergeworfenem Schlafrock und der Vater mit dem bereitliegenden Hörrohr vor sich

auf dem Tisch. Fini in der Mitte, zwischen ihm und den
Eltern, mit hängendem Kopf, und die Fremdheit wuchs
um jeden Einzelnen, und jeder saß wie eingeschlossen in
einer gläsernen Kugel, sah den andern an und erreichte
ihn nicht.

Endlich hub der Vater an, vom Krieg erzählte er, die
Mutter fiel ein und wusste Gleichgültiges zu sagen. Mit
behutsamen Worten lockten sie aus Ludwig Geständ-
nisse heraus. Alter, Stand, Abkunft und Wohnung, Geburt und Eltern, und Ludwig erzählte, aufgelebt für eine
Stunde, von den Tagen der Kindheit und von der lang
verstorbenen Mutter, Sorgen des Berufs und Plänen für
die Zukunft. Eine Musikschule wollte er errichten, in
fremdes, reiches Land fahren, zweimal im Jahr, und mit
dem Geld beladen wiederkommen. Noch war er nicht alt
und krank, nein, verjüngt, müde nur des Junggesellen-
lebens, und er aß mit Appetit und breiten, mahlenden
Kiefern eilig bereitete Speisen. Spät schied er, Fini küsste
er auf den Mund vor der weinenden Mutter, der Vater
stieg mit nächtlicher Kerze die Treppe hinunter und
leuchtete. Die Mutter umarmte Fini und küsste sie wieder, nach langer Zeit. Aus dem Kästchen nahm Fini die
Bilder Ernsts und verbrannte sie mit leisem Schluchzen,
Stück für Stück, an der knisternden Kerze.

XV

Noch sprach man von der Heirat nicht, aber sie lag in
greifbarer Nähe, und Fini galt als erwachsen, eine Stimme
im Haus, ein Mensch, nicht mehr dem Schelten Untertan,
sondern Güte fordernd.

Und es änderte sich nichts, und vom Klappern der Maschinen erfüllt waren die Tage.

Tilly fand einen Freund und dachte Ludwigs nicht mehr und nicht des erlittenen Unglücks.

Niemanden hatte Fini mehr, zu dem sie sprechen konnte, und sie hätte gern erzählt, wie die Welt jetzt aussah, eine Welt ohne Geheimnis, ohne Furcht und ohne Erwartung.

Früher – wie war unser pochendes Herz gespannt, die Straße, die wir dahinschritten, von Geheimnissen erfüllt, wie lauerten die Abenteuer hinter jeder Ecke, um die wir biegen sollten! Nun ist unsere Erwartung ausgelöscht, auf unsern Wegen eine Stille ohne Grenze, eine Landschaft ohne Fernen verbergende Hügel, alles wissen wir, Anfang und Ende, männliche Armseligkeit und unseres eigenen Angesichts bittere Zukunft.

Verrauscht war die süße Musik des Unbekannten, der gute lockende Sang anbrechenden Lebens, verblasst die leuchtende Weite unendlich sich dehnender Tage und ausgekühlt die bergende Wärme der Jugend. Vollendet ist unser kurzer Weg, und fremd ist uns der Mann; jeden Tag wird er fremder.

Fini sah, wie er mit anderen Menschen sprach, lässige Gebärde nahm er an und hörte keine Antwort mehr, Pfeifenköpfe schnitzte er, stundenlang hockend auf niederem Schemel, Schokolade, lange im Vorrat gekauft, barg er sorgfältig vor ihrem genäschigen Auge, hoch oben unter Pappendeckeln, auf staubübersätem Schrank, kleine und große Rippen, gelb vor Alter gewordene, und Silberpapier sammelte er in dichten Knäueln zur Verzierung der Pfeifenköpfe. Zwischen den Notenständern, den weiß lackierten, im Winkel gehäuften, hielt er Tabak und Zigarren, die er niemals rauchte und niemals hergab, sorgfältig wachend mit hundescharfem Aug'. Kleiderstoffe lagerten geschichtet in wachsam raschelndem Papier, gestapelt im Schrank, unter den Hüllen gilbender Notenblätter.

Es war keine Sünde, ihm etwas zu stehlen, man stahl sich selbst etwas. Und manche Stunde, in der er hockend auf niederem Schemel einen Pfeifenkopf schnitzte, schlich Fini herum, stieg sie behänd auf die Stühle, die knarrten, und auf splitternde Ständer, Schätze raffend. Schickte sie einen furchtsamen Blick dann in Ludwigs geschäftigen Winkel, sah sie, dass seine Augen zugefallen waren und dass er mit selbstständig schnitzendem Messer seine Köpfe fertig machte, dieweil seine Sinne schliefen, und sie weckte ihn.

Dann, plötzlich aufgewacht, besann er sich, strich die Weste zurecht und sammelte mit gespitzten Fingern Holzstaub und Schnitzer und begann zu erzählen von Fahrten in fremdes Land und ewig leuchtenden Sonnen. Manchmal gingen sie nebeneinander halbe Tage lang durch endlose Straßen, in den Auslagen der Konditoreien lockte schaumgefüllter Teig, braunleuchtend und süß. Hungrig war Fini, nach glattem, gelb schmelzendem Eis in sanft gerundeten Schalen sehnte sie sich. Hungrig ging sie mit Ludwig durch die Stadt. Von bösem Asthma bedrängt, musste er sich setzen, und er setzte sich nicht auf die grünen Stühle im schattigen Park, die man bezahlen musste, sondern draußen auf die unbarmherzig besonnte, staubige Bank. Die Beine spreizend, zeigte er offene Hosenknöpfe und an den vorgestreckten Stiefeln ein vielfach geknotetes Schnürsenkel. Fini weinte, während sie sprach, sie weinte nach innen, Tränen trockneten, unausgeschüttet, gesammelte Tränenbäche trockneten in ihr. Schmerzhaft würgte sie das gesammelte Leid im Halse. Sah sie manchmal Frauen vorbeiziehen, die verkrüppelte Männer schoben auf dreirädrigen Karren, so trug jede der Frauen Finis Gesicht.

Einmal in der Woche oder zweimal war der gemeinsame Schlaf auf dem Sofa im Atelier, eine trostlose Hingabe, still und von verborgenem Weinen begleitet, wie eines Todkranken krampfhaft gefeiertes Geburtstagsfest.

Ein Brief von Ernst fiel in diese Zeit, sehen wollte er sie wieder. Sie trafen sich, wie vor Wochen, an derselben Stelle auf dem nächtlichen Marktplatz, fremd war der Druck seiner Hand, Fini ging nicht mehr im linden Regen seiner gütigen Worte. Hinaus fuhren sie, wie einst, mit der Straßenbahn, dahin unter hängenden Zweigen, die ansteigende Landstraße schritten sie schweigsam und legten sich am Wegrand hin in den Tau des Grases, umsungen von zirpenden Grillen.

Spät wurde es, ins Wirtshaus kehrten sie ein, eine Stube und Strohlager bekamen sie. Fini wartete mit wachen Augen auf den Morgen, gedrückt an die Wand, auf das raschelnde Bündel.

XVI

Süß und heiß ging der Sommer vorbei und ein Herbst und ein Winter, die Primeln kamen in den dunstenden Wäldern, der Krieg hatte aufgehört, fremd ging Fini an den großen Ereignissen vorbei, klein und fremd. Zu gewichtig sind für uns die Sorgen der großen Welt.

An ihrem neunzehnten Geburtstag im April musste sie weinen, obwohl Ludwig ihr eine Rose gekauft hatte, eine schwerblütige, die ihre äußersten Blätter abzuwerfen begann wie lästige Gewänder.

Aussicht bestand für den Vater, es starb der Onkel plötzlich, dahin gekommen von einem verspäteten Typhus; lohnende Touren wurden frei, es besserte sich das Gehör, langsam kehrten die fernen Augen wieder in die Gegenwart, und schon erhaschte das Ohr einmal den ungedämpften Schimpf der Mutter.

In den Prater ging Fini, und ihr war wie einem spät Gesundenden nach langer, erschöpfender Krankheit, aus der es keine Wiederkehr mehr gibt in vollkommenes Leben. Bescheiden muss er sich mit einem dürftig pochenden Herzen und Schonung fordernden Gliedern. An uns vorbei schreiten die jungen Mädchen, noch nicht gezeichnet vom bitteren Geschmack, vor ihnen die kommenden Tage, leuchtend und frisch wie niemals betretene Rasen.

XVII

Einmal hörte sie Rabold sprechen, den Redner, zwischen lauschende Menschen gedrückt, auf dem weiten Platz unter blau gewölbtem Himmel. Einige sprachen vor ihm, andere später, und aller Stimmen erstarben im unbegrenzten Raum und wurden gedämpft durch zufällige Geräusche der Straße. Seine Stimme nur überwältigte kühn und singend den Platz, als hätten sich unerreichbare Himmel, die Straße zu säumen, genähert und sie abgeschlossen vor dem fremden Geräusch unbekümmerter Gefährte. Alle Redner standen auf dem Dach desselben Automobils, und Rabold auch. Aber wie er hinauftrat, wurde es Postament und Thron, einen König zu tragen.

Gedrückt zwischen lauschenden Menschen stand Fini, die kleine. Es sang in ihr die Stimme nach, klar und klingend, als läutete eine Glocke erzene Worte. Lange blieb sie unter den Menschen und blieb noch, als sie auseinandergingen, spät, vom Abendwind auseinandergeschickt. Hinauf hätte sie gehen müssen, ungezählte, enge Stiegen ins Atelier. Als schöbe sie jemand, bog sie in die Seitenstraße, in der nur ein Mensch ging, groß und in einem Kreis aus Gedanken und Stille, den Blick auf sie gerichtet: Rabold.

Es kam das Wunder in ihren Weg, spät genug, fertig war sie schon, nach der bitter vollendeten Jugend. In der Mitte blieb Rabold und wartete, bis sie herankam. Es schien ihr, als müsste sie, um zu ihm zu gelangen, den Kreis aus schweigenden Gedanken durchstoßen, ein Schritt noch trennte sie von ihm, und sie blieb stehen. Sein Wort brachte sie näher. Sie wusste nicht welches, sie glaubte, er hätte ihren Namen gerufen.

Alles erriet sie, dass er verfolgt ist und unter fremdem Namen lebt, von Stadt zu Stadt fahrend. Diener einer gestrengen Gewalt und entfernt dem Getriebe dieses Lebens.

Morgen fuhr er weiter, aber eine Stunde war genug, und sie wusste, dass jetzt alle ihre Tage und Träume von ihm erfüllt sein werden.

Immer war Zeit und Raum in ihr für den Fremden. Manchmal schrieb er ihr einen Brief postlagernd. Dreimal täglich ging sie zum Schalter. Einmal kam ein flüchtiges Wort auf einer Ansichtskarte. Des Nachts auf der Bettkante saß sie und barg die Karte auf dem Grund ihres Kästchens zwischen Seidenpapier und der Schachtel mit Perlmutterknöpfen.

XVIII

Im Dunkel des Abends schlich sie zum Bahnhof, nicht weit wohnte Rabold, in sechs Stunden erreichbar. Im Wartesaal schrieb sie Briefe, nach Hause und an Ludwig. Die vielfach gebundene Pappschachtel legte sie ängstlich unter die Füße.

In der Nacht erreichte sie ihn und sank in sein Bett. Gestillt war die wühlende Unrast, erstickt jeder Wunsch, gestorben war Fini, die unselige, und selig auferstanden in Rabolds Welt.

Durch kleine Städte fuhren sie, durch winkelige Gassen gingen sie, der Sommer kam wieder, durchsonnte Abende, Wege, vielfach verschlungene, an altem Gemäuer vorbei.

Traum waren ihre Tage, ihre Nächte, so wuchs Fini, die kleine.

Seinen Namen kannte sie nicht, fremd lebte er in fremden Städten, von Häschern verfolgt, immer auf der Flucht, immer arm, kärgliches Brot aßen sie.

Im Herbst, schon fiel der erste Schnee, fuhren sie in die große Stadt und lebten einen sicheren Winter in warmer Stube, hoch im unsicheren Viertel der Armen, der Huren und Mörder. Das ängstliche Gewirr der Dächer, der schiefen Giebel und ineinander verankerten Mauerecken drängte sich in das einzige Fenster ihres Zimmers, es kam das Geheul naher Fabriksirenen herein und der unverständliche Schrei einer nachbarlichen Welt.

Es kamen Freunde zu ihm, verwegene Menschen, Verfolgte, Flüchtige und Glückliche. Einmal erreichte Fini ein Brief, man hatte ihr Versteck gefunden, es stand etwas von Tränen der Mutter darin und sogar von Tränen des Vaters. Der Schmerz, von dem sie las, war fremder Schmerz, nichts gingen sie die Tränen der Mutter an.

In ihr lebte Rabold, den sie kannte, dessen Vornamen sie nicht wusste, für den sie selbst einen Namen erfunden hatte, Rabold, der neben ihr schlief, der zu ihr kam, glühend und fremd, immer neu in tausend Gestalten, ein Gott zum irdischen Weibe. Seinen Körper fühlte sie, ehe sie einschlief, sein müdes Knie im Schlaf, die liebe Schulter, die warme behaarte Höhlung seines umarmenden Arms, in die sie ihren Kopf legte. Den nächtlichen Kuss seiner Lippe trug sie auf ihrem Mund, den liebenden Biss seiner Zähne im schwellenden Fleisch ihrer Brust. Neben ihr, in ihr, rings um sie lebte Rabold, ihr Mann. In finsterer Nacht sah sie das Leuchten seiner Augen, und dürstend trank sie gute Worte, die er ihr schenkte. Einmal fuhr er weg, und Fini blieb zurück. Leere, unendliche, strömte jeder Winkel aus, sie heizte den kleinen, eisernen Ofen nicht und kauerte auf einem Kasten, gehüllt in den spärlich gefütterten Mantel, mit zerzaustem Haar und Augen, die sich röteten, ohne zu weinen. Kein Bild hatte sie von ihm, und es ergriff sie die Furcht, dass sie den und jenen Zug seines geliebten Gesichts vergessen könnte, den Schwung seiner Nase, die aufwärtsstrebende Braue über dem linken Aug', die leise Biegung seines Nackens und die Art, wie er einen Gegenstand griff, mit sparsamer Bewegung der Hand und vollkommener Ruhe des Arms und des Körpers. Jeden Augenblick schloss sie die schmerzenden Augen – ungeweintes Weinen lag in ihnen – und sah sein Gesicht, spät ging sie schlafen. Kalt war das Lager, und in der zaghaft beginnenden Wärme schlummerte sie ein, stieß mit vorgestrecktem Knie plötzlich ins Leere, erschrak, weil neben ihr nichts da war, und sie erwachte. Er ist gestorben!, dachte sie auf einmal, stieg mit zitternden Knien hinunter, Licht zu machen, aus dem Schrank holte sie eine Karte, die er ihr einmal geschrieben, sie sah lange und eifrig Zug um Zug der flüchtigen Handschrift, um wenigstens gewiss zu sein, dass er gelebt hatte, neben ihr, mit ihr, ein bisschen für sie. Irgendwo fand sie sein Halstuch, es war weich und gut, von ihm kam es, noch roch es nach ihm, seinem Körper, seinem Leben – er konnte nicht gestorben sein, da das Halstuch noch von ihm warm war, sie nahm es ins Bett und legte ihre Wange darauf und schlief ein.

Sie horchte tagsüber auf den Schritt der Menschen draußen, den Briefträger vermutend, verhallende Schritte beklagte sie wie den Schall verschwindenden Glücks. Ein Freund kam und brachte Nachricht von Rabold, kein Brief war da, Geld nur schickte er. Fini brauchte nichts, sie warf die Scheine in das Nähzeug und dachte nach, unermüdlich. Er war gewiss gestorben und hatte Auftrag gegeben, ihr Geld zu bringen, und er lebte nicht mehr, gewiss, sonst hätte er geschrieben. Nichts wünschte sie mehr, als die liebe Rundung seiner Buchstaben zu sehn, in frischer, überzeugender Tinte. Die Nacht kam, wie gestern, kalt und leer, die letzten mitternächtlichen Schritte erstarben im Hause, Fini wünschte zu sterben, in dieser Nacht zu sterben.

XIX

Aber sie erwachte, geweckt vom unermüdlichen Gezwitscher eines frühen Vogels und dem Sang schmelzenden Eises auf metallenem Fensterbrett. Von Dächern gezackt,

blaute hoch der Himmel, aus geöffneten Fenstern drang
Lärm der nachbarlichen Kinder. In früher Stunde kam
ein Leierkasten in den Hof, wie ein Bote des Stadtfrüh-
lings. Es sah so aus, als käme heute eine Nachricht von
Rabold oder als käme er selbst. Als die Schritte des Briefträgers enttäuschend verhallt waren, beschloss Fini, in die
Straßen zu gehn, draußen auf ihren Mann zu warten, wer
weiß, ihm vielleicht in den Straßen zu begegnen. Hinaus
ging sie, von hastenden Menschen umgeben, von der
Sonne begrüßt und der guten Luft des lächelnden März-
tags. In das Zentrum der Stadt ging sie, schritt sie, mit
rüstigen, jungen Füßen, durch die breiten Straßen.

Sie verließ die Stadt, sie kam an den Fluss und folgte
seinem Lauf. Die Sonne stand hoch, sank tiefer, rann aus
dem Himmel in den Fluss, dass beide sich röteten. Da
setzte sie sich ans Ufer. Ein alter Angler stand und wartete auf seinen Fang. Der Ton einer abendlichen Flöte
kam, im Ufergras zirpten die Grillen.

Fini saß, aber es war ihr, als ginge sie weit und hoch,
höher hinauf in den Himmel, auf goldenen Wolken, Wolken aus Scharlach, Treppen aus Purpur. Sie führten aufwärts zu Rabold. Er stand und wartete. Ausgebreitet waren seine Arme, Fini zu empfangen.

Den Hunger fühlte sie nicht, aber er fraß sie auf, saß in
ihren Eingeweiden, umklammerte ihr Herz – und sie
fühlte ihn dennoch nicht. Die Müdigkeit ihrer Füße
fühlte sie nicht, sie lag weich am Ufer und glaubte zu
schweben. Treppen aus Wolken trugen sie, sie brauchte
nicht emporzuklimmen.

Wie einen fernen Schatten sah sie den alten Angler am
andern Ufer. Der Alte wuchs und stand wie ein Diener
ehrfürchtig und wartend am Eingang. Hatte ihn Rabold
vorausgeschickt, sie zu empfangen?

Sie nickte ihm zu, sie wollte ihn streicheln, da griff sie ins feuchte Gras, sank, glitt, glaubte, sie wäre auf einer Wolke ausgeglitten, und wollte sich hochraffen, aber sie konnte nicht mehr. Jetzt erst überfiel sie die Müdigkeit, nie mehr würde sie Rabold erreichen. Warum kam er nicht, ihr zu helfen?

Sie fiel ins Wasser, tat noch einen leisen Schrei, sank unter, und der Strom führte sie mit, barg sie vor den Blicken der Welt. Drei Meilen weiter fand man sie, ihren aufgeschwemmten Leib, Wasserrosen und grüne Pflanzen im Haar, den Mund halb offen.

Sie kam in den Polizeibericht, der keine Ursachen anzugeben wusste. Ihre Leiche lag in der Totenkammer, kam in die Anatomie; denn es fehlte an Leichen, man nahm auch aufgeschwemmte. Niemand wusste, dass sie in den Himmel hatte gehen wollen und ins Wasser gefallen war. Sie zerschellte an den weichen Treppen aus purpurnen und goldenen Wolken.

Das reiche Haus gegenüber
Novelle
(1928)

Ich war um jene Zeit, in der ich das Folgende erlebt habe,
nicht reich und nicht arm. Es ging mir nicht so schlecht,
dass ich etwa im Anblick reicher Häuser und Menschen
dem Neid anheimgefallen wäre, den man den Trost der
Armen nennen könnte. Es ging mir andererseits nicht so
gut, dass ich im Anblick des Reichtums gleichgültig hätte
bleiben können. Ich befand mich vielmehr gerade in jener
Situation, in der man die Nähe des Reichtums freiwillig
aufsucht, in einer Art geheimer und sorgfältig vor sich
selbst verschwiegener Hoffnung, dass man einmal oder
sogar bald selbst sich seiner wird bedienen können. Ich
befand mich in einer Lage, in der ich die arme Umgebung,
das Viertel der Not, die engen und schmutzigen Gassen
nicht mehr ertragen zu können glaubte. Ich beschloss, in
eine Gegend zu übersiedeln, deren Name allein schon so
glanzerfüllt war wie die Macht ihrer Bewohner. Sooft dieser Name ausgesprochen oder gelesen wurde, schien er
nicht ein einziges Stadtviertel zu kennzeichnen, sondern
ein ganzes, fremdes und fernes Reich, in dem es unmöglich war, einen Notleidenden zu finden. Man vergaß, dass
auch in diesem Viertel Beamte, Hausbesorger und dienen-
des Volk, kleine Krämer und Handwerker wohnen mussten. Der Name des Viertels überglänzte die Armut der
Armen, und wenn ich damals etwa einen von ihnen getroffen hätte, ich wäre niemals auf den Gedanken gekommen, dass er dort wohnen könnte, wo die großen Heraus-

geber der Zeitungen, die Bankiers und die Fabrikanten ihre stolzen Häuser hatten.

Ich fand ein kleines Hotel, das sich von all den andern, die ich früher bewohnt hatte, nur dadurch unterschied, dass es in einem reichen Viertel stand. Meine Nachbarn waren herabgekommene Reiche, welche die Nähe des Geldes nicht aufgeben wollten, weil sie offenbar glaubten, sie brauchten in einem geeigneten Augenblick weniger Zeit und Umwege, es wieder zu erreichen. So ähnlich bleibt ein Hund, den man aus einem Zimmer verweist, immer noch in der Nähe der Tür, durch die er das Zimmer hatte verlassen müssen. Meinem kleinen und schmalen Fenster gegenüber stand ein großes und breites Haus. Sein braunes Tor war geschlossen und hatte in der Mitte einen goldenen Knauf, der das Licht der Sonne einfing, verstärkte und widerstrahlte, sodass es aussah, als wäre er keineswegs dazu da, eine Klinke zu ersetzen, sondern einen Scheinwerfer zu spielen, dessen Licht geradewegs zu mir ins Fenster sprühte, sodass ich gleichsam durch seine liebenswürdige Vermittlung die Sonne kennenlernte, die mein Hotel vernachlässigte und sich ganz dem reichen Haus gegenüber zugewendet hatte.

Vor den Fenstern des Hauses hingen verschwiegene Jalousien – den ganzen Tag. Manchmal verwendete ich zwei Stunden und noch mehr darauf, das große, braungelbe Tor zu überwachen in der Hoffnung, dass ich einen Ein- oder Ausgehenden bemerken könnte. Es schien mir unbedingt wichtig, meine reichen Nachbarn kennenzulernen. Denn ich konnte nicht den ganzen Tag oder gar Tag für Tag meinen Augen gegenüber ein Geheimnis wissen, das eigens, um mir Unruhe zu bereiten, aufgebaut schien. Aber das Tor ging nicht auf. Es wurde Nacht, und ich legte mich schlafen.

In der Frühe erwachte ich von einem fröhlichen und geschäftigen Lärm. Ich blickte zum Fenster hinaus. Das Haus gegenüber hatte alle seine Fenster geöffnet und das Tor auch. Livrierte und weiß beschürzte Männer und Frauen putzten Möbel und Fensterscheiben, klopften Teppiche, lüfteten Polster, rieben Messingstangen und bohnerten die Dielen. Ich sah Fenster, groß und breit wie Portale, ahnte die stille Tiefe reicher und weiter Zimmer, den stillen und vornehmen Glanz kostbarer Gegenstände, glaubte sogar den Duft des Holzes zu riechen, der von den Möbeln kam, und hörte den diensteifrigen Gesang eines Stubenmädchens, das einen alten Gassenhauer hinschmetterte wie einen harten, metallenen Gegenstand.

Eine Stunde später waren Fenster und Tor wieder geschlossen, das Haus war verlassen. Die Diener mussten durch einen rückwärts gelegenen, eigens für sie bestimmten Ausgang fortgegangen sein. Die Jalousien hingen verschwiegen und stolz vor den Fenstern.

Jeden Morgen wiederholte sich dasselbe. Zwei Monate lang. Der Winter verging. Immer strahlender und heißer brannte die Sonne im goldenen Knauf des Tores, ja in der Mittagsstunde war es, als ob er schmelzen wollte, und schon glaubte ich zu hören, wie er in klingenden Tropfen auf das Pflaster herunterfiel wie Siegellack auf einen Brief. Aber das Tor blieb geschlossen.

Ich fragte meine Wirtin. Drüben, sagte sie, wohne ein alter Herr, der jedes Jahr für zwei Monate komme. Bald würde er da sein.

Eines Tages war er da. Er glitt langsam in einem großen schwarzen Auto durch das weit geöffnete Tor. Am Nachmittag erschien er auf dem Balkon. Er stützte sich auf einen Stock, eine Dogge begleitete ihn langsam, als

erfüllte sie ein Zeremoniell, er trug eine weiße Weste und
einen braunen Rock, und sein Gesicht war zart, schmal,
grau, bartlos. Seine Nase war scharf und hart wie der
Rand einer sonderbaren Waffe. Seine Augen waren grau,
schmal und sahen geradewegs zu mir herüber, ohne es
sich merken zu lassen. Es war, als hätten sie nicht die Bilder der Außenwelt dem Bewusstsein des Alten zu vermitteln, sondern als förderten sie Bilder, die sie im Innern verwahrt hatten, wieder auf ihre eigene Netzhaut.
Jeden Nachmittag erschien der Alte auf dem Balkon. Ein
Diener brachte ihm einen Mantel. So stand der Herr und
sah zu mir herüber.

Eines Tages, es war etwa eine Woche seit seiner Ankunft vergangen, grüßte ich den alten Herrn. Er erwiderte,
zögernd, aber deutlich. Wir sahen einander an. Ehe er
den Balkon verließ, nickte er mir zu, aber hastig. Und jeden Tag, wieder sieben Tage lang, wiederholte sich dieselbe Szene. Etwa zehn Tage später starb der Herr. Plötzlich. In der Nacht. Meine Wirtin erzählte es mir. In der
stillen Straße sprachen die kleinen Leute, ein Schuster, ein
Kohlenhändler und die Hausbesorger vom Tod des alten
Herren. Ich sah das Leichenbegängnis vom Fenster aus.
Einen Augenblick lang überlegte ich, ob ich nicht zum
Friedhof mitgehen sollte. Aber der feierliche Glanz der
kühlen und stolzen Leidtragenden schreckte mich ab.

Das Haus blieb still und geschlossen. Ich dachte gerade an die Grausamkeit des Alten, der so kühl und beinahe unmenschlich heimgekehrt war, weil sein Tod
schon auf ihn gewartet hatte, und der wahrscheinlich
ohne Liebe gewesen war und nur ein Verwalter seines
Reichtums, als sich der bekannte Notar M. bei mir an-
melden ließ, dessen Namen ich wusste. Der Notar überreichte mir einen Brief und sagte mir, es sei ein Brief mei-

nes Nachbarn, dessen Testament gestern eröffnet worden wäre. Im Testament habe der alte Herr bestimmt, dass der Notar mir persönlich den Brief zu überreichen hätte. »Eine von seinen Marotten!«, sagte der Notar und ging. Der Brief lautete:

Sehr geehrter Herr,
ich habe, wie Sie sehen, Ihren Namen in Erfahrung gebracht. Warum? Weil ich Sie lieb gewonnen habe. Sie waren der einzige Mensch, der mein Freund hätte werden können. Denn Sie behielten, obwohl ich Ihnen sympathisch war, die Distanz und, obwohl Sie neugierig waren, die Schweigsamkeit. Ich hinterlasse nur Schulden. Sonst wären Sie mein Erbe. Behalten Sie mir ein freundliches Andenken.

Ihr I. B.

Am nächsten Tag zog ich in eine andere Gasse.

Erdbeeren
(1929)

Die Stadt, in der ich geboren wurde, lag im Osten Europas, in einer großen Ebene, die spärlich bewohnt war. Nach Osten hin war sie endlos. Im Westen wurde sie von einer blauen, nur an klaren Sommertagen sichtbaren Hügelkette begrenzt.

In meiner Heimatstadt lebten etwa zehntausend Menschen. Dreitausend unter ihnen waren verrückt, wenn auch nicht gemeingefährlich. Ein linder Wahnsinn umgab sie wie eine goldene Wolke. Sie gingen ihren Geschäften nach und verdienten Geld. Sie heirateten und zeugten Kinder. Sie lasen Bücher und Zeitungen. Sie kümmerten sich um die Dinge der Welt. Sie unterhielten sich in allen Sprachen, in denen sich die sehr gemischte Bevölkerung unseres Landstriches verständigte.

Meine Landsleute waren begabt. Viele leben in großen Städten der alten und der neuen Welt. Alle sind bedeutend, manche berühmt. Aus meiner Heimat stammt der Pariser Chirurg, der die alten und reichen Menschen verjüngt und Greisinnen in Jungfrauen verwandelt; der Amsterdamer Astronom, der den Kometen Gallias entdeckt hat; der Kardinal P., der seit zwanzig Jahren die Politik des Vatikans bestimmt; der Erzbischof Lord L. in Schottland; der Mailänder Rabbiner K., dessen Muttersprache Koptisch ist; der große Spediteur S., dessen Firma auf allen Bahnhöfen der Welt zu lesen ist und in allen Häfen aller Kontinente. Ich will ihre Namen nicht nennen. Leser, die eine Zeitung abonnieren, wissen ohnehin, wie sie heißen. An meinem eigenen Namen ist nichts gelegen. Niemand kennt ihn, denn ich lebe unter einem falschen. Ich heiße – nebenbei gesagt – Naphtali Kroj.

Ich bin eine Art Hochstapler. So nennt man in Europa die Menschen, die sich für etwas anderes ausgeben, als sie sind. Alle Westeuropäer tun dasselbe. Aber sie sind keine Hochstapler, weil sie Papiere haben, Pässe, Ausweise und Taufscheine. Manche haben sogar Stammbäume. Ich aber habe einen falschen Pass, keinen Taufschein, keinen Stammbaum. Man kann also sagen: Naphtali Kroj ist ein Hochstapler.

In meiner Heimat brauchte ich kein Papier. Jeder kannte mich. Dem Bürgermeister putzte ich die Stiefel, als ich sechs Jahre alt war. Als ich zwölf alt wurde, kam ich zu einem Barbier. Da seifte ich den Bürgermeister ein. Mit fünfzehn Jahren wurde ich ein Kutscher und fuhr den Bürgermeister am Sonntag spazieren. Wir hatten dreizehn Polizisten. Mit allen trank ich Schnaps. Brauchte ich da Papiere?

Außerhalb der Stadt versahen Gendarmen den Dienst. Ihr Wachtmeister schlief mit meiner Tante jeden Donnerstagnachmittag, wenn er frei war. Ich schmuggelte manchmal Schnaps in die Stadt, aus der Umgebung – was verboten war und verzollt werden musste. Die Zollwächter aber bekamen einen Wink vom Gendarmeriewachtmeister und ließen mich passieren.

Also stand ich in meiner Jugend mit den Behörden gut. Später wurde es anders. Andere Zeiten kamen und andere Behörden.

Ich glaube, dass bei uns zu Hause niemand Papiere hatte. Es gab ein Gericht, ein Gefängnis, Advokaten, Finanzäm-

ter – aber nirgends brauchte man sich zu legitimieren. Ob
man als der oder jener verhaftet wurde – was machte es
aus? Ob man Steuern bezahlte oder nicht – wer ging daran zugrunde, wem half man damit? Hauptsache war, dass
die Beamten zu leben hatten. Sie lebten von Bestechungen.
Deshalb kam niemand ins Gefängnis. Deshalb zahlte niemand Steuern. Deshalb hatte niemand Papiere.

Schwere Verbrechen kamen vor, leichte wurden nicht
entdeckt.

Brandstiftungen überging man, sie waren nur persönliche Racheakte. Landstreichen, Betteln, Hausieren
war eine alte Landessitte. Waldbrände wurden von Förs-
tern gelöscht. Raufereien und Totschläge entschuldigte
der Brauch, Alkohol zu trinken. Räuber und Wegelage-
rer verfolgte man nicht. Man ging von der Ansicht aus,
dass sie sich selbst hart genug bestraften, indem sie auf
jeden gesellschaftlichen Anschluss, auf Handel und Ge-
spräche verzichteten. Falschmünzer tauchten zuweilen
auf. Man ließ sie in Ruhe, weil sie mehr die Regierung
als ihre Mitbürger schädigten. Gerichte und Advokaten
hatten zu tun, weil sie langsam arbeiteten. Sie befassten
sich damit, Streitigkeiten zu schlichten und Vergleiche
herbeizuführen. Zahlungstermine hielt man unpünkt-
lich ein.

Bei uns zu Hause herrschte Frieden. Nur die engsten
Nachbarn hielten Feindschaft. Die Besoffenen versöhn-
ten sich wieder. Konkurrenten taten einander nichts
Böses an. Sie rächten sich an den Kunden und Käufern.
Jeder lieh jedem Geld. Alle waren einander Geld schul-
dig. Einer hatte dem anderen nichts vorzuwerfen.

Politische Parteien wurden nicht geduldet. Die Menschen verschiedener Nationalität unterschied man nicht,
weil jeder in allen Sprachen redete. Man erkannte nur die

Juden an ihrer Tracht und ihrer Überlegenheit. Manchmal machte man kleine Pogrome. Im Wirbel der Ereignisse waren sie bald vergessen. Die toten Juden waren begraben, die Beraubten leugneten, Schaden erlitten zu haben.

Alle meine Landsleute liebten die Natur, nicht um ihrer selbst willen, sondern mancher Früchte wegen, die sie spendete.

Im Herbst gingen sie in die Felder, um Kartoffeln zu braten. Im Frühling wanderten sie in die Wälder, um Erdbeeren zu pflücken.

Der Herbst bestand bei uns aus flüssigem Gold und flüssigem Silber, aus Wind, Rabenschwärmen und leichten Frösten. Der Herbst war beinahe ebenso lang wie der Winter. Im August wurden die Blätter gelb, in den ersten Septembertagen lagen sie schon auf dem Boden. Niemand kehrte sie zusammen. Ich habe erst im Westen Europas gesehn, dass man den Herbst zusammenfegt zu ordentlichen Misthaufen. An unsern klaren Herbsttagen wehte kein Wind. Die Sonne war noch sehr warm, schon sehr schräg und sehr gelb. Sie ging in einem roten Westen unter und erwachte jeden Morgen in einem Bett aus Nebel und Silber. Es dauerte lange, ehe der Himmel tiefblau wurde. Dann blieb er so den ganzen kurzen Tag.

Die Felder waren gelb, stachlig, hart und taten den Sohlen weh. Sie rochen stärker als im Frühling, schärfer und etwas unbarmherzig. Die Wälder am Rand blieben tiefgrün – es waren Nadelwälder. Im Herbst hatten sie silberne Kämme auf den Häuptern. Wir brieten Kartoffeln. Es roch nach Feuer, Kohle, verbrannten Schalen, angesengter Erde. Die Sümpfe, an denen die Gegend reich war, trugen eine glänzende leichte Decke aus gläsernem

Frost. Sie dufteten feucht wie Fischernetze. An vielen Stellen stieg der Rauch steil und tänzelnd in den Himmel. Aus den fernen und nahen Gehöften kam das Krähen der Hühner, die den Dunst gerochen hatten.

Im November kam der erste Schnee. Er war dünn, glasig und haltbar. Er zerging nicht mehr. Da hörten wir mit dem Kartoffelbraten auf. Wir blieben in unsern Häusern. Wir hatten schlechte Öfen, Fugen in den Türen und Ritzen in den Dielen. Unsere Fensterrahmen waren aus leichtem, feuchtem Fichtenholz gemacht, sie hatten im Sommer ihre Gestalt verändert und schlossen schlecht. Wir verstopften die Fenster mit Watte. Wir legten Zeitungspapier zwischen Türen und Schwellen. Wir hackten Holz für den Winter.

Im März, wenn die Eiszapfen von den Dächern tropften, hörten wir schon den Frühling galoppieren, Schneeglöckchen ließen wir in den Wäldern. Wir warteten bis zum Mai. Erdbeeren gingen wir pflücken.

Die Spechte klopften schon in den Bäumen. Es regnete oft. Die Regen waren weich, aus einer Art samtenen Wassers. Sie dauerten gleichmäßig einen ganzen Tag, zwei Tage, eine Woche. Es wehte ein Wind, die Wolken rührten sich nicht vom Fleck, sie standen, wie Gestirne stehen, unverrückbar am Himmel. Es regnete gründlich und mit Bedacht. Die Wege wurden weich. Der Sumpf drang in die Wälder vor, die Frösche schwammen im Gehölz. Die Räder der Bauernwagen knirschten nicht mehr. Alle Wagen fuhren wie auf Gummi. Die Hufe der Pferde wurden lautlos. Alle Menschen zogen die Stiefel aus, hängten sie über den Rücken und wateten barfuß.

Über Nacht wurde es klar. Eines Morgens hörte der Regen auf. Die Sonne kam, wie heimgekehrt aus einem Urlaub.

Diesen Tag hatten wir erwartet. An diesem Tag mussten die Erdbeeren reif sein.

Wir gingen also die Straße entlang, die aus der Stadt gerade in den Wald führte. Unsere Stadt war sehr regelmäßig und höchst einfach angelegt. In der Mitte kreuzten sich ihre beiden Hauptstraßen. In diesem Mittelpunkt entstand ein kleiner Kreis, auf dem man zweimal in der Woche den Markt abhielt. Die eine Straße führte vom Bahnhof zum Friedhof. Die andere vom Gefängnis in den Wald.

Der Wald lag im Westen. Man ging mit der Sonne. Der Wald hatte am längsten Tag. Stand man an seinem äußersten westlichen Ende, so sah man die Sonne am tiefsten Rand des Horizonts verschwinden und kostete noch den letzten Sonnenstrahl.

Hier wuchsen die schönsten Erdbeeren. Sie verbargen sich nicht bescheiden, wie es sonst ihr Charakter ist. Sie stellten sich den Suchenden in den Weg. Sie zitterten auf dünnen, aber starken Stängeln. Sie waren voll und wuchsen nicht aus Demut so tief am Boden, sondern aus Stolz. Man musste sich bücken, um sie zu erreichen. Nach Äpfeln, Kirschen und Birnen muss man sich strecken und klettern.

An den Erdbeeren klebten kleine Erdklümpchen, die man mit freiem Aug' nicht sah und die man also in den Mund steckte. Es knirschte zwischen den Zähnen, aber der Saft, der aus der Frucht drang, schwemmte die Erde weg, und das weiche Fleisch streichelte den Gaumen.

Alle Menschen sammelten Erdbeeren, obwohl es verboten war. Wenn der Förster kam, nahm er den Frauen die Töpfe weg, streute die schönen roten Erdbeeren aus und zertrat sie.

Was aber konnte er uns machen, die wir Erdbeeren sofort aßen? Er sah uns böse an und pfiff seinem Hund. Er trug ein Schild aus Messing an der Brust. Er glänzte grün, stählern und war eigentlich ein metallener Gegenstand in einer Welt aus Blatt, Holz und Erde.

Niemand fürchtete den Förster. Je mehr Erdbeeren er zertrat, desto mehr wuchsen im Walde.

Die Zeitungen kamen spät zu uns. Der Zug hielt nur dreimal in der Woche in unserer Station. Er brachte einige Reisende, Hopfenhändler, die in unserer Gegend Geschäfte machten.

Vom Hopfenhandel lebten viele Menschen. Zum Beispiel die Kutscher. Sie fuhren die Fremden in die Dörfer, auf die Gutshöfe. Mein Vater war ein Kutscher.

Er hieß Manes Kroj. Wir hatten zwei Pferde, einen Wagen für Wochentage, einen Wagen für Sonntage, einen Schlitten für den Winter. Ich kannte meinen Vater sehr wenig. Er war ein Säufer. Er kam nur einmal in der Woche nach Hause, legte sich ins Bett, schnarchte und sprach aus dem Schlaf. Er fluchte uns, seinen Kindern.

Wir waren acht Söhne. Er wusste unsere Namen nicht. Unsere Mutter war tot. Unser Vater trug einen brandroten Bart, der sein Gesicht verdeckte, und eine hohe Pelzmütze – Sommer und Winter. Es war eine Mütze aus Katzenfellen. Ich kann ihren Geruch nicht vergessen. Sie roch nach Schweiß, toten Tieren, rohem Leder und Talg.

Der Bart meines Vaters wuchs nicht in geraden Haarsträhnen, wie Barte wachsen, sondern in Knäueln aus roter Wolle. Sichtbar blieb vom ganzen Angesicht nur die schwere, knollige Nase, deren geschwollene Haut aus kleinen Erhebungen bestand, weich, saftig und uneben war, wie Orangenschalen etwa. Ich erinnere mich noch an meines Vaters schneeweiße Augenbrauen. Sie lagen über seiner Struppigkeit wie zwei weiße Mondsicheln über einem wilden Wald.

Er sprach nichts mit uns. Er schlief. Alles, was er uns sagte, war im Rausch gesprochen und ohne Bewusstsein. Es redete aus ihm, Schlimmes und Zärtliches.

Er war gut zu den Pferden. Er gab ihnen hundert Namen, schönen, frischen Hafer und Wasser aus dem Brunnen in klaren Eimern aus gelbem Holz. Er schlug seine Pferde nicht. Er benützte eine Peitsche mit ledernem Stiel und acht Knoten. Er knallte mit der Peitsche. Es klang wie ein Flintenschuss, wenn die Peitsche knallte.

Eines Morgens, im Winter, das Thermometer zeigte 35 Grad unter null, fand man meinen Vater erfroren unterwegs. Er war in der Trunkenheit vom Schlitten gefallen.

Meine sieben Brüder verließen das Haus und die Heimat. Einer wurde Boxer in Amerika, der zweite Hafenarbeiter in Odessa, der dritte ging zu den Soldaten – er ist gefallen –, der vierte kam zu einem Schmied ins Dorf, der fünfte fuhr nach Petersburg, fabrizierte Bomben und soll bei einer Explosion umgekommen sein, der sechste wurde 1917 standrechtlich erschossen, der siebente ist Zahntechniker in Mexiko. Er heißt Gabriel, hat geheiratet und schreibt mir zweimal im Jahr.

Ich behielt ein Pferd, einen Wagen, den Schlitten und die schöne Peitsche, schlief im Bett einmal in der Woche, wie mein Vater, und trug seinen Pelz.

Mit dem Pferd wusste ich nicht umzugehn. Es lief gegen einen Zaun, wurde lahm und hinkte. Eines Tages starb es in unserm Stall, mit ausgestreckten dünnen Beinen und gebrochenen klugen Augen.

Ich war ein halbes Jahr Barbiergehilfe und verstand nicht, das Messer zu führen. Meine Hände waren schwer und immer kalt. Außerdem liebte ich die Gesichter der Menschen nicht.

Hierauf nahm mich der Schneider Petrusz in die Lehre. Er war arm. Meine Landsleute verbrauchten nicht viele Kleider. Sie waren auch nicht nach der Mode angezogen.

Mein Meister konnte nicht lesen und schreiben, nicht einmal Zahlen schrieb er. Er nahm nicht mit einem Zentimeter Maß, sondern mit einem Schnürchen, in das er Knoten band. Von jedem Stoff, den man ihm gab, behielt er ein Stück. Er versorgte die Familie seines Schwagers, der bei ihm wohnte, des Glasermeisters Schapak.

Durch diesen Glasermeister verlor ich meine Lehrstelle.

Er verachtete die Schneider. Ich verachtete die Glaser. Er hatte keinen Grund dazu. Heute habe ich kein Vorurteil gegen gewisse Handwerker. Damals aber glaubte ich, ein Glaser wäre weniger als ein Schneider.

Worin besteht denn die Kunst eines Glasermeisters? Es ist ein großer Unterschied, ob man den Fensterrahmen Maß nimmt oder den Menschen.

Schapak konnte lesen und schreiben. Er gab es uns deutlich zu verstehn. Er nahm vielleicht an, dass kein Schneider lesen und schreiben kann. Er verachtete nicht nur seinen Schwager, von dem er lebte, sondern auch die ganze Zunft.

Mein Meister hätte es wahrscheinlich vertragen, selbst Geringschätzung zu erfahren. Sein Handwerk ließ er nicht beleidigen.

Ich erinnere mich, wie der Schneider und der Glasermeister über die Vorzüge ihrer Berufe stritten. Der Streit entstand, wie alle großen Katastrophen, aus geringen Anlässen, zum Beispiel wegen der verwechselten Geschirre.

Die Kinder des Glasermeisters zerbrachen ein paar Teller. Die Frau des Glasermeisters benützte dann die Teller meines Meisters. Sie hatten einen goldenen Streifen und kleine Landschaften an den Rändern.

»Hast du noch nicht deiner Frau gesagt«, rief mein Meister, »dass man nicht stehlen darf?«

»Meine Frau stiehlt nicht«, erwiderte der Glaser, »sie ist nicht eines Schneiders Frau!«

Der Glaser spielte auf die Stoffreste an, die Petrusz behielt und die den Kunden gehörten.

»Ich behalte nicht ein Stückchen Fensterscheibe«, sagte der Glaser.

»Die Glaser sind Bettler«, erwiderte der Schneider.

»Ich rede nicht mit einem ungebildeten Mann«, sagte der Glaser. »Nicht einmal Zahlen kannst du lesen. Du weißt nicht, wie spät es ist.«

»Du hast meine silberne Uhr verkauft, du Dieb!«, schrie Petrusz.

»Was kannst du mit einer silbernen Uhr anfangen, du Esel?«, fragte Schapak, der Glaser.

Der Schneider Petrusz ergriff das Bügeleisen und warf es gegen den Kasten, in dem die neuen Scheiben des Glasers steckten. Er traf sie nicht. Er hatte ein gutes Herz. Er warf das Bügeleisen absichtlich so, dass es sein Ziel verfehlte.

Hierauf wurde es still.

Der Glasermeister schickte mich um Schnaps. Ich fragte den Schneider: »Meister, soll ich gehn? Ihr Schwager schickt mich.«

Es war meine Pflicht, den Schneider zu fragen. Es kränkte den Glaser.

Er besaß, wie alle Glaser, einen Diamanten zum
Schneiden der Scheiben. Der schneidet die Scheiben wie
Butter, sagte er. Ich war damals überzeugt, dass ein Diamant – und sei es auch einer zum Glasschneiden – einen
unschätzbaren Wert besitze. Ich verstand nicht, warum
der Glaser diesen Stein nicht verkaufte, um ein reicher
Mann zu werden und in einem Palast zu wohnen.

Wenn ich ihn fragte: »Warum verkaufen Sie Ihren
Stein nicht?«, so sagte er: »Wovon soll ich denn leben?«
Und er lebte doch von seinem Schwager.

Eines Tages ging der Diamant verloren.

»Kroj hat ihn gestohlen!«, sagte der Glasermeister.

Es war ein Winterabend, ich lag auf meiner Ofenbank,
die mein Bett war. Die Petroleumlampe war nahe am Er-
löschen. Es stank nach Rauch und Fett und dem Urin der
Kinder. Man hörte den Wind. Es klang wie das Schleifen
von Stahl an Steinen. So hart fuhr er über den gefrorenen
Schnee. Er wetzte die Häuser. Unser Ofen begann zu er-
kalten. Es war eine jener traurigen Stunden, in denen der
Mensch fühlt, wie die Wärme unaufhaltsam entweicht,
wie die Kälte durch den Schornstein in den Ofen gleitet,
ein Eisklumpen. In solchen Stunden bildet man sich ein,
dass trotz allem dieser letzte Rest der Wärme noch bleiben
könnte. Die Kälte wird im Schornstein stecken bleiben.
Man klammert sich an den Ofen. Man drückt ihn an
sich. Man gibt ihm, um ihn zu ermuntern, von seiner
Eigenwärme. Man weiß dennoch, dass nichts mehr helfen kann.

Der Glaser holte die Petroleumkanne – sie stand unter
der Ofenbank –, goss neue Nahrung in die Lampe, es
wurde hell, als wäre es sechs Uhr abends, und mein Meister, der Schneider, saß da und rührte sich nicht. Die Bewegungen des Glasers waren langsam und präzise, von

einem einzigen Gedanken gelenkt, wie eine Truppe von
einem Feldherrn. Ich wusste, was kommen würde, und
rührte mich nicht. Ich war nicht erschrocken, nicht ge-
kränkt. Mich schmerzte nicht der Verdacht des Glasers,
sondern die Feigheit des Schneiders.

Ja, ich bewunderte den Glaser. Seine Bedachtsamkeit
war von einer inneren Freude erhellt. In seinem gelben
weichen Angesicht, das aus dem Kitt für Fensterscheiben
gemacht schien, spielte eine stille, versonnene, süße
Heiterkeit. Er sah mich nicht an. Aber er dachte unaufhörlich an mich. Ich fühlte es. Seine Gedanken umklam-
merten mich wie böse, weiche, unerbittliche Schling-
pflanzen.

Er brachte die Lampe vorsichtig an meine Ofenbank.
»Steh auf!«, sagte er.

Er durchsuchte meinen Ranzen, mein Leintuch mit
schleichenden, stillen Fingern. Seine Hände waren wie
Füße in Strümpfen.

Seine Heiterkeit löste sich auf. Das gelbe, weiche, breite
Angesicht war von spärlichen blonden Haarstoppeln be-
wachsen. Ich zählte sie. Es waren achtundvierzig.

Er fand nichts auf meiner Ofenbank und nichts in
meinen Taschen. Er kehrte sie um, ihr Inneres hing
schlaff, gelb, schmutzig an meinem Rock und an meinen
Hosen. Alle meine Habseligkeiten lagen auf dem Tisch.
Ich schämte mich meiner rechtmäßigen Güter mehr, als
wenn man den Diamanten gefunden hätte. Im hellen
Schein der wiedererwachten, mit doppelter Kraft leuchtenden, bis zum Rand gefüllten Lampe lagen meine Sche-
ren, zwei runde Kieselsteine, eine flache grüne Kreide,
ein Taschenspiegel, ein schweres Messer mit stehender
Klinge und einer Öse am Griff und ein braunes, gleichmäßig gerilltes Horn.

»Ein Raubmörder!«, rief der Glaser und wog mein Messer in den Händen.

»Hinaus, hinaus, hinaus!«, schrie er auf einmal. Er schrie dieses Wort wohl zwölfmal hintereinander. Er hatte den ganzen Wortschatz vergessen und nur dieses eine Wort behalten.

Ich sah den Schneider an. Er fing eine Fliege, eine matte graue Winterfliege, hielt sie an den Flügeln fest und zählte ihre krank zappelnden Füße.

Dann zog ich den kurzen Pelz meines Vaters an, schob alle meine Gegenstände in die Taschen und ging.

Nach einigen Minuten hörte ich meinen Namen rufen. Es war der Schneider. Er lief, gebückt und schief, seine Rockschöße wehten im Wind. Ich erwartete ihn. Er drückte mir einen kleinen Beutel in die Hand. Es war sein Geldbeutel aus runzligem, kaltem Leder mit verrostetem Schloss.

Mir scheint, dass der Schneider damals geweint hat.

Unsere Stadt war in den Winternächten grausam. Der Schnee war eine Maske über ihrer Niedrigkeit. Er erstickte die zankenden Stimmen, die aus den Häusern kamen. Jedes Haus trug braune geschlossene Fensterläden mit schmalen gelben Lichtstreifen. An manchen Straßenecken brannten tanzende rote Flämmchen in gelben Petroleumlaternen.

Der Schnee leuchtete sanft und schmerzend zugleich. Der Wind bürstete die Dächer, der weiße Staub flog auf. Der Wind lag wie eine kalte Hand vor dem Mund. Tief unter dem Schnee lagen die Holzplatten, aus denen bei uns der Bürgersteig bestand. Man trat bis zum Knie in den Schnee.

Es schneite immer noch. Ich konnte den Himmel nicht sehn. Kein Tor war offen. Zwei alte Männer gingen lautlos. Sie trugen lange Stöcke.

Ich ging die Straße entlang, die zum Friedhof führte. Ich wollte eigentlich in die umgekehrte Richtung – zum Bahnhof. Aber ich muss damals die Richtungen verwechselt haben. Vielleicht dachte ich, dass der Bahnhof erst am Morgen geöffnet würde, indessen ein Friedhof den ganzen Tag und die ganze Nacht offen sein müsste.

Es brannte Licht in der Totenkammer. Der alte Pantalejmon schlief neben den Toten. Ich kannte ihn, er kannte mich auch. Denn es war in unserer Stadt Sitte, zum Friedhof spazieren zu gehn. (Andere Städte haben Gärten und Parks. Wir hatten einen Friedhof. Die Kinder spielten zwischen den Gräbern. Die Alten saßen auf den Steinen und rochen die Erde, die aus unsern Ahnen bestand und die sehr fett war.)

Ich ging in die Totenkammer. Es lag da die Leiche eines Bettlers, der am nächsten Tag begraben werden sollte. Ich weckte Pantalejmon.

Er hatte einen tiefen Schlaf, wie alle Krankenwärter und Totengräber. Er glaubte, dass der tote Bettler ihn wecke, und er sagte im Halbschlaf:

»Sei ruhig, Peter Onucha, morgen wirst du begraben!«

Als er die Augen aufschlug – er hatte so kleine Augen zwischen dichtem Haar-, Brauen- und Wimperngestrüpp, dass man nicht wissen konnte, ob er sie schon aufgeschlagen hatte –, erkannte er mich.

»Der Schneider hat mich hinausgeworfen!«, sagte ich zu Pantalejmon.

Pantalejmon setzte sich. Seine Beine umspannte ein dickes, rohes Katzenfell. Seine Pelzweste war offen.

»Du hast gestohlen!«, sagte Pantalejmon.

Ich erklärte ihm die Geschichte. Ich schwor, dass ich den Diamanten nicht gestohlen hatte.

Pantalejmon aber flüsterte mir ins Ohr: »Wo hast du den Diamanten versteckt, du Schlauer! Du kluges Bürschchen! Wo hast du ihn versteckt? Mir kannst du es sagen!«

In dieser Nacht lernte ich, dass es keinen Sinn hat, die Wahrheit zu sagen, und dass es leichter ist, einem Ungläubigen Gott zu erklären als einem Ehrlichen einen Diebstahl und einem Dieb Ehrlichkeit.

Denn Pantalejmon war ein Dieb.

Ich nehme es ihm nicht übel, dass er ein Dieb war. War er denn überhaupt einer, wenn er doch gar nicht stahl? Wer würde nicht stehlen, wenn er nur könnte?

Ich nehme Pantalejmon auch seinen Verdacht nicht übel. Ich habe es ihm zu danken, dass ich nicht erfroren und verhungert bin. Ich blieb bei ihm und half ihm, Gräber graben und Steine schmücken. An Totensonntagen teilten wir das Trinkgeld und den Erlös für die Kerzen.

Ich begann, die Toten zu lieben und von allen Lebenden nur Pantalejmon. Ich schlief in seinem Haus, und mein Bett war wieder eine Ofenbank. Ich hatte viel zu tun, um zwischen Pantalejmon, seiner Frau und seinen drei Kindern Frieden zu stiften.

Pantalejmons Frau achtete ihren Mann nicht. Sie verließ ihn auch nicht, obwohl sie immer drohte, für 10 Jahre wegzugehn. Pantalejmon war keine Autorität. Seine Frau schlug ihn. Er ließ sich schlagen.

Mehrere Persönlichkeiten hatten schon versucht, die Ehe Pantalejmons zu bessern. Unter ihnen war die vornehmste der Herr Graf, unser Graf. So nannten wir den Herrn, der nahe der Stadt ein Schloss bewohnte und jeden Tag durch die Straßen der Stadt wanderte, als wäre er kein Graf.

Er war ein guter Mensch, er liebte alle Menschen und besonders Pantalejmon.

Pantalejmon ging im Schloss aus und ein, er bediente den Grafen, er putzte die Fußböden und die Anzüge und besorgte auch delikatere Aufträge.

Der Graf hatte zwar einige Diener, aber nur einen Freund: Pantalejmon.

Einmal im Jahr verließ der Graf sein Schloss. Er fuhr nach Paris, nach Nizza und Monte Carlo. Seine Abwesenheit dauerte drei Monate.

In dieser Zeit lag Pantalejmon im Schloss auf der Lauer, er spähte die Lakaien aus, den Gutsverwalter, die Mägde, und er schrieb mit seiner kurzen, breiten Hand, die wie ein Spaten war, jede Woche Berichte an den Grafen.

Wenn Pantalejmon ein ganz gewöhnlicher Dieb gewesen wäre, so hätte er das ganze Schloss stehlen können, er war aber ein Dieb, der nicht stahl. Das war es.

Unser Graf war von sehr altem Adel und mit einigen regierenden Häusern in Europa verwandt. Sein Wappen bestand aus drei Lilien, die ihre Köpfchen aneinanderschmiegten. Flach, breit, zweiseitig geschliffen lag über ihnen ein Schwert.

Der Graf war ungefähr sechzig Jahre alt. Er trug immer blaue Anzüge und dunkelblaue Überzieher, Lackschuhe, Gamaschen, weiße Handschuhe und einen Regenschirm. Wozu brauchte er einen? Wenn es regnete, fuhr er in seinem lackierten dunkelblauen Wagen spazieren. Die wenigen Schritte, die er von der Terrasse seines Hauses bis zum Wagen zurückzulegen hatte, begleitete ihn ein Diener mit einem Schirm. Ich sah oft, wie der Lakai, der etwas kleiner gewachsen war als sein Herr, den

Arm hochreckte, mit dem Schirm den ganzen Umfang des Grafen deckte und sich selbst den Wassern preisgab. Ja, auch wenn der Graf im Wagen saß und in der kurzen Zeit, in der die Pferde anzogen und der Kutscher die Peitsche aus dem Futteral zog, stand der Diener mit zugeklapptem Regenschirm, ohne Hut und triefend, einige Schritte vor dem Wagen. Ins Haus kehrte er dann ungeschützt zurück, den Regenschirm im Arm, langsam, als wäre er unempfindlich gegen Wasser, als strahlte die Sonne am Himmel. Es gab Zeiten, in denen mir der Diener noch gräflicher erschien als der Graf.

An schönen Frühlingsnachmittagen saß der Graf auf der Terrasse des einzigen Kaffeehauses, das unsere Stadt besaß, aß Kuchen und plauderte mit Kavallerieoffizieren. Er hatte Beziehungen zur Armee, seine Söhne waren Offiziere, er selbst war ein Kenner von Pferden, er besaß deren zwölf, und er ritt manchmal einen Schimmel. Den jungen Offizieren sagte der Graf: Du. Alle grüßten ihn militärisch wie einen General. Der Graf salutierte, obwohl er in Zivil war. Er legte nur zwei Finger an den Rand seines Zylinders.

Jeden Freitagmorgen versammelten sich vor seinem Schloss die Armen unserer Stadt. Der Graf trat auf den Balkon und warf Kleingeld hinunter. Er ließ etwa eine halbe Stunde Geld regnen, dann winkte er mit der Hand. Alle Bettler riefen dreimal: Hoch lebe der Herr Graf! – und zogen ab.

Eine Frau Gräfin gab es nicht. Sie war schon lange tot. Dagegen lebte im Schloss eine Dame, die beinahe eine Gräfin war, die Witwe nach einem Dragonermajor, der in einem Duell gefallen war. Man sagte, der Graf werde sie heiraten. Aber seine Söhne kamen immer zu Besuch, wenn die Heirat bevorstand, und die Majorswitwe ward keine Gräfin.

Es ist vielleicht gut, dass sie keine Gräfin geworden ist. Ich sah einmal, wie sie einen Diener schlug, weil er mit mir gesprochen und ihre Klingel nicht gehört hatte. Die Armen wären am Freitag nicht mehr vor das Schloss gekommen. Der Herr Graf hätte nicht mehr allein nach Paris, Nizza und Monte Carlo fahren können. Wer weiß, was aus Pantalejmon und mir geworden wäre. Ich selbst habe nämlich unserm Grafen viel zu verdanken. Ich werde später noch darauf zurückkommen.

Für uns alle tat der Graf sehr viel Gutes. Er achtete darauf, dass aus unserer Stadt nur die Allerstärksten zum Militär genommen wurden und nur solche, die nichts zu verlieren hatten. Jedes Jahr, wenn die Musterungskommission kam, gingen die Stellungspflichtigen zum Grafen. Er lud die Herren von der Kommission ein, sprach mit dem Major, dem Militärarzt und warnte sie. Er gab ihnen schöne und schwere Weine und eine Liste aller jungen Leute, die sie assentieren durften.

Seine Methode war nicht immer zuverlässig. Es gibt eine gewisse Art von Majoren, die sich nichts aus Grafen machen und Listen zerreißen. Deshalb schien es unsern jungen Leuten geboten, sich vor der Assentierung auch zu plagen, Gifte einzunehmen, die Herzen zu schwächen, Lungenentzündungen zu bekommen, hässliche Augenkrankheiten und mancherlei Gebrechen. Ja, bei einigen war der Widerwille gegen das Militär so groß, dass sie sich die Füße verkrüppeln und Finger abhacken ließen. Ich kannte einen rothaarigen Schlosser, der sich die Sehnen an den Füßen hatte durchschneiden lassen. Er war sein Leben lang lahm. Ich kannte einen Dachdecker, der sein linkes Auge so lange mit scharfen Flüssigkeiten behandelt hatte, bis es blind geworden war.

Die Kommission kam jedes Jahr im März, sie kam, wie in den Bergen ein Föhn kommt, um den Frühling anzukündigen. Dann begannen die jungen Männer, die sich auf den Grafen nicht verließen, schwarzen Kaffee zu trinken, mit Mädchen zu schlafen, die Nächte über zu wandern. Manche badeten im kalten Wasser, bekamen eine Lungenentzündung, die Schwindsucht, sie starben plötzlich oder langsam. Aber sie wurden keine Soldaten. Die Klügsten wanderten nach Amerika aus.

Um nach Amerika zu kommen, brauchte man nicht nur viel Geld, sondern auch falsche Papiere. Einige Männer beschäftigten sich mit der Beförderung junger Männer nach Amerika und mit der Herstellung falscher Papiere. Sie verdienten viel. Sie waren nicht zuverlässig. Im letzten Augenblick, wenn man schon in der Eisenbahn saß und ehe man noch die Grenzen des Landes verlassen hatte, schickten sie ein Telegramm an die Behörde, und man kam ins Zuchthaus und nicht nach Amerika.

Mit den Auswanderungsagenten musste man gut leben. Man konnte ihnen ihre Vergehen gegen das Gesetz nicht nachweisen, aber auch, wenn man es gekonnt hätte, wäre ihnen nichts geschehen. Denn sie lebten in unserer Stadt und waren also gefeit gegen jede Verfolgung. Bei uns lebten die Wahnsinnigen, die Verbrecher, die Unschuldigen, die Törichten, die Klugen, und alle in gleicher Freiheit.

Die Polizei kam zu den Eltern eines Deserteurs und fragte sie nach Briefen des Verschollenen. Darauf sagten die Eltern, ihr Sohn wäre ohne ihr Wissen vom Haus fortgereist und familiäre Beziehungen bestünden nicht mehr. Die Polizei schrieb das in ein Protokoll und sprach nie mehr davon.

Die Menschen in unserer Stadt hatten ein Bedürfnis nach Schönheit und nach Werken der Kunst. Seit undenklichen Zeiten gab es bei uns einen kleinen Park, in dem Kastanienbäume blühten, sehr alte ehrwürdige, dicke Bäume, deren Kronen der Magistrat manchmal schneiden ließ und in deren Schatten an heißen Sommertagen die Menschen schlafen. Der Park war rund, ein Kreis ohne Feld, mit dem Zirkel ausgemessen, von einem hölzernen, grau gestrichenen Zaun umgeben, auf den man überhaupt hätte verzichten können – so wenig war es ein Zaun. Er war eher ein hölzerner Ring, an manchen Stellen weich, zersplittert, verfault, an andern zerbrochen, aber im Ganzen immer noch vorhanden, ein lockerer Gürtel an den Hüften des Parks. Er konnte weder Hunden den Eintritt wehren noch den Gassenjungen, die niemals einen der offiziellen Eingänge benutzten. Es war lediglich die Ordnungsliebe unserer Leute, die ihnen geboten hatte, durch eine Linie von mehr symbolischer Bedeutung den Park von der Straße abzugrenzen.

In der Mitte des Parks stand eine kleine hölzerne Bude mit schrägem Giebel, an dessen Ende ein Wetterfähnchen angebracht war. Auch diese Wetterfahne war zwecklos. Der Wind drang nicmals durch das dichte Blätterdach der Kastanien. Die Windfahne hatte nichts zu tun. Dennoch richteten sich manche nach ihr. Denn es kam vor, dass sie aus rätselhafter Ursache heute nach Westen gerichtet war und morgen nach Norden. Ich glaube, dass irgendjemand sich die Mühe nahm, die Wetterfahne unserer Stadt nach der jeweiligen Windrichtung zu regulieren. Es wird einer von den vielen Verrückten gewesen sein, die bei uns öffentliche Funktionen ausübten.

Der wirkliche Zweck der hölzernen Bude war ein anderer: Sie war eigentlich ein Erfrischungspavillon, sie

spendete Eis und Sodawasser mit und ohne Sirup und
wurde von einer schönen, stattlichen, blonden Frau verwaltet, bei der ich und andere die Liebe gelernt haben.
Das Sodawasser, das sie ausschenkte, muss von einer besonderen Art gewesen sein, oder die jungen Männer meiner Heimat waren es.

Unser Pavillon war manchmal geschlossen, an Stunden, in denen man es gar nicht erwartet hatte. Mitten am
Tage, zu einer Zeit, in der in allen anderen Städten der
Welt Sodawasser getrunken wird, war unser Pavillon geschlossen, taub, grau, schweigsam. Die Vögel zwitscherten über ihm in den Kronen. Er war ein verwunschener
Pavillon. Kein Geräusch drang aus seinem Innern. Man
sah kein Schloss an seiner Tür, er war von innen zuge-
macht worden.

Wann er geöffnet würde, wusste niemand. Aber nach
einer Stunde oder nach zwei oder nach drei musste er
wieder offen sein. Er war es wirklich. Ein Zauber öffnete
und schloss ihn. Niemals sah man, wann es geschah.
Auch die jungen Männer, derentwegen er sich schloss,
wussten nicht, wieso sie auf einmal eingesperrt waren.
Sie hatten auch keine Zeit, auf die Tür zu achten.

Der Pavillon war die einzige Zierde unseres Parks und
unserer Stadt. Eines Tages schien er unserm Bürgermeister zu gering und der Bedeutung unserer Heimat nicht
entsprechend. Infolgedessen errichtete man einen Turm
aus roten und gelben Ziegelsteinen, mit einer Uhr, deren
Zifferblatt jeden Abend beleuchtet wurde. Nachträglich
baute man einen kleinen Laden in den Turm ein, eine
Frau siedelte sich dort an und verkaufte Blumen. Es war
eine schöne, stattliche, blonde Frau, aber der Blumenladen war immer offen.

Das Bedürfnis nach Sodawasser war größer als das nach Blumenschmuck. Die Blumenfrau, die sich unsern Gewohnheiten nicht anpassen konnte, blieb unbeachtet, sie erkrankte bald, sie starb jung. Ihren Laden erbte der Ehemann unserer Blonden, der einzige Hausierer der Stadt, der mit alten Uhren handelte, ein hagerer Mann mit einem Aug'. Zehn Jahre lang hatte er Geschäfte im Gehen gemacht. In seiner Linken lag immer ein Dutzend verdorbener Uhren. Die schweren Ketten aus Nickel und Neusilber hingen an der Hand wie metallene Riemen einer Nagaika. Am Montag war Schweinemarkt. Die Bauern kamen, verdienten Geld und brauchten Schmuck. Unser Hausierer ging von einem Bauernwagen zum andern, schüttelte die Uhren, damit sie tickten, und bot sie den Bauern an.

Jetzt wurde er ein vornehmer Kaufmann, er setzte sich in den Blumenladen, hing die Uhren an die Fensterscheibe und ließ die Bauern zu sich kommen. Unser schöner Turm war profaniert. Die Bauern kamen, schleppten die Schweine hinter sich her, sie trugen schmutzige Stiefel, und unser Bürgermeister dachte über ein neues Verschönerungsmittel nach.

Alle bedeutenden Städte der Welt haben Monumente. In unserer Stadt war keines.

In unserer ganzen Geschichte hätte man umsonst nach einer Persönlichkeit gesucht, die eines Denkmals würdig gewesen wäre.

Nicht dass es uns an großen Männern gefehlt hätte! Ich habe einige am Anfang meiner Erzählung erwähnt. Aber nicht einer unter ihnen, der in der Heimat gewirkt hatte und in lebendiger Erinnerung geblieben war! Nicht einer unter ihnen, der nicht bedenkliche Züge eines Empörers, eines Unzufriedenen, eines Revolutionärs getragen hat! Alle hatten die Autorität gehasst. Die Autorität konnte sich nicht bei ihnen durch ein Denkmal bedanken. Alle hatten die Heimat verlassen. Die Heimat durfte ihnen nicht dafür dankbar sein.

Man hätte unserm Herrn Graf ein Denkmal setzen können. Dagegen wehrten sich die Abergläubischen. Sie sagten, ein Denkmal für einen Lebendigen beschwöre dessen Tod und der lebende Graf sei wertvoller als einer aus Stein.

Die Abergläubischen wären vielleicht überstimmt worden, wenn wir Geld genug gehabt hätten. Wir hatten nicht viel. Unser Bürgermeister bedurfte zur Errichtung eines Denkmals der Unterstützung, und er musste den Grafen um ein Darlehen bitten.

Wie aber kann man den Grafen um Geld bitten, für ein Denkmal, das den Grafen selbst darstellen soll?

Unsere Stadt wusste keinen Rat. Man suchte in den Chroniken nach großen und würdigen Männern. Man fand einen berühmten Rabbiner. Leider verbietet die jüdische Religion Denkmäler, und außerdem repräsentiert ein Rabbiner nicht genügend.

In unserer Stadt lebte ein Dichter. Er schrieb in keiner der Landessprachen. Er schrieb lateinische Gedichte.

Er hieß Raphael Stoklos, beinahe wie ein Grieche. In seiner Jugend wollte er Universitätsprofessor werden. Wenn man aber in einer Stadt geboren ist, die so weit von Universitätsstädten entfernt ist, wenn man kein Geld hat und nicht genug Lebenskunde, bleibt man ein lateinischer Dichter.

Stoklos gab Unterricht in alten und neuen Sprachen. Dafür zahlte man ihm ein Zimmer und alle Mahlzeiten. Denn er selbst konnte mit Geld nicht umgehn.

Schon war der Magistrat nahe daran, den lebenden Dichter zu verewigen. Da kam Stoklos selbst auf einen Ausweg: Ein berühmter Schriftsteller und Gelehrter des 17. Jahrhunderts war in der Nähe unserer Stadt, in einem immerhin sechs Meilen entfernten Dorf, geboren worden.

Damals war unsere Stadt auch noch ein Dorf gewesen. Da sie aber inzwischen die einzige Stadt im Umkreis von zehn Meilen geworden war – gehörte nicht jenes Dorf zu ihr, gehörte nicht jener berühmte Mann zu ihr?

Zwar hatte auch er, wie es in seiner Zeit Sitte gewesen war, lateinisch geschrieben. Aber er war schon ebenso lange tot wie seine Sprache. Er stand in der Literaturgeschichte und im Lexikon. Er war berühmt.

Unser Graf lieh Geld, man gab einem Steinmetz den Auftrag. Stoklos verschaffte einen Kupferstich, das Porträt des Berühmten.

Der Steinmetz schuf einen großen Mann mit Brille, einem flatternden Mantel, einem Buch in der Hand, einer Feder hinterm Ohr. Das war unser Denkmal.

Es stand auf einem Sockel aus falschem Marmor. Um den Sockel grünte ein kleiner Rasen. Um den Rasen lief ein rotes Drahtgeflecht.

Später pflanzte man Stiefmütterchen auf den Rasen, schöne, große Stiefmütterchen mit weichen, klugen Gesichtern.

Wir hatten nun ein Denkmal. Wir standen und saßen davor und betrachteten die Züge unseres großen Landsmannes.

Er hatte immer dieselbe Seite seines Buches aufgeschlagen.

Im Herbst befürchtete man die schädliche Wirkung der Nässe und der Fröste für den teuren Stein. Man baute ein hohes hölzernes Haus und stülpte es über das Denkmal.

Den ganzen Winter lang bis zum April stand unser großer Gelehrter hinter Brettern. Er schlief einen Winterschlaf wie manche Tiere.

Wenn der Frühling kam, begann ein Hämmern im Park, man entfernte das Futteral vom Denkmal. Es war auch eines unserer Frühlingssymptome.

Das Denkmal ist schon frei! Es wird Frühling! – sagten die Leute im April.

[…]

Pantalejmon und ich, wir vergaßen ihn nicht.

Eines Tages fand Pantalejmon auf dem Friedhof einen Erhängten. Es war ein Landstreicher, bei uns unbekannt. Er verursachte eine Aufregung in unserer Stadt und selbst in der Umgebung. Denn es geschah nicht alle Tage, wie man sich denken kann, dass einer Selbstmord beging in einer Welt, in der es niemandem schwerfällt zu leben.

Pantalejmon schnitt den Toten nicht sofort ab. Er holte mich zuerst. Ich schälte gerade Kartoffeln, da kam Pantalejmon und sagte: »Da hängt einer!«

»Warum hast du ihn nicht abgeschnitten?«, fragte ich.

Pantalejmon antwortete nicht.

Wir gingen nun zusammen. Auf dem dünnen Ast eines einsamen Fichtenbaums – weit und breit gab es nur Kreuze und Grabsteine – hing ein dünner Mann. Seine Zungenspitze war blau. Sie lag im linken Mundwinkel wie bei manchen Idioten. Die Füße des Mannes berührten fast den Boden. Ein Brotsack, gefüllt, und eine Blechschale, die leise klapperte, wenn ein Wind die Zweige bewegte, hingen an den Hüften des Mannes.

Warum hat er den Brotsack nicht abgelegt?, fragte ich mich. Warum hat er die Blechschale nicht abgelegt? Da sein Brotsack noch gefüllt war, warum ging er in den Tod? Einen Tag hätte er noch leben können! Zwei Tage hätte er noch gelebt!

Warum geht einer aus dem Leben wie im Winter aus einem Zimmer, in dem kein Ofen steht? Macht die Tür hinter sich zu und streckt uns trotzig und kindisch die Zunge heraus?

Ich hatte schon viele Tote gesehn, die in ihren weißen und schmutzigen Betten gestorben waren – die Toten, die in die Kammer kamen, ehe sie zur Erde gingen. Sie alle hatten nichts mehr vom Leben gehabt, sie waren schon Bestandteile des Friedhofs, es war, als wären sie schon lange Jahre vorher tot gewesen, ehe man sie zu uns gebracht hatte.

Hier hing ein Toter aufrecht, als lebte er. Sein Fuß bewegte sich, als wollte er noch wandern. Brotsack und Kleider trug die Leiche.

Ich fasste damals den Entschluss, niemals Selbstmord zu begehn.

[...]

Es war unmöglich zu sterben, auf einem Ast zu hängen und von Pantalejmon gefunden zu werden.

Übrigens war's für Pantalejmon ein Glück. Man weiß, wie sehr begehrt die Stricke sind, an denen sich jemand erhängt hat. Sie bringen Glück, es ist kein Zweifel.

Es war Pantalejmons erster Gedanke, einen Käufer für den Strick zu finden. Wer sollte ihn kaufen? Wer sollte ihn für viel Geld kaufen?

Die Reichen sind gewöhnlich nicht abergläubisch. Sie kaufen goldene Ketten und Perlenschnüre, aber keine

Stricke aus Hanf. Außerdem haben sie auch ohne jede Anstrengung viel Glück.

Blieb der Graf, der ein Reicher war, aber sicherlich auch ein Abergläubischer. Allein, es war gerade jene Zeit im Jahr, in der unser Herr Graf seine Reise ins Unbekannte unternommen hatte.

»Wir könnten«, sagte ich zu Pantalejmon, »den Strick zerschneiden und die einzelnen Teile verkaufen!«

»Du bist ein kluges Bürschchen!«, sagte Pantalejmon. »Du hast auch den Diamant versteckt!«

Wir zerschnitten den Strick. Die Käufer kamen. Man begrub den Selbstmörder feierlich, ohne Geistlichen, unter dem Baum, auf dem er sich erhängt hatte. Unser Dichter hielt eine Rede auf den unbekannten Fremden, der fern der Heimat, ein Einsamer, Ausgestoßener vielleicht, gestorben war, wer weiß, warum. Sein Schicksal war nicht nur tragisch, es war mehr, nämlich unbekannt.

Sofort nach dem Begräbnis kamen die Käufer. Am Abend desselben Tages hatten wir viel Geld in der Schublade und kein Stückchen Strick mehr.

Der Frau Pantalejmons erzählten wir nichts von unsern Einnahmen. Wir beschlossen, reich zu werden, der Strick hatte uns mutig gemacht, und das klingende Geld, das wir zählten, erheiterte uns wie Schnaps.

»Wenn ich morgen noch einen Erhängten finde?«, sagte Pantalejmon.

»Die Leute erhängen sich so selten!«, sagte er. »Der Geistliche jagt ihnen einen Schrecken ein. Sie kommen nicht in den Himmel. Woher weiß es der Pfaffe? Man ist im Leben eingesperrt und muss warten, bis Gott den Kerker aufschließt und man in die Freiheit kommt. Wenn aber jemand sich erhängt, auf einem schönen Fichtenbaum, im Sommer, wenn die Vögel zwitschern, der Himmel blau ist und die Fliegen summen, so jagen die Teufel die arme Seele in die Hölle.

Wahrscheinlich aber ist das alles gar nicht wahr! Die Leute kommen in die Hölle, ob sie auf den Tod warten oder ob sie sich ihn holen! Es ist alles ganz gleich.

Was ist die Folge von all dem?! Dass ich noch hundert Jahre warten kann, ehe ich noch einen so schönen Strick bekomme!«

Plötzlich war es mir, als ob mir jemand einen Finger nach dem Ofen ausgestreckt hätte. Ich erblickte den Strick, an dem man die billigen Särge in die Gräber hinunterließ.

Ich nahm ein Messer, zerschnitt den Strick und legte die Teile vor Pantalejmon. »Wir werden diesen Strick verkaufen!«, sagte ich.

»Wenn er aber kein Glück bringt?«, fragte Pantalejmon.

»Ich glaube«, sagte ich, »dass alle Stricke Glück bringen!«

Ich hatte wahrscheinlich recht. Fortwährend kamen die Leute, wir verkauften ganz winzige Stückchen, und immer wieder zerschnitten wir neue Stricke.

Ich kaufte mir eine neue Pelzmütze und ein Paar Stiefel, Pantalejmon bekam eine Weste. Seiner Frau schenkte er Korallen.

Wir waren sehr reich.

Ich hätte in die Welt fahren können, nach der ich mich sehnte.

»Warte auf den Grafen!«, sagte Pantalejmon, »er wird dir gewiss sagen, wohin du fahren kannst!«

Der Sommer lag da und wartete auf sein Ende. Im Herbst mussten die Fremden kommen, die Hopfenhändler aus

Österreich, Deutschland, aus England, die reichen Männer, von denen viele Menschen in unserer Stadt lebten.

Der Sommer lag da und gebar verschiedene Krank-
heiten. Vom faulen Obst bekamen die Menschen Bauch-
weh und starben, in den Brunnen trocknete das Wasser,
ein paar Nadelwälder begannen zu brennen, die trockenen Gräser der Steppe entzündeten sich. In den Nächten war der Horizont gerötet, ein beizender Dunst lag in
der Luft.

Immer neue Gäste kamen in die Totenkammer. Die
Behörden ließen ausrufen, dass es gefährlich sei, Wasser
zu trinken. Wir tranken heißen Tee, aßen keine Kirschen, nicht einmal die sauren. Birnen und Äpfel waren
noch nicht reif.

Viele gingen ins Dampfbad, um die Gifte auszuschwit-
zen. Frau Bardach, die Besitzerin, hatte so viel zu tun,
dass sie erkrankte. Nach zwei Wochen war auch sie tot,
man begrub sie auf dem jüdischen Friedhof, noch ehe ihr
Sohn gekommen war, ihr Sohn, der aus der weiten Welt
nur ein paarmal im Jahr schrieb.

Sein Onkel, der Bruder der Frau Bardach, war ein reicher Holzhändler in Wien. Wolf, sein Neffe, war noch als
Knabe über die Grenze zu seinem Onkel gefahren.

Man sagte, er sei ein großer Verteidiger geworden, ein
berühmter Mann. Alle waren neugierig, ihn zu sehn.

Er kam. Er war wirklich sehenswert. Dieser Herr sollte
der Sohn unserer Stadt sein?

Wolf Bardach war nicht nur dick, breit, mit funkelnden Brillengläsern mitten im Gesicht, mit einem grauen
steifen Hut auf dem Kopf, mit glänzenden roten Backen –
Bardach trug auch eine helle karierte Hose. Es war die
erste Hose dieser Art in unserer Stadt, nicht einmal der
Graf besaß dergleichen.

Bardach erbte ein großes Vermögen. Dampfbäder sind ein gutes Geschäft. Wenn Bardach geblieben wäre, um das Geschäft seiner Mutter weiter zu betreiben, so hätte er in einigen Jahren Millionen gemacht.

Es fehlte auch nicht an Ratgebern. Leute, die Wolf Bardach noch gekannt hatten, als er ein ganz kleiner Junge war, kamen zu ihm und machten Vorschläge. Wolf Bardach lebte im Hotel, ach, in was für einem Hotel!

Denn wir hatten natürlich ein Hotel, am Ende der Straße, die zum Bahnhof führte, stand es. Ein einfaches Häuschen, mit einer Schenke in der Mitte, mit einem lächerlichen Schild vor der Tür. Es stellte einen dicken Ritter vor, der ein Bierkrügel in der hocherhobenen Rechten hielt und dessen Panzer sich vergeblich bemühte, den vorspringenden Bauch zurückzuhalten.

Dieses Hotel hatte nicht mehr als drei Zimmer. In allen drei Zimmern standen schlechte Öfen. In keinem der drei Zimmer gab es ein Bett mit Matratzen. Alle Betten hatten Strohsäcke.

Ja, es wird auch Ungeziefer gegeben haben. Man nannte es das Hotel zur Wanze. In Wirklichkeit hieß es das Hotel zum trunkenen Bären. Dort wohnte der große Verteidiger Wolf Bardach, ein berühmter Mann, ein Mann in hellen karierten Hosen.

Er bewohnte alle drei Zimmer. Für die Fremden gab es kein Obdach mehr. Selbst reiche Leute, die in unsere Stadt kamen, mussten bei den zwei Bäckern übernachten, die ihre Betten vermieten konnten, weil sie in der Nacht backten.

Wahrscheinlich haben diese armseligen Verhältnisse des Verkehrswesens unserer Stadt den Herrn Verteidiger bewogen, ein neues Hotel zu errichten.

Er beschloss, ein Hotel nach amerikanischem Muster zu erbauen. Es sollte ein Hotel sein, wie es auch in New York stehen könnte.

Und man begann zu bauen.

Wolf Bardach verkaufte das Dampfbad und das Haus seiner Mutter. Er kaufte fünf kleine Häuser und ließ sie niederreißen.

Nicht nur die Häuser kosteten Geld. Auch das Niederreißen kostete. Weil in jedem der fünf Häuser durchschnittlich drei Familien gelebt hatten und weil jede Familie viele Kinder hatte, musste der Herr Bardach auch noch Baracken bauen, um alle obdachlosen Menschen unterzubringen.

Es gab also Arbeit in unserer Stadt. Die ältesten Männer, Männer mit weißen Bärten, die man höchstens zu Ofenreparaturen im Winter gerufen hatte, kletterten hurtig auf die Gerüste. Sie waren eine Art bärtiger Wiesel.

Auch ich fand Arbeit. Ich hatte ein Notizbuch, notierte Zentimeter und Meter und zählte Bretter, Pfosten, Ziegelsteine.

Ich war nicht der Einzige. Mit mir standen einige intelligente junge Leute und notierten.

Es wäre sicherlich auch ohne uns gegangen.

Das Hotel bekam fünf Stockwerke. Es war das größte Haus im Umkreis von zehn Meilen.

Weiß, hoch, einsam ragte es über die Welt. Die alten Leute bei uns, die nichts vom Fortschritt hielten, waren erbost. Das Hotel erinnerte sie an den Turm von Babel.

Dennoch wuchs es munter.

Der Ingenieur, der es baute, stieg eines Tages auf das Gerüst, fiel hinunter und war zerschmettert.

Man begrub ihn in der Mitte zwischen dem christlichen und dem jüdischen Friedhof, weil man seine Konfession nicht mehr hatte feststellen können.

Sein Tod rief eine gewaltige Erregung hervor. Aber Bardach, ein moderner Mann, ließ sich durch nichts abhalten, er ließ einen neuen Ingenieur kommen und baute weiter.

Nach vier Monaten, der Schnee lag schon dicht auf den Straßen, musste er innehalten.

Aber als die ersten Schwalben kamen, war Herr Bardach wieder bei uns.

Man baute weiter.

An einem heißen Julitag war endlich das Werk fertig. Aber nun war auch das Geld zu Ende.

Gläubiger kamen. Schuldscheine kamen. Nur Reisende kamen nicht, und alle 200 Zimmer standen leer.

Um sich zu retten, errichtete man ein Kaffeehaus im Parterre, ein Kaffeehaus mit klassischer Musik.

Aber es kamen keine Gäste.

Die Musik spielte vor leeren Tischen. Ein paar reiche Offiziere gingen hinein, spielten eine Partie Billard und gingen wieder fort.

Statt drinnen zu sitzen und das Leben zu genießen, standen die Einwohner unserer Stadt draußen, vor den Fenstern, die durch dichte grüne Vorhänge geschützt waren.

Die Bewohner unserer Stadt tranken ihren Kaffee zu Hause, gingen dann vor die Fenster, hörten die Musik und hatten nichts zu bezahlen. Diese billige Lebensweise konnte unsern Hotelbesitzer nicht retten. Er packte eines Tages in der Stille seine Koffer und war verschwunden.

Immerhin hatten wir etwas Geld verdient. Wir besaßen ein neues Hotel. Wenn die Reisenden kamen, wohnten sie dort, saßen auch im Kaffeehaus und hörten die Musik.

Aber im Sommer, im Frühling und im Winter blieb das große Haus leer. Ein Portier stand vor der Tür wie ein steinernes Ornament, unbeweglich. Er wurde sichtbar älter, seine goldenen Knöpfe wurden matt, sein schwarzer Frack färbte sich grünlich.

Von dem kühnen Erbauer hörte man nichts mehr. Das Dampfbad rauchte jeden Tag lustig gegen den Himmel. Es war stets in Betrieb, im Gegensatz zum Hotel und zum Café.

Unsere Stadt war arm. Ihre Einwohner hatten kein geregeltes Einkommen, sie lebten von Wundern. Es gab viele, die sich mit nichts beschäftigten. Sie machten Schulden. Bei wem aber liehen Sie? Auch die Geldverleiher hatten kein Geld. Man lebte von guten Gelegenheiten.

Immer wieder ereignete sich etwas, das die Leute mit Hoffnungen erfüllte. Der große Hotelbau hatte nur Enttäuschungen gebracht. Es kam ein Winter mit frühen und starken Frösten, er überfiel uns wie ein Mörder, Ende November gab es schon 25 Grad. Die Vögel fielen starr von den Bäumen, jeden Morgen konnte man sie auflesen. Der Schnee seufzte unter den Tritten, der Frost schnitt uns in die Haut mit tausend dünnen Bindfäden, die Öfen platzten vom vielen Holz, der Wind trieb den Rauch in die Schornsteine zurück, sodass wir in den Stuben fast erstickten. Wir konnten die Fenster nicht aufreißen, wir hatten sie schon mit Watte und Zeitungspapier verstopft. Die Fensterscheiben bekleideten sich mit dicken, undurchsichtigen Krusten aus Kristall, Winter, merkwürdigem gläsernem Gesträuch.

Die Armen wurden von unserm Herrn Grafen gespeist. Aber die nicht betteln durften, verhungerten, starben, man rannte oft mit Leichen durch die Gassen, die schwarzen Kutscher hieben auf die schwarzen Pferde ein, dass sie galoppierten, und die Hinterbliebenen liefen den Toten nach, es war, als beeilten sich alle, die Toten und die Lebenden, noch schnell in die überfüllten Gräber zu gelangen. Kein Platz! Kein Platz! –, schrien die Raben. Diese gefräßigen Vögel hingen schwarz und schwer in den kahlen Ästen, beflügelte Früchte, sie schlugen mit den Flügeln und zankten sich laut, sie flogen vor die Häuser und pickten wie Spatzen an die gefrorenen Fenster, sie waren nah wie schlimme Nachrichten, sie waren fern wie böse Ahnungen, schwarz drohten sie auf schwarzen Ästen und auf dem weißen Schnee.

Wie schnell fielen die Abende über uns herein, Abende, die mit einem scharfen Wind kamen, mit glänzenden fernen Sternen auf einem Himmel aus blauem Frost, mit kurzen heftigen Dämmerungen in den Stuben, mit heulenden Teufeln in den Öfen, mit Gespenstern aus Nichts. Eine halbe Stunde im Tag war die Sonne zu sehn. Sie war matt und weiß, von einer gefrorenen Fensterscheibe verhüllt. Die langen schweren Eiszapfen hingen von den tiefen Dächern, eine Art toter Troddeln. Schmale Stege zeichneten sich im tiefen Schnee ab, Fußgänger gingen zwischen weißen hohen Schneedämmen. Es gab nichts Heiteres außer dem Klingeln der Schlittenglocken, sie läuteten fast wie Frühling. Der Frost gab ihnen ein kurzes, aber scharfes, gläsernes Echo, in der Ferne waren sie summende helle junge Fliegen.

Aus schwarzen Strichen auf weißer Ebene bestanden die Nadelwälder. Nebel verdeckte die Ferne und die Hügel, die Gewässer lagen gurgelnd unter dicken Fenstern,

rings um die Brunnen erhoben sich Kreise aus geschliffe-
nem, starkem, gefährlichem Glas.

In diesem Winter, der die Armen noch ärmer machte,
erwarteten wir mit mehr Ungeduld als gewöhnlich den
reichen Herrn Britz aus dem fernen Peking, den reichen
Teehändler, dessen Schutzmarke (eine Waage, von einem
Engel gehalten) in der ganzen Welt berühmt ist und den
echt chinesischen Tee garantiert.

Wenn der Herr Britz kam, ging es allen besser. Er blieb
zwei Wochen bei uns, er besuchte das Grab seines Vaters,
er besuchte die toten Verwandten und die Lebenden,
auch die fremden, bei den reichen Leuten wurde er eingeladen, und die Armen lud er zu sich.

Jeden Winter kam er, in der Mitte des Winters, wenn
der Frost seine schärfste Stärke erreicht hatte, er kam
wie ein Gesandter Gottes. Alle segneten sein Kommen
und Gehn.

Ich weiß nicht, woher die Leute erfuhren, dass er kommen würde. Jedenfalls wusste man es eines Tages. Der
Zug hielt nur mittwochs bei uns. Und jeden Mittwoch
dachten die Leute: Von heute in acht Tagen kommt er!
Von heute in 14 Tagen kommt er!

Der Zug kam um fünf Uhr fünfundzwanzig abends.
Längst war in dieser Jahreszeit der tiefe Abend schon in
der Welt, längst hätten die Fensterläden geschlossen sein
müssen, die Leute in den Stuben. So aber war's nicht. Die
Fensterläden waren noch offen, in allen Häusern brannte
Licht; alle Fenster sahen illuminiert aus, blank geputzt
waren die Laternen und gaben alles Licht her, das sie besaßen. Die Schlitten, beladen mit Menschen, glitten die
gerade Straße zum Bahnhof hinaus, warfen ihre dunkle
Last ab, blieben in einem schönen geschwungenen Bogen
stehen, blauer Rauch stieg aus den Nüstern der Pferde,

die Hufe der Tiere krachten auf dem Eis, ungeduldiges Wiehern kam aus den Pferden, die Kutscher rieben sich die Hände und fuchtelten mit den Armen, die Leute standen am Büfett und erwärmten sich mit Schnaps und stampften mit den Stiefeln auf wie die Pferde.

Dann kam der Portier, Eis hing an seinem blonden Schnurrbart, er rief den Zug aus, Türen gingen auf, man hörte klingelnde Signale vom Bahnsteig her, der Zug lief ein, Dampf zischte aus der Lokomotive. Unter den Reisenden, die ausstiegen, war Herr Britz.

Wie schön und stattlich war er! Was trug er für einen Pelz aus Biber und Seals! Welch einen schönen seidenen Shawl hatte er um den Hals geschlungen!

Er war nicht müde, sein glatt rasiertes Gesicht hatte keine Fältchen, seine Haut war rosig und braun, seine dunklen Augen blank und gut, seine großen, schlanken Hände glitten leicht aus den schweren Pelzhandschuhen und streckten sich allen entgegen.

Alle Kutscher stritten sich um ihn, jeder wollte mit ihm fahren. Hätte er doch alle seine Kinder mitgebracht, wie schön hätte er sie verteilen können in den vielen Schlitten! Er hatte nicht einmal viel Gepäck, nur einen einzigen Koffer! Er konnte sich nicht spalten, er konnte nicht mit zwei Füßen in zehn Schlitten stehn. Er setzte sich in einen, in den ersten, alle anderen fuhren hinterdrein, mit Schellengeläut! Wenn er aus dem Schlitten stieg, musste er dennoch alle Kutscher bezahlen. Das spielte keine Rolle! Er hatte ja Geld!

Jetzt hatten wir ja ein neues Hotel, Herr Britz war zufrieden, als er den Komfort erlebte. »Ihretwegen haben wir es bauen lassen«, log der Bürgermeister beim festlichen Abendessen, das die Stadt veranstaltete. Herr Britz glaubte es vielleicht.

Er mietet fünf Zimmer im ersten Stock, er empfing Arme, verteilte Geld, fuhr jeden Tag in einem andern Schlitten, milderte die Strenge des Winters, schenkte Holz, und Kohle, Brot und Heringe, Tee und Schmalz, kaufte den Kranken südliche Weine und wärmte die Welt wie hundert Sommer zusammen.

Wenn er wegfuhr, ließ er Glückliche zurück, aber er sah nicht mehr so frisch aus wie bei der Ankunft, er war müde und geknickt, seine Haut war blass, seine guten Augen glänzten nicht mehr. So anstrengend ist die Wohltätigkeit.

In diesem Jahr hatte uns Herr Britz so viel Geld zurückgelassen, dass wir endlich eine Expedition in die unterirdischen Gänge ausrüsten konnten, die schon seit Jahren unsere Fantasie beschäftigten und von denen wir eigentlich eine Rettung aus unserer ewigen Geldnot erwarteten.

Die unterirdischen Gänge, so hieß es, wären im 17. Jahrhundert angelegt worden, führten von der Kirche, die in der Mitte der Stadt stand, bis zum Schloss des Grafen, an den Kellern vieler alter Häuser vorbei und enthielten eine große Menge von Gold- und Silberschätzen, die man in vergangenen kriegerischen Zeiten vor diversen Feinden verborgen hätte.

Unter der Erde besaßen wir also eine Menge Gold, nur auf der Oberfläche waren wir arm. Unsere Ausgrabungen konnten uns alle reich machen. Wir brauchten dann nicht mehr zu arbeiten. Jeder Bewohner unserer Stadt sollte so viel bekommen, um sein Leben ohne Sorgen beschließen und das seiner Kinder sichern zu können.

Es hatte uns nur an Geld gefehlt, um überhaupt zu den Schätzen zu gelangen. Dazu gehörten gewisse Vorrichtungen, dazu gehörten Gasmasken, Instrumente von be-

sonderer Art, Lampen. Vor allem gehörten mutige Männer dazu, die imstande waren, ihr Leben aufs Spiel zu
setzen. Sie musste man teuer bezahlen. Die reichen
Wohltäter unserer Stadt (der Herr Graf zum Beispiel)
waren immer skeptisch gewesen. Sie glaubten nicht an
die unterirdischen Schätze, sie glaubten auch nicht an
den wissenschaftlichen Wert unserer alten Gänge.

Jetzt, endlich, hatten wir Geld.

Als der Frühling kam, gingen wir den ganzen Tag in
den Straßen herum und sprachen von den unterirdischen Geheimnissen. Welch ein Gefühl, bei jedem
Schritt, den man auf der Straße macht, zu glauben, man
trete auf Gold und Edelsteine! Jeder Mensch, der in jenen
Tagen in seinen Keller ging, um Leitern, Wein, Essig und
andere Dinge zu holen, war von Ehrfurcht erfüllt. Jeder
trug sich mit dem Gedanken, selbst zu graben. Manche
taten es in stillen Nächten, viele klopften ihre Wände ab,
um hohle Stellen zu entdecken. Man sprach schon davon,
dass der und jener Schätze in seinen Kellern entdeckt
habe. Jeder wurde misstrauisch. Es kam eine Zeit, in der
alle zu klagen begannen, es ginge ihnen schlecht, um
nicht in den Verdacht zu geraten, dass sie Schätze entdeckt hätten. Aber je mehr die Menschen klagten, desto
verdächtiger wurden sie. Es war eine Zeit, in der man den
Bettlern nichts mehr schenkte, weil man glaubte, gerade
sie hätten Gold und Silber gefunden und sie bettelten
nur, um ihre Funde zu verheimlichen. Die Kaufläden
standen leer, weil jedermann fürchtete, durch einen Ein-
kauf in den Verdacht unerhofften Gewinns zu gelangen.
Als die Leute merkten, dass ihre Klagen mit Misstrauen
angehört wurden, schwiegen sie und getrauten sich überhaupt nicht mehr zu reden. Kaum, dass man die üblichen
Grüße wechselte. Wenn zwei miteinander leise sprachen,

zeigte man auf sie mit den Fingern und ernannte sie zu Millionären.

Eines Tages kam ein Professor der Geschichte mit Assistenten, Laternen, Gasmasken. An den Häusern klebten Plakate, der Magistrat suchte mutige Männer und Arbeiter.

Pantalejmon meldete sich und nahm mich mit. Im Graben waren wir Meister und an unterirdische Dinge vom Friedhof her gewöhnt. Wir waren Fachleute für Unterirdisches.

Unsern Lohn verlangten wir im Voraus, denn wir fürchteten, in den Gängen umzukommen und umsonst zu sterben. Wir vergruben unsern Lohn beim vierten Grab in der alten Gräberreihe, schrieben ein Testament und steckten es in die Tasche. Pantalejmon vermachte den Lohn dem Grafen, nicht seiner Familie. Ich dachte lange nach, wem ich mein Geld schenken sollte. Ich besaß Erspartes für meine Reise in die Welt. Ich verschrieb es meinem Bruder, der nach Mexiko gegangen war.

Wir standen um fünf Uhr früh auf, es war der zehnte Mai, die Vögel zwitscherten. Wir waren zehn Mann mit Harken und Spaten. Wir bekamen hohe Stiefel, stiegen im Haus des Herrn Jampoller in den Keller, erbrachen eine zugenagelte Tür und standen am Beginn unserer unterirdischen Reise.

Ach!, wie stank es dort, ich kann den Geruch nicht vergessen. Es stank nach alten Kartoffeln und faulem Heu, nach Pilzen, nach Schimmel und ein wenig nach herbstlichen Wäldern im Regen. Wir leuchteten mit unsern wissenschaftlichen Lampen den Weg und die Wände ab. Wir fanden Skelette, Truhen, der Professor notierte alles, es troff von den steinernen Wänden, weißlicher Schleim lag auf ihnen, wir stießen auf steinerne

Särge, auf Inschriften, aber wir fanden kein Gold, kein Silber, keine Edelsteine.

Wir hatten den ganzen Tag gearbeitet, als wir wieder an die Oberfläche kamen, war es Abend, und wir befanden uns in der Nähe des Schlosses.

Wir hatten wieder Geld verdient, wir gruben es aus und legten es zum Ersparten.

Die Stadt beruhigte sich, die Menschen verloren das Misstrauen, Handel und Wandel war wieder in den Gassen, und den Bettlern ging es besser.

Dennoch irrte sich Herr Brandes.

Er war vor zwanzig Jahren nach London ausgewandert, er hatte Geld verdient, eine rote, sommersprossige Engländerin geheiratet und einen Bauch mit einer schweren Uhrkette bekommen.

Jetzt kam er zurück, er hatte Geld wie Heu, so sagten die Leute. Wozu kam er in unsere arme Stadt? Warum blieb er nicht in London?

Nein, er kam zurück, ein Pionier englischer Kultur. Er wollte uns zeigen, wie man in der Welt Geschäfte macht. Er kaufte einen freien Platz von der Gemeinde, er kaufte unsern »freien Platz«, auf dem wandernde Karussells, Menagerien, Zauberkünstler ihre Zelte immer aufschlugen, auf dem graues, trauriges Gras und gelbe Blümchen wucherten und der vom lieben Gott dazu bestimmt schien, unser freier Platz und nichts mehr zu sein.

Brandes baute ein Haus, nicht so hoch wie unser Hotel, aber immerhin ein einstöckiges Haus. Es hatte wunderbarerweise keine Fenster. Die Leute wunderten sich nicht wenig. Wie wollte Brandes ohne Fenster auskommen? Lebten die Londoner in finstern Stuben?

Als das Gerüst verschwunden war und die weißen Mauern dastanden, blind, ohne Fenster, glatt, ohne Stuk-

katur und Verzierungen – sie hatte man nämlich erwartet –, zweifelte niemand mehr an der Verrücktheit des
Herrn Brandes.

So verrückt, wie wir damals glaubten, war aber Brandes nicht. Er hatte kein Wohnhaus gebaut, sondern ein
Magazin, ein Warenhaus, er hatte so eines vielleicht einmal in London gesehn!

Stationschef Fallmerayer

(1933)

I

Das merkwürdige Schicksal des österreichischen Stationschefs Adam Fallmerayer verdient, ohne Zweifel, aufge-
zeichnet und festgehalten zu werden. Er verlor sein Leben,
das, nebenbei gesagt, niemals ein glänzendes – und vielleicht nicht einmal ein dauernd zufriedenes – geworden
wäre, auf eine verblüffende Weise. Nach allem, was Menschen voneinander wissen können, wäre es unmöglich
gewesen, Fallmerayer ein ungewöhnliches Geschick
vorauszusagen. Dennoch erreichte es ihn, es ergriff ihn –
und er selbst schien sich ihm sogar mit einer gewissen
Wollust auszuliefern.

Seit 1908 war er Stationschef. Er heiratete, kurz nachdem er seinen Posten auf der Station L. an der Südbahn,
kaum zwei Stunden von Wien entfernt, angetreten hatte,
die brave und ein wenig beschränkte, nicht mehr ganz
junge Tochter eines Kanzleirats aus Brunn. Es war eine
»Liebesehe« – wie man es zu jener Zeit nannte, in der die
sogenannten »Vernunftehen« noch Sitte und Herkom-
men waren. Seine Eltern waren tot. Fallmerayer folgte,
als er heiratete, immerhin einem sehr maßvollen Zuge
seines maßvollen Herzens, keineswegs dem Diktat seiner
Vernunft. Er zeugte zwei Kinder – Mädchen und Zwillinge. Er hatte einen Sohn erwartet. Es lag in seiner Natur begründet, einen Sohn zu erwarten und die gleich-
zeitige Ankunft zweier Mädchen als eine peinliche

Überraschung, wenn nicht als eine Bosheit Gottes anzusehen. Da er aber materiell gesichert und pensionsbe-
rechtigt war, gewöhnte er sich, kaum waren drei Monate
seit der Geburt verflossen, an die Freigebigkeit der Natur,
und er begann, seine Kinder zu lieben. Zu lieben: Das
heißt: Sie mit der überlieferten bürgerlichen Gewissen-
haftigkeit eines Vaters und braven Beamten zu versorgen.

An einem Märztag des Jahres 1914 saß Adam Fallmerayer, wie gewöhnlich, in seinem Amtszimmer. Der Telegrafenapparat tickte unaufhörlich. Und draußen regnete
es. Es war ein verfrühter Regen. Eine Woche vorher hatte
man noch den Schnee von den Schienen schaufeln müssen, und die Züge waren mit erschrecklicher Verspätung
angekommen und abgefahren. Eines Nachts auf einmal
hatte der Regen angefangen. Der Schnee verschwand.
Und gegenüber der kleinen Station, wo die unerreichbare, blendende Herrlichkeit des Alpenschnees die ewige
Herrschaft des Winters versprochen zu haben schien,
schwebte seit einigen Tagen ein unnennbarer, ein na-
menloser graublauer Dunst: Wolke, Himmel, Regen und
Berge in einem. Es regnete, und die Luft war lau. Niemals
hatte der Stationschef Fallmerayer einen so frühen Frühling erlebt. An seiner winzigen Station pflegten die
Expresszüge, die nach dem Süden fuhren, nach Meran,
nach Triest, nach Italien, niemals zu halten. An Fallmerayer, der zweimal täglich, mit leuchtend roter Kappe
grüßend, auf den Perron trat, rasten die Expresszüge
hemmungslos vorbei; sie degradierten beinahe den Stationschef zu einem Bahnwärter. Die Gesichter der Passagiere an den großen Fenstern verschwammen zu einem
grauweißen Brei. Der Stationschef Fallmerayer hatte selten das Angesicht eines Passagiers sehen können, der
nach dem Süden fuhr. Und der »Süden« war für den Sta-

tionschef mehr als lediglich eine geostenografische Be-
zeichnung. Der »Süden« war das Meer, ein Meer aus
Sonne, Freiheit und Glück.

Eine Freikarte für die ganze Familie in der Ferienzeit
gehörte gewisslich zu den Rechten eines höheren Beamten der Südbahn. Als die Zwillinge drei Jahre alt gewesen
waren, hatte man mit ihnen eine Reise nach Bozen gemacht. Man fuhr mit dem Personenzug eine Stunde bis
zu der Station, in der die hochmütigen Expresszüge hielten, stieg ein, stieg aus – und war noch lange nicht im
Süden. Vier Wochen dauerte der Urlaub. Man sah die
reichen Menschen der ganzen Welt – und es war, als
seien diejenigen, die man gerade sah, zufällig auch die
reichsten. Einen Urlaub hatten sie nicht. Ihr ganzes Leben war ein einziger Urlaub. So weit man sah – weit und
breit –, hatten die reichsten Leute der Welt auch keine
Zwillinge; besonders nicht Mädchen. Und überhaupt:
Die reichen Leute waren es erst, die den Süden nach dem
Süden brachten. Ein Beamter der Südbahn lebte ständig
mitten im Norden.

Man fuhr also zurück und begann seinen Dienst von
Neuem. Der Morseapparat tickte unaufhörlich. Und der
Regen regnete.

Fallmerayer sah von seinem Schreibtisch auf. Es war fünf
Uhr nachmittags. Obwohl die Sonne noch nicht unterge-
gangen war, dämmerte es bereits, vom Regen kam es. Auf
den gläsernen Vorsprung des Perrondachs trommelte der
Regen ebenso unaufhörlich, wie der Telegrafenapparat zu
ticken pflegte – und es war eine gemütliche, unaufhör-
liche Zwiesprache der Technik mit der Natur. Die großen,
bläulichen Quadersteine unter dem Glasdach des Perrons
waren trocken. Die Schienen aber – und zwischen den

Schienenpaaren die winzigen Kieselsteine – funkelten trotz der Dunkelheit im nassen Zauber des Regens.

Obwohl der Stationschef Fallmerayer keine fantasiebegabte Natur war, schien es ihm dennoch, dass dieser Tag ein ganz besonderer Schicksalstag sei, und er begann, wie er so zum Fenster hinausblickte, wahrhaftig zu zittern. In sechsunddreißig Minuten erwartete er den Schnellzug nach Meran. In sechsunddreißig Minuten – so schien es Fallmerayer – würde die Nacht vollkommen sein – eine fürchterliche Nacht. Über seiner Kanzlei, im ersten Stock, tobten die Zwillinge wie gewöhnlich; er hörte ihre trippelnden, kindlichen und dennoch ein wenig brutalen Schritte. Er machte das Fenster auf. Es war nicht mehr kalt. Der Frühling kam über die Berge gezogen. Man hörte die Pfiffe rangierender Lokomotiven wie jeden Tag und die Rufe der Eisenbahnarbeiter und den dumpf scheppernden Anschlag der verkoppelten Waggons. Dennoch hatten heute die Lokomotiven einen besonderen Pfiff – so war es Fallmerayer. Er war ein ganz gewöhnlicher Mensch. Und nichts schien ihm sonderbarer, als dass er an diesem Tage in all den gewohnten, keineswegs überraschenden Geräuschen die unheimliche Stimme eines ungewöhnlichen Schicksals zu vernehmen glaubte. In der Tat aber ereignete sich an diesem Tage die unheimliche Katastrophe, deren Folgen das Leben Adam Fallmerayers vollständig verändern sollten.

II

Der Expresszug hatte schon von B. aus eine geringe Verspätung angekündigt. Zwei Minuten, bevor er auf der Station L. einlaufen sollte, stieß er infolge einer falsch gestellten Weiche auf einen wartenden Lastzug. Die Katastrophe war da.

Mit eilig ergriffener und völlig zweckloser Laterne, die irgendwo auf dem Bahnsteig gestanden hatte, lief der Stationschef Fallmerayer die Schienen entlang dem Schauplatz des Unglücks entgegen. Er hatte das Bedürfnis gefühlt, irgendeinen Gegenstand zu ergreifen. Es schien ihm unmöglich, mit leeren, gewissermaßen unbewaffneten Händen dem Unheil entgegenzurennen. Er rannte zehn Minuten, ohne Mantel, die ständigen Peitschenhiebe des Regens auf Nacken und Schultern.

Als er an der Unglücksstelle ankam, hatte man die Bergung der Toten, der Verwundeten, der Eingeklemmten bereits begonnen. Es fing an, heftiger zu dunkeln, so, als beeilte sich die Nacht selber, zum ersten Schrecken zurechtzukommen und ihn zu vergrößern. Die Feuerwehr aus dem Städtchen kam mit Fackeln, die mit Geprassel und Geknister dem Regen mühsam standhielten. Dreizehn Waggons lagen zertrümmert auf den Schienen. Den Lokomotivführer wie den Heizer – sie waren beide tot – hatte man bereits fortgeschafft. Eisenbahner und Feuerwehrmänner und Passagiere arbeiteten mit wahllos aufgelesenen Werkzeugen an den Trümmern. Die Verwundeten schrien jämmerlich, der Regen rauschte, die Fackelfeuer knisterten. Den Stationschef fröstelte im Regen. Seine Zähne klapperten. Er hatte die Empfindung, dass er etwas tun müsse wie die andern, und gleichzeitig Angst, man würde es ihm verwehren zu helfen, weil er selbst das Unheil verschuldet haben könnte. Dem und jenem unter den Eisenbahnern, die ihn erkannten und im Eifer der Arbeit flüchtig grüßten, versuchte Fallmerayer mit tonloser Stimme irgendetwas zu

sagen, was ebenso gut ein Befehl wie eine Bitte um Verzeihung hätte sein können. Aber niemand hörte ihn. So
überflüssig in der Welt war er sich noch niemals vorge-
kommen. Und schon begann er zu beklagen, dass er sich
nicht selbst unter den Opfern befinde, als sein ziellos
umherirrender Blick auf eine Frau fiel, die man soeben
auf eine Tragbahre gelegt hatte. Da lag sie nun, von den
Helfern verlassen, von denen sie gerettet worden war, die
großen, dunklen Augen auf die Fackeln in ihrer nächsten
Nähe gerichtet, mit einem silbergrauen Pelz bis zu den
Hüften zugedeckt und offenbar nicht imstande, sich zu
rühren. Auf ihr großes, blasses und breites Angesicht fiel
der unermüdliche Regen, und das schwankende Feuer
der Fackeln zuckte darüber hin. Das Angesicht selbst
leuchtete, ein nasses silbernes Angesicht, im zauberhaf-
ten Wechsel von Flamme und Schatten. Die langen weißen Hände lagen über dem Pelz, regungslos auch sie,
zwei wunderbare Leichen. Es schien dem Stationsvorsteher, dass diese Frau auf der Bahre auf einer großen weißen Insel aus Stille ruhe, mitten in einem betäubenden
Meer von Lärm und Geräusch, und dass sie sogar Stille
verbreite. In der Tat war es, als ob all die hurtigen und geschäftigen Menschen einen Bogen um die Bahre machen
wollten, auf der die Frau ruhte. War sie schon gestorben?
Brauchte man sich nicht mehr um sie zu kümmern? Der
Stationschef Fallmerayer näherte sich langsam der Bahre.

Die Frau lebte noch. Unverletzt war sie geblieben. Als
Fallmerayer sich zu ihr niederbeugte, sagte sie, ohne
seine Frage abzuwarten – ja sogar wie in einer gewissen
Angst vor seinen Fragen –, ihr fehle nichts, sie glaube, sie
könne aufstehn. Sie habe höchstens lediglich den Verlust
ihres Gepäcks zu beklagen. Sie könne sich bestimmt erheben. Und sie machte sofort Anstalten aufzustehn. Fall-

merayer half ihr. Er nahm den Pelz mit der Linken, umfasste die Schulter der Frau mit der Rechten, wartete, bis sie sich erhob, legte den Pelz um ihre Schultern, hierauf den Arm um den Pelz, und so gingen sie beide, ohne ein Wort, ein paar Schritte über Schienen und Geröll in das nahe Häuschen eines Weichenwärters, die wenigen Stufen hinauf, in die trockene, lichtvolle Wärme.

»Hier bleiben Sie ein paar Minuten ruhig sitzen«, sagte Fallmerayer.

»Ich habe draußen zu tun. Ich komme gleich wieder.«

Im selben Augenblick wusste er, dass er log, und er log wahrscheinlich zum ersten Mal in seinem Leben. Dennoch war ihm die Lüge selbstverständlich. Und obwohl er in dieser Stunde nichts sehnlicher gewünscht hätte, als bei der Frau zu bleiben, wäre es ihm doch fürchterlich gewesen, in ihren Augen als ein Nutzloser zu erscheinen, der nichts anderes zu tun hatte, während draußen tausend Hände halfen und retteten. Er begab sich also eilig hinaus – und fand, zu seinem eigenen Erstaunen, jetzt den Mut und die Kraft, zu helfen, zu retten, hier einen Befehl zu erteilen und dort einen Rat, und obwohl er die ganze Zeit, während er half, rettete und schaffte, an die Frau im Häuschen denken musste und obwohl die Vorstellung, er könnte sie später nicht wiedersehn, grausam war und grauenhaft, blieb er dennoch tätig auf dem Schauplatz der Katastrophe, aus Angst, er könnte viel zu früh zurückkehren und also seine Nutzlosigkeit vor der Fremden beweisen. Und als verfolgten ihn ihre Blicke und feuerten ihn an, gewann er sehr schnell Vertrauen zu seinem Wort und zu seiner Vernunft, und er erwies sich als flinker, kluger und mutiger Helfer.

Also arbeitete er zwei Stunden etwa, ständig denkend an die wartende Fremde. Nachdem Arzt und Sanitäter den Verletzten die notwendige Hilfe geleistet hatten, machte sich Fallmerayer daran, in das Häuschen des Weichenstellers zurückzukehren. Dem Doktor, den er kannte, sagte er hastig, drüben sei noch ein Opfer der Katastrophe. Nicht ganz ohne Selbstbewusstsein betrachtete er seine zerschürften Hände und seine beschmutzte Uniform. Er führte den Arzt in die Stube des Weichenwärters und begrüßte die Fremde, die sich nicht von ihrem Platz gerührt zu haben schien, mit dem fröhlich-selbstverständlichen Lächeln, mit dem man längst Vertrauten wieder zu begegnen pflegt.

»Untersuchen Sie die Dame!«, sagte er zum Arzt. Und er selbst wandte sich zur Tür.

Er wartete ein paar Minuten draußen. Der Arzt kam und sagte: »Ein kleiner Schock, nichts weiter. Am besten, sie bleibt hier. Haben Sie Platz in Ihrer Wohnung?«

»Gewiss, gewiss!«, antwortete Fallmerayer. Und gemeinsam führten sie die Fremde in die Station, die Treppe hinauf, in die Wohnung des Stationschefs.

»In drei, vier Tagen ist sie völlig gesund«, sagte der Arzt. In diesem Augenblick wünschte Fallmerayer, es möchten viel mehr Tage vergehen.

III

Der Fremden überließ Fallmerayer sein Zimmer und sein Bett. Die Frau des Stationsvorstehers handelte geschäftig zwischen der Kranken und den Kindern. Zweimal täglich kam Fallmerayer selbst. Die Zwillinge wurden zu strenger Ruhe angehalten.

Einen Tag später waren die Spuren des Unglücks beseitigt, die übliche Untersuchung eingeleitet, Fallmerayer vernommen, der schuldige Weichensteller vom Dienst entfernt. Zweimal täglich rasten die Expresszüge wie bisher am grüßenden Stationschef vorbei.

Am Abend nach der Katastrophe erfuhr Fallmerayer den Namen der Fremden: Es war eine Gräfin Walewska, Russin, aus der Umgebung von Kiew, auf der Fahrt von Wien nach Meran begriffen. Ein Teil ihres Gepäcks fand sich und wurde ihr zugestellt: braune und schwarze lederne Koffer. Sie rochen nach Juchten und unbekanntem Parfüm. So roch es nun in der ganzen Wohnung Fallmerayers.

Er schlief jetzt – da man sein Bett der Fremden gegeben hatte – nicht in seinem Schlafzimmer, neben Frau Fallmerayer, sondern unten, in seinem Dienstzimmer. Das heißt: Er schlief überhaupt nicht. Er lag wach. Am Morgen gegen neun Uhr betrat er das Zimmer, in dem die fremde Frau lag. Er fragte, ob sie gut geschlafen und gefrühstückt habe, ob sie sich wohl fühle. Ging mit frischen Veilchen zu der Vase auf der Konsole, wo die alten gestern gestanden hatten, entfernte die alten Blumen, setzte die neuen in frisches Wasser und blieb dann am Fußende des Bettes stehen. Vor ihm lag die fremde Frau, auf seinem Kissen, unter seiner Decke. Er murmelte etwas Undeutliches. Mit großen, dunklen Augen, einem weißen, starken Angesicht, das weit war wie eine fremde und süße Landschaft, auf den Kissen, unter der Decke des Stationsvorstehers, lag die fremde Frau. »Setzen Sie sich doch«, sagte sie, jeden Tag zweimal. Sie sprach das harte und fremde Deutsch einer Russin, eine tiefe, fremde Stimme. Alle Pracht der Weite und des Unbekannten war in ihrer Kehle.

Fallmerayer setzte sich nicht. »Entschuldigen schon, ich hab' viel zu tun«, sagte er, machte kehrt und entfernte sich.

Sechs Tage ging es so. Am siebenten riet der Doktor der Fremden weiterzufahren. Ihr Mann erwartete sie in Meran. Sie fuhr also und hinterließ in allen Zimmern und besonders im Bett Fallmerayers einen unauslöschbaren Duft von Juchten und einem namenlosen Parfüm.

IV

Dieser merkwürdige Duft blieb im Hause, im Gedächtnis, ja, man könnte sagen, im Herzen Fallmerayers viel länger haften als die Katastrophe. Und während der folgenden Wochen, in denen die langwierigen Untersuchungen über genauere Ursachen und detaillierteren Hergang des Unglücks ihren vorschriftsmäßigen Verlauf nahmen und Fallmerayer ein paarmal einvernommen wurde, hörte er nicht auf, an die fremde Frau zu denken, und wie betäubt von dem Geruch, den sie rings um ihn und in ihm hinterlassen hatte, gab er beinahe verworrene Auskünfte auf präzise Fragen. Wäre sein Dienst nicht verhältnismäßig einfach gewesen und er seit Jahren nicht bereits selbst zu einem fast mechanischen Bestandteil des Dienstes geworden, er hätte ihn nicht mehr guten Gewissens versehen können. Im Stillen hoffte er von einer Post zur andern auf eine Nachricht der Fremden. Er zweifelte nicht daran, dass sie noch einmal schreiben würde, wie es sich schickte, um für die Gastfreundschaft zu danken. Und eines Tages traf wirklich ein großer, dunkelblauer Brief aus Italien ein. Die Walewska schrieb, dass sie mit ihrem Mann weiter süd-

wärts gefahren sei. Augenblicklich befände sie sich in
Rom. Nach Sizilien wollten sie und ihr Mann fahren. Für
die Zwillinge Fallmerayers kam einen Tag später ein nied-
licher Korb mit Früchten und vom Mann der Gräfin
Walewska für die Frau des Stationschefs ein Paket sehr
zarter und duftender blasser Rosen. Es hätte lange gedauert, schrieb die Gräfin, ehe sie Zeit gefunden habe, ihren
gütigen Wirten zu danken, aber sie sei auch eine längere
Zeit nach ihrer Ankunft in Meran erschüttert und der Er-
holung bedürftig gewesen. Die Früchte und die Blumen
brachte Fallmerayer sofort in seine Wohnung. Den Brief
aber, obwohl er einen Tag früher gekommen war, behielt
der Stationschef noch etwas länger. Sehr stark dufteten
Früchte und Rosen aus dem Süden, aber Fallmerayer war
es, als röche der Brief der Gräfin noch kräftiger. Es war
ein kurzer Brief. Fallmerayer kannte ihn auswendig. Er
wusste genau, welche Stelle jedes Wort einnahm. Mit lila
Tinte, in großen, fliegenden Zügen geschrieben, nahmen
sich die Buchstaben aus wie eine schöne Schar fremder,
seltsam gefiederter, schlanker Vögel, dahinschwebend auf
tiefblauem Himmelsgrund. »Anja Walewska« lautete die
Unterschrift. Auf den Vornamen der Fremden, nach dem
er sie zu fragen niemals gewagt hatte, war er längst begie-
rig gewesen, als wäre ihr Vorname einer ihrer verborgenen körperlichen Reize. Nun, da er ihn kannte, war es ihm
eine Weile, als hätte sie ihm ein süßes Geheimnis geschenkt. Und aus Eifersucht, um es für sich allein zu be-
wahren, entschloss er sich, erst zwei Tage später den Brief
seiner Frau zu zeigen. Seitdem er den Vornamen der
Walewska wusste, kam es ihm zu Bewusstsein, dass der
seiner Frau – sie hieß Klara – nicht schön war. Als er nun
sah, mit welch gleichgültigen Händen Frau Klara den Brief
der Fremden entfaltete, kamen ihm auch die fremden

Hände der Schreiberin in Erinnerung – so, wie er sie zum ersten Mal erblickt hatte, über dem Pelz, regungslose Hände, zwei schimmernde silberne Hände. Damals hätte ich sie küssen sollen – dachte er einen Augenblick. »Ein sehr netter Brief«, sagte seine Frau und legte den Brief weg. Ihre Augen waren stahlblau und pflichtbewusst, nicht einmal bekümmert. Frau Klara Fallmerayer besaß die Fähigkeit, sogar Sorgen als Pflichten zu werten und im Kummer eine Genugtuung zu finden. Das glaubte Fallmerayer – dem derlei Überlegungen oder Einfälle immer fremd gewesen waren – auf einmal zu erkennen. Und er schützte heute Nacht eine dringende dienstliche Obliegenheit vor, mied das gemeinsame Zimmer und legte sich unten im Dienstraum schlafen und versuchte sich einzureden, oben, über ihm, in seinem Bett, schliefe noch immer die Fremde.

Die Tage vergingen, die Monate. Aus Sizilien flogen noch zwei bunte Ansichtskarten heran, mit flüchtigen Grüßen. Der Sommer kam, ein heißer Sommer. Als die Zeit des Urlaubs herannahte, beschloss Fallmerayer, nirgends hinzufahren. Frau und Kinder schickte er in eine Sommerfrische nach Österreich. Er blieb und versah seinen Dienst weiter. Zum ersten Mal seit seiner Verheiratung war er von seiner Frau getrennt. Im Stillen hatte er sich zu viel von dieser Einsamkeit versprochen. Erst als er allein geblieben war, begann er zu merken, dass er keineswegs allein hatte sein wollen. Er kramte in allen Fächern; er suchte nach dem Brief der fremden Frau. Aber er fand ihn nicht mehr. Frau Fallmerayer hatte ihn vielleicht längst vernichtet.

Frau und Kinder kamen zurück, der Juli ging zu Ende. Da war die allgemeine Mobilisierung da.

V

Fallmerayer war Fähnrich in der Reserve im Einundzwanzigsten Jägerbataillon. Da er einen verhältnismäßig wichtigen Posten versah, wäre es ihm, wie mehreren seiner Kollegen, möglich gewesen, noch eine Weile im Hinterland zu bleiben. Allein Fallmerayer legte seine Uniform an, packte seinen Koffer, umarmte seine Kinder, küsste seine Frau und fuhr zu seinem Kader. Dem Bahnassistenten übergab er den Dienst. Frau Fallmerayer weinte, die Zwillinge jubelten, weil sie ihren Vater in einer ungewohnten Kleidung sahen. Frau Fallmerayer verfehlte nicht, stolz auf ihren Mann zu sein – aber erst in der Stunde der Abfahrt. Sie unterdrückte die Tränen. Ihre blauen Augen waren erfüllt von bitterem Pflichtbewusstsein.

Was den Stationschef selbst betraf, so empfand er erst, als er mit einigen Kameraden in einem Abteil geblieben war, die grausame Entschiedenheit dieser Stunden. Dennoch glaubte er zu fühlen, dass er sich durch eine ganz unbestimmte Heiterkeit von all den in seinem Abteil anwesenden Offizieren unterschied. Es waren Reserveoffiziere. Jeder von ihnen hatte ein geliebtes Haus verlassen. Und jeder von ihnen war in dieser Stunde begeisterter Soldat. Jeder zugleich auch ein trostloser Vater, ein trostloser Sohn. Fallmerayer allein schien es, dass ihn der Krieg aus einer aussichtslosen Lage befreit hatte. Seine Zwillinge kamen ihm gewiss bedauernswert vor. Auch seine Frau. Gewiss, auch seine Frau. Während aber die Kameraden, begannen sie von der Heimat zu sprechen, alle zärtliche Herzlichkeit, derer sie fähig sein mochten, in Mienen und Gebärden offenbarten, war es Fallmerayer, als müsste er, um es ihnen gleichzutun, sobald er von den Seinen zu erzählen begann, wenn auch

keine lügnerische, so doch eine übertriebene Bangigkeit
in Blick und Stimme legen. Und eigentlich hatte er eher
Lust, mit den Kameraden von der Gräfin Walewska zu
sprechen als von seinem Haus. Er zwang sich zu schweigen. Und es kam ihm vor, dass er doppelt log: Einmal,
weil er verschwieg, was ihn im Innersten bewegte, und
zweitens, weil er hie und da von seiner Frau und seinen
Kindern erzählte – von denen er in dieser Stunde viel
weiter entfernt war als von der Gräfin Walewska, der
Frau eines feindlichen Landes. Er begann, sich ein wenig
zu verachten.

VI

Er rückte ein. Er ging ins Feld. Er kämpfte. Er war ein tap-
ferer Soldat. Er schrieb die üblichen herzlichen Feldpost-
briefe nach Hause. Er wurde ausgezeichnet, zum Leutnant
ernannt. Er wurde verwundet. Er kam ins Lazarett. Er
hatte Anspruch auf Urlaub. Er verzichtete und ging wieder
ins Feld. Er kämpfte im Osten. In freien Stunden, zwischen Gefecht, Inspizierung, Sturmangriff, begann er, aus
zufällig gefundenen Büchern Russisch zu lernen. Beinahe
mit Wollust. Mitten im Gestank des Gases, im Geruch des
Bluts, im Regen, im Sumpf, im Schlamm, im Schweiß der
Lebendigen, im Dunst der faulenden Kadaver verfolgte
Fallmerayer der fremde Duft von Juchten und das namenlose Parfüm der Frau, die einmal in seinem Bett, auf seinem Kissen, unter seiner Decke gelegen hatte. Er lernte
die Muttersprache dieser Frau und stellte sich vor, er
spräche mit ihr, in ihrer Sprache. Zärtlichkeiten lernte er,
Verschwiegenheiten, kostbare russische Zärtlichkeiten. Er

sprach mit ihr. Durch einen ganzen großen Weltkrieg war
er von ihr getrennt, und er sprach mit ihr. Mit kriegs-
gefangenen Russen unterhielt er sich. Mit hundertfach ge-
schärftem Ohr vernahm er die zartesten Tönungen, und
mit geläufiger Zunge sprach er sie nach. Mit jedem neuen
Klang der fremden Sprache, den er lernte, kam er der
fremden Frau näher. Nichts mehr wusste er von ihr, als
was er zuletzt von ihr gesehn hatte: flüchtigen Gruß und
flüchtige Unterschrift auf einer banalen Ansichtskarte.
Aber für ihn lebte sie; auf ihn wartete sie; bald sollte er
mit ihr sprechen.

Er kam, weil er Russisch konnte, als sein Bataillon an
die Südfront abkommandiert wurde, zu einem der Regimenter, die eine kurze Zeit später in die sogenannte Ok-
kupationsarmee eingereiht wurden. Fallmerayer wurde
zuerst als Dolmetscher zum Divisionskommando versetzt, hierauf zur »Kundschafter- und Nachrichtenstelle«.
Er gelangte schließlich in die Nähe von Kiew.

VII

Den Namen Solowienki hatte er wohl behalten. Mehr als
behalten: Vertraut und heimisch war ihm dieser Name
geworden.

Ein leichtes war es, den Namen des Gutes herauszufin-
den, das der Familie Walewski gehörte. Solowki hieß es
und lag drei Werst südlich von Kiew. Fallmerayer geriet
in süße, beklemmende und schmerzliche Erregung. Er
hatte das Gefühl einer unendlichen Dankbarkeit gegen
das Schicksal, das ihn in den Krieg und hierhergeführt
hatte, und zugleich eine namenlose Angst vor allem, was

es ihm jetzt erst zu bereiten begann. Krieg, Sturmangriff, Verwundung, Todesnähe: Es waren ganz blasse Ereignisse, verglichen mit jenem, das ihm nun bevorstand. Lediglich eine – wer weiß: vielleicht unzulängliche – Vorbereitung für die Begegnung mit der Frau war alles gewesen. War er wirklich für alle Fälle gerüstet? War sie überhaupt in ihrem Hause? Hatte sie nicht der Einmarsch der feindlichen Armee in gesichertere Gegenden getrieben? Und wenn sie zu Hause lebte, war ihr Mann mit ihr? Man musste auf alle Fälle hingehn und sehn.

Fallmerayer ließ einspannen und fuhr los.

Es war ein ziemlich früher Morgen im Mai. Man fuhr im leichten, zweirädrigen Wägelchen an blühenden Wiesen vorbei, auf gewundener, sandiger Landstraße, durch eine fast unbewohnte Gegend. Soldaten marschierten klappernd und rasselnd dahin, zu den üblichen Exerzierübungen. Im lichten und hohen blauen Gewölbe des Himmels verborgen, trillerten die Lerchen. Dichte, dunkle Flecken kleiner Tannenwäldchen wechselten ab mit dem hellen, fröhlichen Silber der Birken. Und der Morgenwind brachte aus weiter Ferne abgebrochenen Gesang der Soldaten aus entlegenen Baracken. Fallmerayer dachte an seine Kindheit, an die Natur seiner Heimat. Nicht weit von der Station, an der er bis zum Kriege Dienst getan hatte, war er geboren worden und aufgewachsen. Auch sein Vater war Bahnbeamter gewesen, niederer Bahnbeamter, Magazineur. Die ganze Kindheit Fallmerayers war, wie sein späteres Leben, erfüllt gewesen von den Geräuschen und Gerüchen der Eisenbahn wie von denen der Natur. Die Lokomotiven pfiffen und hielten Zwiesprache mit dem Jubel der Vögel. Der schwere Dunst der Steinkohle lagerte über dem Duft der blühenden Felder. Der graue Rauch der Bahnen ver-

schwamm mit dem blauen Gewölk über den Bergen zu
einem einzigen Nebel aus süßer Wehmut und Sehnsucht.
Wie anders war diese Welt hier, heiter und traurig in
einem, keine heimliche Güte mehr auf mildem, sanftem
Abhang, spärlicher Flieder hier, keine vollen Dolden
mehr hinter sauber gestrichenen Zäunen. Niedere Hütten mit breiten, tiefen Dächern aus Stroh wie Kapuzen,
winzige Dörfer, verloren in der Weite und sogar in dieser
übersichtlichen Fläche doch gleichsam verborgen. Wie
verschieden waren die Länder! Waren es auch die
menschlichen Herzen? Wird sie mich auch begreifen? –,
fragte sich Fallmerayer. Wird sie mich auch begreifen? –
Und je näher er dem Gute der Walewskis kam, desto heftiger loderte die Frage in seinem Herzen. Je näher er kam,
desto sicherer schien es ihm auch, dass die Frau zu Hause
war. Bald zweifelte er gar nicht mehr daran, dass ihn
noch Minuten nur von ihr trennten. Ja, sie war zu Hause.

Gleich am Anfang der schütteren Birkenallee, die
den sachten Aufstieg zum Herrenhaus ankündigte,
sprang Fallmerayer aus dem Wagen. Zu Fuß legte er
den Weg zurück, damit es noch ein wenig länger dauere.
Ein alter Gärtner fragte nach seinen Wünschen. Er
möchte die Gräfin sehen, sagte Fallmerayer. Er wolle es
ausrichten, meinte der Mann, entfernte sich langsam
und kam bald wieder. Ja, die Frau Gräfin war da und erwartete den Besuch.

Die Walewska erkannte Fallmerayer selbstverständlich nicht. Sie hielt ihn für einen der vielen militärischen
Besucher, die sie in der letzten Zeit hatte empfangen
müssen. Sie bat ihn, sich zu setzen. Ihre Stimme, tief,
dunkel, fremd, erschreckte ihn und war ihm wohlver-
traut zugleich, ein heimischer Schauder, ein wohlbe-
kannter, liebevoll begrüßter, seit undenklichen Jahren

sehnsüchtig erwarteter Schrecken. »Ich heiße Fallmerayer!«, sagte der Offizier. – Sie hatte natürlich den Namen vergessen. »Sie erinnern sich«, begann er wieder,
»ich bin der Stationschef von L.« Sie trat näher zu ihm,
fasste seine Hände, er roch ihn wieder, den Duft, der ihn
undenkliche Jahre verfolgt, umgeben, gehegt, geschmerzt
und getröstet hatte. Ihre Hände lagen einen Augenblick
auf den seinen.

»Oh, erzählen Sie, erzählen Sie!«, rief die Walewska.
Er erzählte kurz, wie es ihm ging. »Und Ihre Frau, Ihre
Kinder?«, fragte die Gräfin. »Ich habe sie nicht mehr gesehen!«, sagte Fallmerayer. »Ich habe nie Urlaub genommen.«

Hierauf entstand eine kleine Stille. Sie sahen sich an.
In dem breiten und niederen, weiß getünchten und fast
kahlen Zimmer lag die Sonne des jungen Vormittags golden und satt. Fliegen summten an den Fenstern. Fallmerayer sah still auf das breite weiße Gesicht der Gräfin.
Vielleicht verstand sie ihn. Sie erhob sich, um eine Gar-
dine vor das mittlere der drei Fenster zu ziehen. »Zu
hell?«, fragte sie. »Lieber dunkel!«, antwortete Fallmerayer. Sie kam an das Tischchen zurück, rührte ein
Glöckchen, der alte Diener kam; sie bestellte Tee. Die
Stille zwischen ihnen wich nicht: Sie wuchs im Gegenteil,
bis man den Tee brachte. Fallmerayer rauchte. Während
sie ihm den Tee einschenkte, fragte er plötzlich: »Und wo
ist Ihr Mann?«

Sie wartete, bis sie die Tasse gefüllt hatte, als müsste sie
erst eine sehr vorsorgliche Antwort überlegen. »An der
Front natürlich!«, sagte sie dann. »Ich höre seit drei Monaten nichts mehr von ihm. Wir können ja jetzt nicht
korrespondieren!« »Sind Sie sehr in Sorge?«, fragte Fallmerayer. »Gewiss«, erwiderte sie, »nicht weniger als Ihre

Frau um Sie wahrscheinlich.« »Verzeihen Sie, Sie haben recht, ich war recht dumm«, sagte Fallmerayer. Er blickte auf die Teetasse.

Sie hätte sich geweigert, erzählte die Gräfin weiter, das Haus zu verlassen. Andere seien geflohen. Sie fliehe nicht, vor ihren Bauern nicht und auch nicht vor dem Feind. Sie lebe hier mit vier Dienstboten, zwei Reitpferden und einem Hund. Geld und Schmuck habe sie vergraben. Sie suchte lange nach einem Wort, sie wusste nicht, wie man »vergraben« auf Deutsch sage, und zeigte auf die Erde. Fallmerayer sagte das russische Wort. »Sie können Russisch?«, fragte sie. »Ja«, sagte er, »ich habe es gelernt, im Felde gelernt.« Und auf Russisch fügte er hinzu:

»Ihretwegen, für Sie, um einmal mit Ihnen sprechen zu können, habe ich Russisch gelernt.«

Sie bestätigte ihm, dass er vorzüglich spreche, so als hätte er seinen inhaltsschweren Satz nur gesprochen, um seine sprachlichen Fähigkeiten zu beweisen. Auf diese Weise verwandelte sie sein Geständnis in eine bedeutungslose Stilübung. Aber gerade diese ihre Antwort bewies ihm, dass sie ihn gut verstanden habe.

Nun will ich gehen, dachte er. Er stand auch sofort auf. Und ohne ihre Einladung abzuwarten und wohl wissend, dass sie seine Unhöflichkeit richtig deuten würde, sagte er: »Ich komme in der nächsten Zeit wieder!« – Sie antwortete nicht. Er küsste ihre Hand und ging.

VIII

Er ging – und zweifelte nicht mehr daran, dass sein Geschick anfing, sich zu erfüllen. Es ist ein Gesetz, sagte er sich. Es ist unmöglich, dass ein Mensch einem andern so unwiderstehlich entgegengetrieben wird und dass der andere zugeschlossen bleibt. Sie fühlt, was ich fühle. Wenn sie mich noch nicht liebt, so wird sie mich bald lieben.

Mit der gewohnten sicheren Solidität des Beamten und Offiziers erledigte Fallmerayer seine Obliegenheiten. Er beschloss, vorläufig zwei Wochen Urlaub zu nehmen, zum ersten Mal, seitdem er eingerückt war. Seine Ernennung zum Oberleutnant musste in einigen Tagen erfolgen. Diese wollte er noch abwarten.

Zwei Tage später fuhr er noch einmal nach Solowki. Man sagte ihm, die Gräfin Walewska sei nicht zu Hause und würde vor Mittag nicht erwartet. »Nun«, sagte er, »so werde ich im Garten so lange bleiben.« Und da man nicht wagte, ihn hinauszuweisen, ließ man ihn in den Garten hinter dem Hause.

Er sah zu den zwei Reihen der Fenster hinauf. Er vermutete, dass die Gräfin zu Hause war und sich verleugnen ließ. In der Tat glaubte er, bald hinter diesem, bald hinter jenem Fenster den Schimmer eines hellen Kleides zu sehen. Er wartete geduldig und geradezu gelassen.

Als es zwölf Uhr vom nahen Kirchturm schlug, ging er wieder ins Haus. Frau Walewska war da. Sie kam gerade die Treppe herunter, in einem schwarzen, engen und hochgeschlossenen Kleid, eine dünne Schnur kleiner Perlen um den Kragen und ein silbernes Armband um die enge linke Manschette. Es schien Fallmerayer, dass sie sich seinetwegen gepanzert hatte – und es war, als ob das Feuer, das ewig in seinem Herzen für sie brannte, noch ein neues, ein besonderes, kleines Feuerchen geboren habe. Neue Lichter zündete die Liebe an. Fallmerayer lächelte. »Ich habe lange warten müssen«, sagte er, »aber ich habe gern gewartet, wie Sie wissen. Ich

habe hinten im Garten zu den Fenstern hinaufgeschaut
und habe mir eingebildet, dass ich das Glück habe, Sie zu
sehn. So ist mir die Zeit vergangen.«

Ob er essen wolle, fragte die Gräfin, da es gerade Zeit
sei. Gewiss, sagte er, er habe Hunger. Aber von den drei
Gängen, die man dann servierte, nahm er nur die lächer-
lichsten Brocken.

Die Gräfin erzählte vom Ausbruch des Krieges. Wie
sie in höchster Eile aus Kairo nach Hause heimgekehrt
seien. Vom Garderegiment ihres Mannes. Von dessen
Kameraden. Von ihrer Jugend hierauf. Von Vater und
Mutter. Von der Kindheit dann. Es war, als suchte sie
sehr krampfhaft nach Geschichten und als wäre sie sogar
bereit, etwelche zu erfinden – alles nur, um den ohnehin
schweigsamen Fallmerayer nicht sprechen zu lassen. Er
strich seinen kleinen, blonden Schnurrbart und schien
genau zuzuhören. Er aber hörte viel stärker auf den Duft,
den die Frau ausströmte, als auf die Reden, die sie führte.
Seine Poren lauschten. Und im Übrigen: Auch ihre Worte
dufteten, ihre Sprache. Alles, was sie erzählen konnte, erriet er ohnedies. Nichts von ihr konnte ihm verborgen
bleiben. Was konnte sie ihm verbergen? Ihr strenges
Kleid schützte ihren Körper keineswegs vor seinem wis-
senden Blick. Er fühlte die Sehnsucht seiner Hände nach
ihr, das Heimweh seiner Hände nach der Frau. Als sie
aufstanden, sagte er, dass er noch zu bleiben gedenke,
Urlaub habe er heute, einen viel längeren Urlaub nehme
er in einigen Tagen, sobald er Oberleutnant geworden
sei. Wohin er fahren wolle?, fragte die Gräfin. »Nirgend-
wohin!«, sagte Fallmerayer. »Bei Ihnen will ich bleiben!«
Sie lud ihn ein, zu bleiben, solange er wolle – heute und
später. Jetzt müsse sie ihn allein lassen und sich im Hause
ein wenig umsehen. Wolle er kommen – es gäbe Zimmer

genug im Hause – und so viele, dass sie es nicht nötig hätten, einander zu stören.

Er verabschiedete sich. Da sie nicht mit ihm bleiben könne, sagte er, zöge er es vor, in die Stadt zurückzukehren.

Als er in den Wagen stieg, wartete sie auf der Schwelle, im strengen schwarzen Kleid, mit ihrem weiten, hellen Antlitz darüber – und während er die Peitsche ergriff, hob sie sachte die Hand zu einem halben, gleichsam angestrengt gezügelten Gruß.

IX

Ungefähr eine Woche nach diesem Besuch erhielt der neu ernannte Oberleutnant Adam Fallmerayer seinen Urlaub. Allen Kameraden sagte er, er wolle nach Hause fahren. Indessen begab er sich in das Herrenhaus der Walewskis, bezog ein Zimmer im Parterre, das man für ihn vorbereitet hatte, aß jeden Tag mit der Frau des Hauses, sprach mit ihr über dies und jenes, Gleichgültiges und Fernes, erzählte von der Front und gab nie acht auf den Inhalt seiner Rede, ließ sich erzählen und hörte nicht zu. In der Nacht schlief er nicht, schlief er ebenso wenig wie vor Jahren daheim im Stationsgebäude, während der sechs Tage, an denen die Gräfin über ihm, in seinem Zimmer, genächtigt hatte. Auch heute ahnte er sie in den Nächten über sich, über seinem Haupt, über seinem Herzen.

Eines Nachts, es war schwül, ein linder, guter Regen fiel, erhob sich Fallmerayer, kleidete sich an und trat vor das Haus. Im geräumigen Treppenhaus brannte eine

gelbe Petroleumlaterne. Still war das Haus, still war die
Nacht, still war der Regen, er fiel wie auf zarten Sand,
und sein eintöniges Singen war der Gesang der nächtlichen Stille selbst. Auf einmal knarrte die Treppe. Fallmerayer hörte es, obwohl er sich vor dem Tor befand. Er sah
sich um. Er hatte das schwere Tor offengelassen. Und er
sah die Gräfin Walewska die Treppen hinuntersteigen.
Sie war vollkommen angezogen, wie bei Tag. Er verneigte
sich, ohne ein Wort zu sagen. Sie kam nahe zu ihm heran. So blieben sie, stumm, ein paar Sekunden. Fallmerayer hörte sein Herz klopfen. Auch war ihm, als klopfte
das Herz der Frau so laut wie das seine – und im gleichen
Takt mit diesem. Schwül schien auf einmal die Luft
geworden zu sein, kein Zug kam durch das offene Tor.
Fallmerayer sagte: »Gehen wir durch den Regen, ich hole
Ihnen den Mantel!« Und ohne eine Zustimmung abzuwarten, stürzte er in sein Zimmer, kam mit dem Mantel
zurück, legte ihn der Frau um die Schultern, wie er ihr
einmal den Pelz umgelegt hatte, damals, an dem unver-
gesslichen Abend der Katastrophe, und hierauf den Arm
um den Mantel. Und so gingen sie in die Nacht und in
den Regen.

Sie gingen die Allee entlang, trotz der nassen Finsternis leuchteten silbern die dünnen, schütteren Stämme
wie von einem im Innern entzündeten Licht. Und als er-
weckte dieser silberne Glanz der zärtlichsten Bäume der
Welt Zärtlichkeit im Herzen Fallmerayers, drückte er
seinen Arm fester um die Schulter der Frau, spürte durch
den harten, durchnässten Stoff des Mantels die nachgiebige Güte des Körpers, für eine Weile schien es ihm, dass
sich ihm die Frau zuneige, ja, dass sie sich an ihn
schmiege, und doch war einen hurtigen Augenblick später wieder geraumer Abstand zwischen ihren Körpern.

Seine Hand verließ ihre Schultern, tastete sich empor zu
ihrem nassen Haar, strich über ihr nasses Ohr, berührte
ihr nasses Angesicht. Und im nächsten Augenblick blieben sie beide gleichzeitig stehn, wandten sich einander
zu, umfingen sich, der Mantel sank von ihren Schultern
nieder und fiel taub und schwer auf die Erde – und so,
mitten in Regen und Nacht, legten sie Gesicht an Gesicht,
Mund an Mund und küssten sich lange.

X

Einmal sollte Oberleutnant Fallmerayer nach Shmerinka
versetzt werden, aber es gelang ihm, mit vieler Anstrengung, zu bleiben. Fest entschlossen war er zu bleiben. Jeden Morgen, jeden Abend segnete er den Krieg und die
Okkupation. Nichts fürchtete er mehr als einen plötzlichen Frieden. Für ihn war der Graf Walewski seit Langem tot, an der Front gefallen oder von meuternden kom-
munistischen Soldaten umgebracht. Ewig hatte der Krieg
zu währen, ewig der Dienst Fallmerayers an diesem Ort,
in dieser Stellung.
     Nie mehr Frieden auf Erden.
     Dem Übermut war Fallmerayer eben anheimgefallen,
wie es manchen Menschen geschieht, denen das Über-
maß ihrer Leidenschaft die Sinne blendet, die Einsicht
raubt, den Verstand betört. Allein, schien es ihm, sei er
auf der Erde, er und der Gegenstand seiner Liebe. Selbstverständlich aber ging, unbekümmert um ihn, das große
und verworrene Schicksal der Welt weiter. Die Revolu-
tion kam. Der Oberleutnant und Liebhaber Fallmerayer
hatte sie keineswegs erwartet.

Doch schärfte, wie es in höchster Gefahr zu geschehen
pflegt, der heftige Schlag der außergewöhnlichen Schick-
salsstunde auch seine eingeschläferte Vernunft, und mit
verdoppelter Wachsamkeit erkannte er schnell, dass es
galt, das Leben der geliebten Frau, sein eigenes und vor
allem ihrer beider Gemeinsamkeit zu retten. Und da
ihm, mitten in der Verwirrung, welche die plötzlichen
Ereignisse angerichtet hatten, dank seiner militärischen
Grade und der besonderen Dienste, die er versah, immer
noch einige, fürs Erste genügende Hilfs- und sogar
Machtmittel verblieben waren, bemühte er sich, diese
schnell zu nutzen; und also gelang es ihm, innerhalb der
ersten paar Tage, in denen die österreichische Armee
zerfiel, die deutsche sich aus der Ukraine zurückzog, die
russischen Roten ihren Einmarsch begannen und die
neuerlich revoltierenden Bauern gegen die Gutshöfe
ihrer bisherigen Herren mit Brand und Plünderung an-
rückten, zwei gut geschützte Autos der Gräfin Walewska
zur Verfügung zu stellen, ein halbes Dutzend ergebener
Mannschaften mit Gewehren und Munition und einem
Mundvorrat für ungefähr eine Woche.

Eines Abends – die Gräfin weigerte sich immer noch,
ihren Hof zu verlassen – erschien Fallmerayer mit den
Wagen und seinen Soldaten und zwang seine Geliebte
mit heftigen Worten und beinahe mit körperlicher Gewalt, den Schmuck, den sie im Garten vergraben hatte,
zu holen und sich zur Abreise fertig zu machen. Das dauerte eine ganze Nacht. Als der trübe und feuchte Spät-
herbstmorgen zu grauen begann, waren sie fertig, und
die Flucht konnte beginnen. In dem geräumigeren, von
Zeltleinwand überdachten Auto befanden sich die Soldaten. Ein Militärchauffeur lenkte das Personenautomo-
bil, das dem ersten folgte und in dem die Gräfin und

Fallmerayer saßen. Sie hatten beschlossen, nicht west-
wärts zu fahren, wie damals alle Welt tat, sondern südlich. Man konnte mit Sicherheit annehmen, dass alle
Straßen des Landes, die nach dem Westen führten, von
rückflutenden Truppen verstopft sein würden. Und wer
weiß, was man noch an den Grenzen der neu entstande-
nen westlichen Staaten zu erwarten hatte! Möglich war
immerhin – und wie es sich später zeigte, war es sogar
Tatsache –, dass man an den westlichen Grenzen des
Russischen Reiches neue Kriege angefangen hatte. In der
Krim und im Kaukasus hatte die Gräfin Walewska
außerdem reiche und mächtige Anverwandte. Hilfe war
von ihnen selbst unter diesen veränderten Verhältnissen
immerhin noch zu erwarten, sollte man ihrer bedürftig
werden. Und was das Wichtigste war: Ein kluger Instinkt
sagte den beiden Liebenden, dass in einer Zeit, in der das
wahrhaftige Chaos auf der ganzen Erde herrschte, das
ewige Meer die einzige Freiheit bedeuten müsse. An das
Meer wollten sie zuallererst gelangen. Sie versprachen
den Männern, die sie bis zum Kaukasus begleiten sollten,
jedem eine ansehnliche Summe in purem Gold. Und
wohlgemut, wenn auch in natürlicher Aufregung, fuhren
sie dahin.

Da Fallmerayer alles sehr wohl vorbereitet und auch
jeden möglichen und unwahrscheinlichen Zufall im
Voraus berechnet hatte, gelang es ihnen, innerhalb einer
sehr kurzen Frist – vier Tage waren es im Ganzen – nach
Tiflis zu kommen. Hier entließen sie die Begleiter, zahl-
ten ihnen den ausgemachten Lohn und behielten lediglich den Chauffeur bis Baku. Auch nach dem Süden und
nach der Krim hatten sich viele Russen aus den adligen
und gutbürgerlichen Schichten geflüchtet. Man vermied,
obwohl man es sich vorgenommen hatte, Verwandte zu

treffen, von Bekannten gesehen zu werden. Vielmehr bemühte sich Fallmerayer, ein Schiff zu finden, das ihn und
seine Geliebte unmittelbar von Baku nach dem nächsten
Hafen eines weniger gefährdeten Landes bringen konnte.
Dabei ließ es sich nicht vermeiden, dass man andre, mit
den Walewskis mehr oder weniger bekannte Familien
traf, die ebenfalls, wie Fallmerayer, nach einem retten-
den Schiff Ausschau hielten – und dass die Gräfin über
die Person Fallmerayers wie über ihre Beziehungen zu
ihm lügenhafte Auskünfte geben musste. Schließlich sah
man ein, dass man nur in Gemeinschaft mit den andern
die geplante Art der Flucht bewerkstelligen konnte. Man
einigte sich also mit acht andern, die Russland auf dem
Seewege verlassen wollten, fand schließlich einen zuverlässigen Kapitän eines etwas gebrechlich aussehenden
Dampfers und fuhr zuerst nach Konstantinopel, von wo
aus regelmäßige Schiffe nach Italien und Frankreich immer noch abgingen.

Drei Wochen später gelangte Fallmerayer mit seiner
geliebten Frau nach Monte Carlo, wo die Walewskis vor
dem Kriege eine kleine Villa gekauft hatten. Und nun
glaubte sich Fallmerayer auf dem Höhepunkt seines
Glücks und seines Lebens. Von der schönsten Frau der
Welt wurde er geliebt. Mehr noch: Er liebte die schönste
Frau der Welt. Neben ihm war sie jetzt ständig, wie ihr
starkes Abbild jahrelang in ihm gelebt hatte. In ihr lebte
er jetzt selbst. In ihren Augen sah er stündlich sein eigenes Spiegelbild, wenn er ihr nahe kam – und kaum gab es
eine Stunde im Tag, in der sie beide einander nicht ganz
nahe waren. Diese Frau, die kurze Zeit vorher noch zu
hochmütig gewesen wäre, um dem Wunsch ihres Herzens oder ihrer Sinne zu gehorchen: Diese Frau war nun
ohne Ziel und ohne Willen ausgeliefert der Leidenschaft

Fallmerayers, eines Stationschefs der österreichischen
Südbahn, sein Kind war sie, seine Geliebte, seine Welt.
Wunschlos wie Fallmerayer war die Gräfin Walewska.
Der Sturm der Liebe, der seit der Schicksalsnacht, in der
sich die Katastrophe auf der Station L. zugetragen hatte,
im Herzen Fallmerayers zu wachsen angefangen hatte,
nahm die Frau mit, trug sie davon, entfernte sie tausend
Meilen weit von ihrer Herkunft, von ihren Sitten, von der
Wirklichkeit, in der sie gelebt hatte. In ein wildfremdes
Land der Gefühle und Gedanken wurde sie entführt.
Und dieses Land war ihre Heimat geworden. Was alles in
der großen, ruhelosen Welt vorging, bekümmerte die
beiden nicht. Das Gut, das sie mitgenommen hatte, si-
cherte ihnen auf mehrere Jahre hinaus ein arbeitsloses
Leben. Auch machten sie sich keine Sorgen um die Zukunft. Wenn sie den Spielsaal besuchten, geschah es aus
Übermut. Sie konnten es sich leisten, Geld zu verlieren –
und sie verloren in der Tat, wie um dem Sprichwort gerecht zu werden, das sagt, wer Glück in der Liebe habe,
verliere im Spiel. Über den Verlust waren beide beglückt;
als bedürften sie noch des Aberglaubens, um ihrer Liebe
sicher zu sein. Aber wie alle Glücklichen waren sie geneigt, ihr Glück auf eine Probe zu stellen, um es, be-
währte es sich, womöglich zu vergrößern.

XI

Hatte die Gräfin Walewska auch ihren Fallmerayer ganz
für sich, so war sie doch – wie es sonst nur wenige Frauen
können – keineswegs imstande, längere Zeit zu lieben,
ohne den Verlust des Geliebten zu fürchten (denn es ist

oft die Furcht der Frauen, sie könnten den geliebten Mann verlieren, die ihre Leidenschaft steigert und ihre Liebe). So begann sie denn eines Tages, obwohl Fallmerayer keinen Anlass dazu gegeben hatte, von ihm zu fordern, er möge sich von seiner Frau scheiden lassen und auf Kinder und Amt verzichten. Sofort schrieb Adam Fallmerayer seinem Vetter Heinrich, der ein höheres Amt im Wiener Unterrichtsministerium bekleidete, dass er seine frühere Existenz endgültig aufgegeben habe. Da er aber nach Wien nicht kommen wolle, möge, wenn dies überhaupt möglich, ein geschickter Advokat die Scheidung veranlassen. Ein merkwürdiger Zufall – so erwiderte ein paar Tage später der Vetter Heinrich – habe es gefügt, dass Fallmerayer schon vor mehr als zwei Jahren in der Liste der Vermissten gestanden habe. Da er auch niemals habe von sich hören lassen, sei er von seiner Frau und von seinen wenigen Blutsverwandten bereits zu den Toten gezählt worden. Längst verwaltete ein neuer Stationschef die Station L. Längst habe Frau Fallmerayer mit den Zwillingen Wohnung bei ihren Eltern in Brunn genommen. Am besten sei es, man schweige weiter, vorausgesetzt, dass Fallmerayer bei den ausländischen Vertretungen Österreichs keine Schwierigkeiten habe, was den Pass und dergleichen betreffe.

Fallmerayer dankte seinem Vetter, versprach, ihm allein fernerhin zu schreiben, bat um Verschwiegenheit und zeigte den Briefwechsel der Geliebten. Sie war beruhigt. Sie zitterte nicht mehr um Fallmerayer. Allein einmal von der rätselhaften Angst befallen, welche die Natur in die Seelen der so stark liebenden Frauen gesät hat (vielleicht, wer weiß, um den Bestand der Welt zu sichern), forderte die Gräfin Walewska von ihrem Geliebten ein Kind – und seit der Minute, in der dieser Wunsch

in ihr aufgetaucht war, begann sie, sich den Vorstellun-
gen von der vorzüglichen Beschaffenheit dieses Kindes
zu ergeben; gewissermaßen sich der unerschütterlichen
Hingabe an dieses Kind zu weihen. Unbedacht, leichtsinnig, beschwingt, wie sie war, erblickte sie in ihrem Geliebten, dessen maßlose Liebe ja erst ihre schöne, natür-
liche Unbesonnenheit geweckt hatte, dennoch das
Muster der vernünftigen, maßvollen Überlegenheit. Und
nichts erschien ihr wichtiger, als ein Kind in die Welt zu
setzen, das ihre eigenen Vorzüge mit den unübertreff-
lichen ihres geliebten Mannes vereinigen sollte.

Sie wurde schwanger. Fallmerayer, wie alle verliebten
Männer dem Schicksal dankbar wie der Frau, die es erfüllen half, konnte sich vor Freude nicht lassen. Keine Grenzen mehr hatte seine Zärtlichkeit. Unwiderleglich bestä-
tigt sah er seine eigene Persönlichkeit und seine Liebe.
Erfüllung wurde ihm jetzt erst. Das Leben hatte noch gar
nicht begonnen. In sechs Monaten erwartete man das
Kind. Erst in sechs Monaten sollte das Leben beginnen.

Indessen war Fallmerayer fünfundvierzig Jahre alt geworden.

XII

Da erschien eines Tages in der Villa der Walewskis ein
Fremder, ein Kaukasier namens Kirdza-Schwili, und teilte
der Gräfin mit, dass der Graf Walewski dank einem glücklichen Geschick und wahrscheinlich gerettet durch ein
besonders geweihtes, im Kloster von Pokroschni geweihtes Bildnis des heiligen Prokop der Unbill des Krieges wie
den Bolschewiken entronnen und auf dem Wege nach

Monte Carlo begriffen sei. In ungefähr vierzehn Tagen sei er zu erwarten. Er, der Bote, früherer Ataman Kirdza-Schwili, sei auf dem Wege nach Belgrad, im Auftrag der zaristischen Gegenrevolution. Seines Auftrages habe er sich nunmehr entledigt. Er wolle gehn.

Dem Fremden stellte die Gräfin Walewska Fallmerayer als den getreuen Verwalter des Hauses vor. Während der Anwesenheit des Kaukasiers schwieg Fallmerayer. Er begleitete den Gast ein Stück Weges. Als er zurückkam, fühlte er zum ersten Mal in seinem Leben einen scharfen, jähen Stich in der Brust.

Seine Geliebte saß am Fenster und las.

»Du kannst ihn nicht empfangen!«, sagte Fallmerayer. »Fliehen wir!«

»Ich werde ihm die ganze Wahrheit sagen«, erwiderte sie. »Wir warten!«

»Du hast ein Kind von mir!«, sagte Fallmerayer, »eine unmögliche Situation.«

»Du bleibst hier, bis er kommt! Ich kenne ihn! Er wird alles verstehn!«, antwortete die Frau.

Sie sprachen seit dieser Stunde nicht mehr über den Grafen Walewski. Sie warteten.

Sie warteten, bis eines Tages eine Depesche von ihm eintraf. An einem Abend kam er. Sie holten ihn beide von der Bahn ab.

Zwei Schaffner hoben ihn aus dem Waggon, und ein Gepäckträger brachte einen Rollstuhl herbei. Man setzte ihn in den Rollstuhl. Er hielt sein gelbes, knochiges, gestrecktes Angesicht seiner Frau entgegen, sie beugte sich über ihn und küsste ihn. Mit langen, blau gefrorenen, knöchernen Händen versuchte er, immer wieder umsonst, zwei braune Decken über seine Beine zu ziehen. Fallmerayer half ihm.

Fallmerayer sah das Angesicht des Grafen, ein läng-
liches, gelbes, knöchernes Angesicht, mit scharfer Nase,
hellen Augen, schmalem Mund, darüber einen herab-
hängenden schwarzen Schnurrbart. Man rollte den Grafen wie eines der vielen Gepäckstücke den Perron entlang. Seine Frau ging hinter dem Wagen her, Fallmerayer
voran.

Man musste ihn – Fallmerayer und der Chauffeur –
ins Auto heben. Der Rollwagen wurde auf das Dach des
Autos verladen.

Man musste ihn in die Villa hineintragen. Fallmerayer
hielt den Kopf und die Schultern, der Diener die Füße.

»Ich bin hungrig«, sagte der Graf Walewski.

Als man den Tisch richtete, erwies es sich, dass Walewski nicht allein essen konnte. Seine Frau musste ihn
füttern. Und als, nach einem grausam schweigenden
Mahl, die Stunde des Schlafs nahte, sagte der Graf:

»Ich bin schläfrig. Legt mich ins Bett.«

Die Gräfin Walewska, der Diener und Fallmerayer
trugen den Grafen in sein Zimmer im ersten Stock, wo
man ein Bett bereitet hatte.

»Gute Nacht!«, sagte Fallmerayer. Er sah noch, wie
seine Geliebte die Kissen zurechtrückte und sich an den
Rand des Bettes setzte.

XIII

Hierauf reiste Fallmerayer ab; man hat nie mehr etwas von
ihm gehört.

Die Büste des Kaisers

Novelle

(1935)

I

Im früheren Ostgalizien, im heutigen Polen, sehr ferne
der einzigen Eisenbahnlinie, der Przemysl und Brody
verbindet, liegt das Dörfchen Lopatyny, von dem ich im
Folgenden eine merkwürdige Geschichte zu erzählen gedenke.

Mögen die Leser freundlicherweise dem Erzähler
nachsehen, dass er den Tatsachen, die er mitzuteilen hat,
eine historisch-politische Erläuterung vorausschickt.
Die unnatürlichen Launen, welche die Weltgeschichte in
der letzten Zeit gezeigt hat, zwingen ihn zu dieser Erläuterung.

Denn die Jüngeren unter seinen Lesern bedürfen vielleicht der Erklärung, dass ein Teil des Gebietes im Osten,
das heute zur polnischen Republik gehört, bis zum Ende
des großen Krieges, den man den Weltkrieg nennt, eines
der vielen Kronländer der alten österreichisch-ungarischen Monarchie gewesen ist.

In dem Dorfe Lopatyny also lebte der Nachkomme
eines alten polnischen Geschlechts, der Graf Franz Xaver
Morstin – eines Geschlechtes, das (nebenbei gesagt) aus
Italien stammte und im sechzehnten Jahrhundert nach
Polen gekommen war. Der Graf Morstin hatte als junger
Mann bei den Neuner-Dragonern gedient. Er betrachtete

sich weder als einen Polen noch als einen Italiener, weder als einen polnischen Aristokraten noch als einen Aristokraten italienischer Abkunft. Nein: Wie so viele seiner Standesgenossen in den früheren Kronländern der österreichisch-ungarischen Monarchie war er einer der edelsten und reinsten Typen des Österreichers schlechthin, das heißt also: ein übernationaler Mensch und also ein Adeliger echter Art. Hätte man ihn zum Beispiel gefragt – aber wem wäre eine so sinnlose Frage eingefallen? –, welcher »Nation« oder welchem Volke er sich zugehörig fühle: Der Graf wäre ziemlich verständnislos, sogar verblüfft vor dem Frager geblieben und wahrscheinlich auch gelangweilt und etwas indigniert. Nach welchen Anzeichen auch hätte er seine Zugehörigkeit zu dieser oder jener Nation bestimmen sollen? – Er sprach fast alle europäischen Sprachen gleich gut, er war fast in allen europäischen Ländern heimisch, seine Freunde und Verwandten lebten verstreut in der weiten und bunten Welt. Ein kleineres Abbild der bunten Welt war eben die kaiser- und königliche Monarchie, und deshalb war sie die einzige Heimat des Grafen. Einer seiner Schwäger war Bezirkshauptmann in Sarajevo, ein anderer Statthaltereirat in Prag, einer seiner Brüder diente als Oberleutnant der Artillerie in Bosnien, einer seiner Vettern war Botschaftsrat in Paris, ein anderer Grundbesitzer im ungarischen Banat, ein dritter stand in diplomatischen Diensten Italiens, ein vierter lebte aus purer Neigung zum Fernen Osten seit Jahren in Peking. Von Zeit zu Zeit pflegte Franz Xaver seine Verwandten zu besuchen, häufiger natürlich jene, die innerhalb der Monarchie wohnten. Es waren, wie er zu sagen pflegte, seine privaten »Inspektionsreisen«. Sie waren nicht nur den Verwandten, sondern auch den Freunden zugedacht, einigen früheren

Mitschülern der Theresianischen Akademie, die in Wien
lebten. Hier hielt sich der Graf Morstin zweimal im Jahr,
Sommer und Winter, (zwei Wochen und länger) auf.
Wenn er so kreuz und quer durch die Mitte seines viel-
fältigen Vaterlandes fuhr, so behagten ihm vor allem jene
ganz spezifischen Kennzeichen, die sich in ihrer ewig
gleichen und dennoch bunten Art an allen Stationen, an
allen Kiosken, in allen öffentlichen Gebäuden, Schulen
und Kirchen aller Kronländer des Reiches wiederholten.
Überall trugen die Gendarmen den gleichen Federhut
oder den gleichen lehmfarbenen Helm mit goldenem
Knauf und dem blinkenden Doppeladler der Habsburger; überall waren die hölzernen Türen der k. u. k. Tabaktrafiken mit schwarz-gelben Diagonalstreifen bemalt;
überall trugen die Finanzer die gleichen grünen (beinahe
blühenden) Portepees an den blanken Säbeln; in jeder
Garnison gab es die gleichen blauen Uniformblusen und
die schwarzen Salonhosen der flanierenden Infanterieof-
fiziere auf dem Korso, die gleichen roten Hosen der Ka-
valleristen, die gleichen kaffeebraunen Röcke der Artillerie; überall in diesem großen und bunten Reich wurde
jeden Abend gleichzeitig, wenn die Uhren von den Kirch-
türmen neun schlugen, der gleiche Zapfenstreich gebla-
sen, bestehend aus heiter tönenden Fragen und wehmütigen Antworten. Überall gab es die gleichen Kaffeehäuser
mit den verrauchten Wölbungen, den dunklen Nischen,
in denen Schachspieler wie merkwürdige Vögel hockten,
mit den Büffets voll farbiger Flaschen und glitzernder
Gläser, die von goldblonden und vollbusigen Kassiere-
rinnen verwaltet wurden. Fast überall, in allen Kaffee-
häusern des Reiches, schlich, die Knie schon etwas zitt-
rig, auf aufwärts gestreckten Füßen, die Serviette im
Arm, der backenbärtige Zahlkellner, fernes, demütiges

Abbild der alten Diener Seiner Majestät, des hohen
backenbärtigen Herrn, dem alle Kronländer, all die
Gendarmen, all die Finanzer, all die Tabaktrafiken, all
die Schlagbäume, all die Eisenbahnen, all die Völker gehörten. Und man sang in jedem Land andere Lieder;
und in jedem Land trugen die Bauern eine andere Kleidung; und in jedem Land sprach man eine andere und
einige verschiedene Sprachen. Und was den Grafen so
entzückte, war das feierliche und gleichzeitig fröhliche
Schwarz-Gelb, das mitten unter den verschiedenen Farben traulich leuchtete; das ebenfalls feierliche und heitere »Gott erhalte«, das heimisch war unter allen Volks-
liedern, das ganz besondere, nasale, nachlässige, weiche
und an die Sprache des Mittelalters erinnernde Deutsch
des Österreichers, das immer wieder hörbar wurde unter
den verschiedenen Idiomen und Dialekten der Völker.
Wie jeder Österreicher jener Zeit liebte Morstin das Bleibende im unaufhörlich Wandelbaren, das Gewohnte im
Wechsel und das Vertraute inmitten des Ungewohnten.
So wurde ihm das Fremde heimisch, ohne seine Farbe
zu verlieren, und so hatte die Heimat den ewigen Zauber
der Fremde.

In seinem Dorf Lopatyny war der Graf mehr als jede
amtliche Instanz, die die Bauern und die Juden kannten
und fürchteten, mehr als der Richter im nächsten Kreis-
städtchen, mehr als der Bezirkshauptmann dortselbst,
mehr als einer der höheren Offiziere, die jedes Jahr bei
den Manövern die Truppen befehligten, Hütten und
Häuser zu Quartieren machten und überhaupt jene besondere kriegerische Macht des Manövers repräsentier-
ten, die imposanter ist als die kriegerische Macht im
wirklichen Krieg. Es schien den Leuten in Lopatyny,
dass ein »Graf« nicht etwa nur ein Adelstitel sei, sondern

auch ein ganz hoher Amtstitel. Die Wirklichkeit gab ihnen auch nicht unrecht. Denn der Graf Morstin konnte vermöge seines selbstverständlichen Ansehens Steuern ermäßigen, die kränklichen Söhne mancher Juden vom Militärdienst befreien, Gnadengesuche befördern, unschuldig oder zu hart Verurteilten die Strafe erleichtern, Fahrpreisermäßigungen für Arme auf der Eisenbahn durchsetzen, Gendarmen, Polizisten und Beamte, die ihre Befugnisse überschritten, einer gerechten Strafe zuführen, Lehramtskandidaten, die auf eine Stellung warteten, zu Gymnasialsupplenten machen, ausgediente Unteroffiziere zu Trafikanten, Geldbriefträgern und Telegrafisten, studierende Söhne armer Bauern und Juden zu »Stipendiaten«. Wie gerne erledigte er dies alles! Er war in der Tat eine vom Staat nicht vorgesehene Instanz, die gewiss mehr beschäftigt war als die meisten staatlichen Ämter, bei denen er vorzusprechen und zu vermitteln hatte. Um seinen Pflichten zu genügen, beschäftigte er zwei Sekretäre und drei Schreiber. Außerdem, der Tradition seines Hauses getreu, übte er »herrschaftliche Wohltätigkeit« – wie man im Dorfe sagte. Seit mehr als hundert Jahren versammelten sich jeden Freitag vor dem Balkon des Hauses Morstin Landstreicher und Bettler aus der Gegend, um von den Lakaien in Papier gewickelte Kupfermünzen entgegenzunehmen. Gewöhnlich erschien der Graf auf dem Balkon und begrüßte die Armen. Und es war, als dankte er den Bettlern, die ihm dankten; als tauschten Geber und Nehmer Dankbarkeit aus.

Nebenbei gesagt: Es war nicht immer die Güte des Herzens, die alle diese Wohltätigkeit gebar, sondern eines jener ungeschriebenen Gesetze so mancher noblen Familien. Ihre Urahnen mochten noch vor Jahrhunder-

ten aus purer Liebe zum Volk Wohltaten, Hilfe und
Unterstützung ausgeübt haben. Allmählich aber, im
Wandel der Geschlechter, war diese Güte gewissermaßen
zu Pflicht und Überlieferung gefroren und erstarrt. Im
Übrigen war die heftige Hilfsbereitschaft des Grafen
Morstin seine einzige Tätigkeit und seine Zerstreuung.
Sie gab seinem ziemlich müßigen Leben eines Grandsei-
gneurs, den, zum Unterschied von seinen Nachbarn und
Standesgenossen, nicht einmal die Jagd interessierte, ein
Ziel und einen Inhalt und eine ständig wohltuende Be-
stätigung seiner Macht. Hatte er diesem eine Tabaktra-
fik, jenem eine Lizenz, dem dritten einen Posten, dem
vierten eine Audienz verschafft, so fühlte er sein Gewissen, aber auch seinen Stolz befriedigt. Misslang ihm aber
eine Vermittlung für den und jenen seiner Schutzbefoh-
lenen, so war sein Gewissen unruhig und sein Stolz verletzt. Und er gab nicht nach, und er appellierte an alle In-
stanzen, bis er seinen Willen, das heißt: den seiner
Protektionskinder, durchgesetzt hatte. Deswegen liebte
und verehrte ihn die Bevölkerung. Denn das Volk hat
keine richtige Vorstellung von den Beweggründen, die
einen mächtigen Mann dazu führen, den Kleinen und
Ohnmächtigen zu helfen. Es will einfach einen »guten
Herrn« sehn – und es ist oft edelmütiger in seinem kindlichen Vertrauen zum Mächtigen als dieser, in dem es
immer gläubig den Edelmütigen sieht. Es ist der tiefste
und edelste Wunsch des Volkes, den Mächtigen gerecht
und adelig zu wissen. Darum rächt es sich so grausam,
wenn die Herren es enttäuschen – einem Kinde gleich,
das zum Beispiel seine Spielzeuglokomotive vollends zer-
bricht, wenn sie einmal versagt hat. Deshalb gebe man
dem Volk stabile Spielzeuge wie den Kindern und ge-
rechte Mächtige.

Derlei Erwägungen hatte der Graf Morstin gewiss nicht, wenn er Protektion, Güte und Gerechtigkeit übte. Aber diese Erwägungen, die vielleicht den und jenen seiner Vorfahren zur Ausübung der Güte, Barmherzigkeit und Gerechtigkeit geführt hatten, wirkten lebendig im Blut – oder, wie man heutzutage sagt: im »Unterbewusstsein« des Enkels.

Und ebenso wie er den Schwächeren zu helfen sich verpflichtet fühlte, ebenso empfand er Hochachtung, Respekt und Gehorsam gegenüber denjenigen, die höhergestellt waren als er. Die Person Seiner kaiser- und königlichen Majestät, der er gedient hatte, war für ihn immer eine außerhalb alles Gewöhnlichen bleibende Erscheinung. Es wäre dem Grafen zum Beispiel unmöglich gewesen, den Kaiser als einen Menschen schlechthin zu sehn. Der Glaube an die überlieferte Hierarchie war so sesshaft und stark in der Seele Franz Xavers, dass er den Kaiser nicht etwa wegen seiner menschlichen, sondern wegen seiner kaiserlichen Eigenschaften liebte. Er gab jeden Verkehr mit Freunden, Bekannten und Verwandten auf, wenn sie in seiner Anwesenheit ein seiner Ansicht nach respektloses Wort über den Kaiser fallenließen. Vielleicht ahnte er damals schon, lange vor dem Untergang der Monarchie, dass leichtfertige Witze tödlicher sein können als die Attentate der Verbrecher und die feierlichen Reden ehrgeiziger und rebellischer Weltverbesserer. Dann hätte allerdings die Weltgeschichte den Ahnungen des Grafen Morstin recht gegeben. Denn die alte österreichisch-ungarische Monarchie starb keineswegs an dem hohlen Pathos der Revolutionäre, sondern an der ironischen Ungläubigkeit derer, die ihre gläubigen Stützen hätten sein sollen.

II

Eines Tages, es war ein paar Jahre vor dem großen Krieg,
den man den Weltkrieg nennt, wurde dem Grafen Morstin »vertraulich« mitgeteilt, dass die nächsten Kaisermanöver in Lopatyny und Umgebung stattfinden würden.
Ein paar Tage, eine Woche oder länger, sollte der Kaiser
in seinem Hause wohnen. Und Morstin geriet in eine
wahre Aufregung, fuhr zum Bezirkshauptmann, verhan-
delte mit den zivilen politischen Behörden und den Ge-
meindebehörden des nächsten Städtchens, ließ den Polizisten und Nachtwächtern der ganzen Umgebung neue
Uniformen und Säbel anschaffen, unterhielt sich mit den
Geistlichen aller drei Konfessionen, dem griechisch-ka-
tholischen und dem römisch-katholischen Pfarrer und
dem Rabbiner der Juden, schrieb dem ruthenischen Bürgermeister des Städtchens eine Rede auf, die dieser nicht
lesen konnte, aber mithilfe des Lehrers auswendig lernen
musste, kaufte weiße Kleidchen für die kleinen Mädchen
des Dorfes, alarmierte die Kommandanten der umliegenden Regimenter und all das »im Vertrauen« – dermaßen,
dass man im Vorfrühling schon, lange noch vor den
Manövern, weit und breit in der Gegend wusste, dass der
Kaiser selbst zu den Manövern kommen würde. Um jene
Zeit war der Graf Morstin nicht mehr jung, früh ergraut
und hager, Junggeselle, ein Hagestolz, etwas seltsam in
den Augen seiner robusteren Standesgenossen, ein wenig
»komisch« und »wie aus einer anderen Welt«. Niemals
hatte man in der Gegend eine Frau in seiner Nähe gesehn.
Niemals auch hatte er den Versuch gemacht, sich zu ver-
heiraten. Niemals hatte man ihn trinken gesehn, niemals
spielen, niemals lieben. Er hatte keine andere sichtbare
Leidenschaft als die, die »Nationalitätenfrage« zu bekämp-

fen. Um jene Zeit begann nämlich in der Monarchie diese sogenannte »Nationalitätenfrage« heftig zu werden. Alle Leute bekannten sich – ob sie wollten oder so tun mussten, als wollten sie – zu irgendeiner der vielen Nationen, die es auf dem Gebiete der alten Monarchie gab. Man hatte im neunzehnten Jahrhundert bekanntlich entdeckt, dass jedes Individuum einer bestimmten Nation oder Rasse angehören müsse, wollte es wirklich als bürgerliches Individuum anerkannt werden. »Von der Humanität durch Nationalität zur Bestialität«, hatte der österreichische Dichter Grillparzer gesagt. Man begann just damals mit der »Nationalität«, der Vorstufe zu jener Bestialität, die wir heute erleben. Nationale Gesinnung: Man sah um jene Zeit deutlich, dass sie der vulgären Gemütsart all jener entsprang und entsprach, die den vulgärsten Stand einer neuzeitlichen Nation ausmachen. Es waren Fotografen gewöhnlich, im Nebenberuf bei der freiwilligen Feuerwehr, sogenannte Kunstmaler, die aus Mangel an Talent in der Akademie der bildenden Künste keine Heimat gefunden hatten und infolgedessen Schildermaler oder Tapezierer geworden waren, unzufriedene Volksschullehrer, die gerne Mittelschullehrer, Apothekergehilfen, die gerne Doktoren geworden wären, Dentisten, die nicht Zahnärzte werden konnten, niedere Post- und Eisenbahnbeamte, Bankdiener, Förster und überhaupt innerhalb jeder der österreichischen Nationen all jene, die einen vergeblichen Anspruch auf ein unbeschränktes Ansehen innerhalb der bürgerlichen Gesellschaft erhoben. Allmählich gaben auch die sogenannten höheren Stände nach. Und all die Menschen, die niemals etwas anderes gewesen waren als Österreicher, in Tarnopol, in Sarajevo, in Wien, in Brunn, in Prag, in Czernowitz, in Oderburg, in Troppau, niemals etwas anderes als Österreicher: Sie begannen nun, der

»Forderung der Zeit« gehorchend, sich zur polnischen, tschechischen, ukrainischen, deutschen, rumänischen, slowenischen, kroatischen »Nation« zu bekennen – und so weiter.

Um diese Zeit ungefähr wurde auch das »allgemeine, geheime und direkte Wahlrecht« in der Monarchie eingeführt. Graf Morstin hasste es, ebenso wie die moderne Auffassung von der »Nation«. Dem jüdischen Schankwirt Salomon Piniowsky, dem einzigen Menschen weit und breit, dem er einigermaßen Vernunft zutraute, pflegte er zu sagen: »Hör mich an, Salomon! Dieser ekelhafte Darwin, der da sagt, die Menschen stammten von den Affen ab, scheint doch recht zu haben. Es genügt den Menschen nicht mehr, in Völker geteilt zu sein, nein! – sie wollen bestimmten Nationen angehören. National – hörst du, Salomon?! – Auf solch eine Idee kommen selbst die Affen nicht. Die Theorie von Darwin scheint mir noch unvollständig. Vielleicht stammen aber die Affen von den Nationalisten ab, denn die Affen bedeuten einen Fortschritt. Du kennst die Bibel, Salomon, du weißt, dass da geschrieben steht, dass Gott am sechsten Tag den Menschen geschaffen hat, nicht den nationalen Menschen. Nicht wahr, Salomon?«

»Ganz recht, Herr Graf!«, sagte der Jude Salomon.

»Aber«, fuhr der Graf fort, »etwas anderes: Wir haben diesen Sommer den Kaiser zu erwarten. Ich werde dir Geld geben. Du wirst deinen Laden ausschmücken und das Fenster illuminieren. Du wirst das Kaiserbild säubern und es ins Fenster stellen. Ich werde dir eine schwarz-gelbe Fahne mit Doppeladler schenken, die wirst du vom Dach flattern lassen. Verstanden?«

Ja, der Jude Salomon Piniowsky verstand, wie übrigens alle, mit denen der Graf von der Ankunft des Kaisers gesprochen hatte.

III

Im Sommer fanden die Kaisermanöver statt, und Seine kaiser- und königliche Apostolische Majestät nahm Aufenthalt im Schloss des Grafen Morstin. Man sah den Kaiser jeden Morgen, wenn er ausritt, die Übungen zu besichtigen, und die Bauern und die jüdischen Händler aus der Umgebung versammelten sich, um ihn zu sehn, den Alten, der sie regierte. Und sobald er mit seiner Suite erschien, riefen sie: Hoch und Hurra und niech zyje – jeder in seiner Sprache.

Einige Tage nach der Abreise des Kaisers meldete sich beim Grafen Morstin der Sohn eines Bauern aus der Umgebung. Dieser junge Mensch, der den Ehrgeiz besaß, ein Bildhauer zu werden, hatte eine Büste des Kaisers aus Sandstein verfertigt. Der Graf Morstin war begeistert. Er versprach, dem jungen Bildhauer eine freie Stelle an der Akademie der Künste in Wien zu verschaffen.

Die Büste des Kaisers ließ er vor dem Eingang zu seinem Schlösschen aufstellen.

Hier blieb sie jahrelang, bis zum Ausbruch des großen Krieges, den man den Weltkrieg nennt.

Bevor er freiwillig einrückte, alt, hager, kahlköpfig und hohläugig, wie er im Laufe der Jahre geworden war, ließ der Graf Morstin die Kaiserbüste abnehmen, in Stroh verpacken und im Keller verbergen.

Dort ruhte sie nun, bis zum Ende des Krieges und der Monarchie, der Heimkehr des Grafen Morstin und der Errichtung der neuen polnischen Republik.

IV

Der Graf Franz Xaver Morstin war also heimgekehrt. Aber konnte man das eine Heimkehr nennen? Gewiss, es waren noch die gleichen Felder, die gleichen Wälder, die gleichen Hütten, die gleiche Art der Bauern – die gleiche Art, sagen wir –, denn viele von jenen, die der Graf noch gekannt hatte, waren gefallen.

Es war Winter, man fühlte schon die nahenden Weihnachten. Wie immer um diese Zeit, wie einst lange noch vor dem Krieg, war die Lopatinka gefroren, auf den nackten Kastanien hockten reglos die Krähen, und über die Felder, auf die die westlichen Fenster des Hauses gingen, wehte der ewige sachte Wind des östlichen Winters. Es gab (infolge des Krieges) Witwen und Waisen im Dorf: Genug Material für die Wohltätigkeit des heimgekehrten Herrn. Aber statt die Heimat Lopatyny als wiedergefundene Heimat zu begrüßen, begann der Graf Morstin, sich rätselhaften und ungewohnten Überlegungen über das Problem der Heimat überhaupt hinzugeben. Nunmehr, dachte er sich, da dieses Dorf Polen gehört und nicht Österreich: Ist es noch meine Heimat? Was ist überhaupt Heimat? Ist die bestimmte Uniform des Gendarmen und des Zollwächters, der uns in unserer Kindheit begegnet ist, nicht ebenso Heimat wie die Fichte und die Tanne, der Sumpf und die Wiese, die Wolke und der Bach? Verändern sich aber Gendarmen und Finanzwächter und bleiben auch Fichte und Tanne und Bach und Sumpf das gleiche: Ist das noch Heimat? War ich nicht – fragte sich der Graf weiter – nur deshalb heimisch in diesem Ort, weil er einem Herrn gehörte, dem ebenso viele unzählige andersartige Örter gehörten, die ich liebte? Kein Zweifel! Die unnatürliche Laune der Weltgeschichte hat auch meine private Freude an dem, was ich Heimat nannte, zerstört. Jetzt sprechen sie ringsherum und allerorten vom neuen Vaterland. In ihren Augen bin ich ein sogenannter Vaterlandsloser. Ich bin es immer gewesen. Ach! Es gab einmal ein Vaterland, ein echtes, nämlich eines für die »Vaterlandslosen«, das einzig mögliche Vaterland. Das war die alte Monarchie. Nun bin ich ein Heimatloser, der die wahre Heimat der ewigen Wanderer verloren hat.

In der trügerischen Hoffnung, außerhalb des Landes diesen Zustand vergessen zu können, beschloss der Graf, ehestens zu verreisen. Doch erfuhr er zu seinem Erstaunen, dass man eines Passes und einiger sogenannter Visen bedurfte, um in die Länder zu gelangen, die er zu seinen Reisezielen erwählt hatte. Schon war er alt genug, um Pass und Visen und all die Formalitäten, welche die ehernen Gesetze des Verkehrs zwischen Mensch und Mensch nach dem Kriege geworden waren, für fantastische und kindliche Träume zu halten. Aber ergeben in das Schicksal, den Rest seines Lebens in einem wüsten Traum zu verbringen, und dennoch in der Hoffnung, draußen, in andern Ländern, einen Teil jener alten Wirklichkeit zu finden, in der er vor dem Kriege gelebt hatte, fügte er sich den Anforderungen der gespenstischen Welt, nahm einen Pass, besorgte sich Visen und fuhr zuerst in die Schweiz, in das Land, von dem er glaubte, dass in ihm allein noch der alte Friede zu finden wäre, einfach weil es nicht den Krieg mitgemacht hatte.

Nun, er kannte die Stadt Zürich seit vielen Jahren. Wohl an die zwölf Jahre hatte er sie nicht mehr gesehn. Er glaubte, dass sie ihm nichts Besonderes zu geben haben würde, weder Gutes noch Böses. Sein Eindruck entsprach der nicht ganz unberechtigten Meinung der

etwas verwöhnteren, um nicht zu sagen, abenteuer-
süchtigeren Welt über die braven Städte der braven
Schweiz. Was sollte sich schon in ihnen ereignen können? Immerhin: Für einen Mann, der aus dem Krieg
und aus dem Osten der früheren österreichischen Monarchie kam, war die Friedlichkeit einer Stadt, die lediglich die vor dem Kriege Geflüchteten gekannt hatte, bereits so etwas wie ein Abenteuer. Franz Xaver Morstin
ergab sich in diesen Tagen der lang entbehrten Friedlichkeit. Er aß, trank und schlief.

Eines Tages aber ereignete sich jener hässliche Vorfall
in einer nächtlichen Bar in Zürich, der den Grafen Morstin in der Folge zwang, sofort das Land zu verlassen.

In jener Zeit war in den Zeitungen aller Länder oftmals die Rede von einem reichen Bankier gewesen, der
nicht nur den größten Teil der habsburgischen Kronju-
welen als Pfänder gegen ein Darlehen an die kaiserliche
Familie Österreichs genommen haben sollte, sondern
auch die alte Krone der Habsburger. Kein Zweifel, dass
diese Nachrichten den Mündern und Federn der leichtfertigen Kundschafter entstammten, die man Journalis-
ten nennt; und mochte vielleicht auch die Nachricht,
dass ein bestimmter Teil des Vermögens der kaiserlichen
Familie in die Hände eines gewissenlosen Bankiers geraten sei, wahr sein, so gewiss doch nicht die alte Krone der
Habsburger, wie Franz Xaver Morstin zu wissen glaubte.

Nun gelangte er eines Nachts in eine der wenigen und
nur Kennern zugänglichen nächtlichen Bars der sittsa-
men Stadt Zürich, in der, wie man weiß, die Prostitution
verboten ist, die Sittenlosigkeit verpönt und die Sünde
ebenso langweilig wie kostspielig. Nicht etwa, dass der
Graf nach ihr gesucht hätte! Nein: Die pure Friedlichkeit
hatte begonnen, ihn zu langweilen und ihm schlaflose

Nächte zu bereiten, und er hatte beschlossen, die Nächte
sei es wo immer zu verbringen.

Er begann zu trinken. Er saß in einem der wenigen
friedlichen Winkel, die es in diesem Lokal gab. Zwar
störten ihn die amerikanischen neumodischen, rötlichen
Lämpchen, das hygienische Weiß des Barmixers, der an
einen Operateur erinnerte, das künstliche Blondhaar der
Mädchen, das die Assoziation an Apotheken unmittelbar wachrief: Aber woran war er nicht schon alles gewöhnt, der arme, alte Österreicher? Immerhin schrak er
aus der Ruhe auf, die er sich selbst mühsam in dieser
Umgebung abgerungen hatte, als er eine knarrende
Stimme rufen hörte: »Und hier, meine Damen und Herren, ist die Krone der Habsburger!«

Franz Xaver erhob sich. Er sah in der Mitte der länglichen Bar eine größere, heitere Gesellschaft. Sein erster
Blick verriet ihm, dass alle Typen, die er hasste, obwohl
er bis jetzt keinem einzigen ihrer Vertreter näher begegnet war, an jenem Tisch vertreten waren: Blond gefärbte
Frauen in kurzen Röcken und mit schamlosen (übrigens
hässlichen) Knien, schlanke und biegsame Jünglinge von
olivenfarbenem Teint, lächelnd mit tadellosen Zähnen
wie die Propagandabüsten mancher Dentisten, gefügig,
tänzerisch, feige, elegant und lauernd, eine Art tücki-
scher Barbiere; ältere Herren mit sorgfältig, aber vergeblich verheimlichten Bäuchen und Glatzen, gutmütig, geil,
jovial und krummbeinig, kurz und gut: Eine Auslese jener Art von Menschen, die das Erbe der untergegange-
nen Welt vorläufig verwalteten, um es ein paar Jahre später an die noch moderneren und mörderischen Erben
mit Gewinn abzugeben.

An jenem Tisch erhob sich nun einer der ältlichen Herren, schwenkte zuerst eine Krone in der Hand, setzte sie

sich dann auf den kahlen Kopf, ging um den Tisch, trat in die Mitte der Bar, tänzelte, wackelte mit dem Kopf und mit der auf ihm sitzenden Krone und sang dabei nach der Melodie eines um jene Zeit populären Schlagers:

»Die heilige Krone trägt man so!«

Franz Xaver verstand zuerst keineswegs den Sinn dieses widerlichen Spektakels. Er empfand nur, dass die Gesellschaft aus würdelosen Greisen (betört von kurz geschürzten Mannequins) bestand, aus Stubenmädchen, die ihren freien Tag feierten, aus Bardamen, die den Erlös für den Champagner und den eigenen Körper mit den Kellnern teilten, aus nichtsnutzigen Stutzern, die mit Frauen und Devisen handelten, breit wattierte Schultern trugen und flatternde Hosen, die wie Weiberröcke aussahen, ekelhaften Maklern, die Häuser, Läden, Staatsbürgerschaften, Reisepässe, Konzessionen, gute Ehepartien, Taufscheine, Glaubensbekenntnisse, Adelstitel, Adoptionen, Bordelle und geschmuggelte Zigaretten vermittelten. Es war die Gesellschaft, die in allen Hauptstädten der allgemein besiegten europäischen Welt, unwiderruflich entschlossen, vom Leichenfraß zu leben, mit satten und dennoch unersättlichen Mäulern das Vergangene lästerte, die Gegenwart ausbeutete und das Zukünftige preisend verkündete. Dies waren nach dem Weltkrieg die Herren der Welt. Der Graf Morstin kam sich selbst wie sein eigener Leichnam vor. Auf seinem Grab tanzten jene nun. Um den Sieg dieser Menschen vorzubereiten, waren Hunderttausende unter Qualen gestorben – und Hunderte durchaus ehrlicher Sittenprediger hatten den Untergang der alten Monarchie vorbereitet, ihren Zerfall herbeigesehnt und die Befreiung der Nationen! Nun aber, siehe da: Auf dem Grabe der alten Welt und rings um die Wiegen der neu-

geborenen Nationen und Sezessionsstaaten tanzten die
Gespenster der nächtlichen *American Bar.*

Morstin rückte näher, um besser zu sehn. Die schat-
tenhafte Natur dieser wohlgenährten, fleischlichen Gespenster weckte seine Neugier. Und er erkannte auf dem
kahlen Schädel des krummbeinigen tänzelnden Mannes
das Abbild – gewiss war es das Abbild – der Stephanskrone. Der Kellner, beflissen, seinen Gästen alles Bemer-
kenswerte mitzuteilen, kam zu Franz Xaver und sagte:
»Das ist der Bankier Walakin, ein Russe. Er behauptet,
alle Kronen der entthronten Monarchen zu besitzen. Jeden Abend kommt er mit einer anderen. Gestern war's
die Zarenkrone. Heute ist es die Stephanskrone.«

Der Graf Morstin fühlte sein Herz stocken, eine Sekunde nur. In dieser einzigen Sekunde aber – es schien
ihm später, dass sie zumindest eine Stunde gedauert
hatte – erlebte er eine völlige Verwandlung seiner selbst.
Es war, als wüchse in seinem Innern ein ihm unbekann-
ter, erschreckender, fremder Morstin, stieg und wuchs,
breitete sich aus, nahm Besitz vom Körper des alten,
wohlbekannten und, weiter noch, vom ganzen Raum der
American Bar. Nie in seinem Leben, seit seiner Kindheit
nicht, hatte Franz Xaver Morstin den Zorn gekannt. Er
besaß ein weiches Gemüt, und die Geborgenheit, die ihm
sein Stand, seine Wohlhabenheit, der Glanz seines Namens, seine Bedeutung sicherten, hatte ihn bis jetzt
gleichsam abgeschlossen von aller Rohheit dieser Welt,
vor jeder Begegnung mit ihrer Niedrigkeit. Gewiss hätte
er sonst den Zorn früher kennengelernt. Es war, als fühlte
er selbst in dieser einzigen Sekunde, in der sich seine
Verwandlung vollzog, dass sich, lange schon vor ihm, die
Welt verwandelt hatte. Es war, als erführe er jetzt, dass
die eigene Verwandlung lediglich eine notwendige Folge

der allgemeinen Verwandlung war. Viel größer noch als
der ihm unbekannte Zorn, der jetzt in ihm aufstieg und
wuchs und über die Grenzen seiner Persönlichkeit
schäumte, musste die Gemeinheit gewachsen sein, die
Gemeinheit dieser Welt, die Niedertracht, die sich so
lange geduckt hatte und verborgen unter dem Kleide der
schmeichelnden »Loyalität« und der sklavischen Unter-
tänigkeit. Es war, als erführe er, der allen Menschen,
ohne sie zu prüfen, von vornherein die selbstverständ-
liche Eigenschaft, Anstand zu besitzen, zugetraut hatte,
in dieser Sekunde erst den Irrtum seines Lebens, den
Irrtum jedes noblen Herzens: nämlich den, Kredit zu
gewähren, schrankenlosen Kredit. Und seine plötzliche
Erkenntnis erfüllte ihn mit jener vornehmen Scham, die
eine treue Schwester des vornehmen Zornes ist. Im
Anblick der Niedrigkeit schämt sich der Vornehme doppelt: Einmal, weil allein schon ihre Existenz ihn beschämt, dann auch, weil er sofort einsieht, dass sein
Herz betört wurde. Er kommt sich betrogen vor – und
sein Stolz rebelliert dagegen, dass man sein Herz hatte
betrügen können.

Er war nicht mehr imstande, zu messen, zu wägen
und zu überlegen. Es schien ihm, dass kaum irgendeine
Art der Gewalttätigkeit bestialisch genug sein könnte,
die Niedrigkeit jenes Mannes, der mit den Kronen auf
dem kahlen Schädel eines Maklers tanzte, jeden Abend
mit einer anderen, zu strafen und zu rächen. Ein Grammophon grölte das Lied vom »Hans, der was mit dem
Knie macht«; die Barmädchen kreischten; die jungen
Männer klatschten in die Hände; der Barmann, ganz in
chirurgischem Weiß, klirrte mit Gläsern, Löffeln, Flaschen, schüttete und mixte, braute und zauberte aus metallenen Gefäßen die geheimnisvollen Zaubertränke der

neuen Zeit, schepperte, rasselte und blickte von Zeit zu
Zeit mit einem wohlwollenden Aug', das zugleich schon
den Konsum kalkulierte, auf das Schauspiel des Bankiers. Die rötlichen Lämpchen zitterten bei jedem
stampfenden Schritt des Glatzköpfigen. Das Licht, das
Grammophon, die Geräusche, die der Mixer verursachte, das Gurren und Kreischen der Frauen versetzten
den Grafen Morstin in eine verwunderliche Raserei. Es
geschah das Unglaubliche: Er wurde zum ersten Mal in
seinem Leben lächerlich und kindisch. Er bewaffnete
sich mit der halb geleerten Sektflasche und mit einem
blauen Siphon, trat nahe an die Fremden heran; während er mit der Linken das Sodawasser gegen die Tisch-
gesellschaft verspritzte, als gälte es, einen hässlichen
Brand zu löschen, hieb er mit der Rechten die Flasche
gegen den Kopf des Tänzers. Der Bankier fiel zu Boden.
Die Krone fiel ihm vom Kopf. Und während sich der
Graf bückte, um sie aufzuheben, als gälte es, eine wirkliche Krone und alles, was sie darstellte, zu retten, stürzten sich über ihn Kellner, Mädchen und Stutzer. Betäubt
von dem starken Parfüm der Mädchen, den Schlägen
der jungen Männer, wurde der Graf Morstin schließlich
auf die Straße gebracht. Dort, vor der Tür der *American
Bar*, präsentierte ihm der beflissene Kellner die Rechnung, auf silbernem Tablett, unter freiem Himmel, sozusagen in Anwesenheit aller gleichgültigen, fernen
Sterne: Denn es war eine heitere Winternacht.

Am nächsten Tag kehrte der Graf nach Lopatyny zurück.

V

Warum – sagte er sich unterwegs – nicht nach Lopatyny zurückkehren? Da meine Welt endgültig besiegt zu sein scheint, habe ich keine ganze Heimat mehr. Und es ist besser, ich suche noch die Trümmer meiner alten Heimat auf!

Er dachte an die Büste des Kaisers Franz Joseph, die in seinem Keller ruhte, und an den Leichnam dieses seines Kaisers, der längst in der Kapuzinergruft lag.

Ich war immer ein Sonderling – so dachte er weiter – in meinem Dorfe und in der Umgebung. Ich werde ein Sonderling bleiben.

Er telegrafierte an seinen Hausverwalter den Tag seiner Ankunft.

Und als er ankam, erwartete man ihn, wie immer, wie in früheren Zeiten, als hätte es keinen Krieg gegeben, keine Auflösung der Monarchie, keine neue polnische Republik.

Denn es ist einer der größten Irrtümer der neuen – oder, wie sie sich gerne nennen: modernen – Staatsmänner, dass das Volk (die »Nation«) sich ebenso leidenschaftlich für die Weltpolitik interessiert wie sie selber.

Das Volk lebt keineswegs von der Weltpolitik – und unterscheidet sich dadurch angenehm von den Politikern. Das Volk lebt von der Erde, die es bebaut, vom Handel, den es treibt, vom Handwerk, das es versteht. (Es wählt trotzdem bei den öffentlichen Wahlen, es stirbt in den Kriegen, es zahlt Steuern den Finanzämtern.) Jedenfalls war es so in dem Dorfe des Grafen Morstin, in dem Dorf Lopatyny. Und der ganze Weltkrieg und die ganze Veränderung der europäischen Landkarte hatten die Gesinnung des Volkes von Lopatyny nicht verändert.

Wie? – Warum? – Der gesunde Menschenverstand der
jüdischen Schankwirte, der ruthenischen und der polnischen Bauern wehrte sich gegen die unbegreiflichen
Launen der Weltgeschichte. Ihre Launen sind abstrakt:
Die Neigungen und Abneigungen des Volkes aber sind
konkret. Das Volk von Lopatyny zum Beispiel kannte
seit Jahren die Grafen Morstin, die Vertreter des Kaisers
und des Hauses Habsburg. Es kamen neue Gendarmen,
und ein Steuersequester ist ein Steuersequester, und der
Graf Morstin ist der Graf Morstin. Unter der Herrschaft
der Habsburger waren die Menschen von Lopatyny
glücklich und unglücklich gewesen – je nach dem Willen
Gottes. Immer gibt es, unabhängig von allem Wechsel
der Weltgeschichte, von Republik und Monarchie, von
sogenannter nationaler Selbstständigkeit oder sogenannter nationaler Unterdrückung im Leben des Menschen
eine gute oder eine schlechte Ernte, gesundes und faules
Obst, fruchtbares und kränkliches Vieh, die satte und die
magere Weide, den Regen zu Zeit und Unzeit, die fruchtbare Sonne und jene, die Dürre und Unheil brachte; für
den jüdischen Händler bestand die Welt aus guten und
aus schlechten Kunden; für den Schankwirt aus guten
und aus schwachen Trinkern; für den Handwerker
wieder war es wichtig, ob die Leute neue Dächer, neue
Stiefel, neue Hosen, neue Öfen, neue Schornsteine, neue
Fässer brauchten oder nicht. So war es wenigstens, wie
gesagt, in Lopatyny. Und was unsere besondere Meinung
betrifft, so geht sie dahin, dass sich die ganze große Welt
gar nicht so sehr von dem kleinen Dörfchen Lopatyny
unterscheidet, wie es die Volksführer und Politiker
wissen wollen. Nachdem sie Zeitungen gelesen, Reden
gehört, Abgeordnete gewählt, selber mit Freunden die
Vorgänge in der Welt besprochen haben, kehren die bra-

ven Bauern, Handwerker und Kaufleute – und in den
großen Städten auch die Arbeiter – in ihre Häuser und
Werkstätten zurück. Und Kummer oder Glück erwarten
sie zu Hause: Kranke oder gesunde Kinder, zänkische
oder friedliche Weiber, zahlende oder säumige Kunden,
zudringliche oder geduldige Gläubiger, ein gutes oder ein
schlechtes Essen, ein sauberes oder ein schmutziges Bett.
Ja, es ist unsere Überzeugung, dass sich die einfachen
Menschen gar nicht um die Weltgeschichte kümmern,
mögen sie auch an Sonntagen ein Langes und Breites von
ihr reden. Aber dies mag, wie gesagt, unsere private An-
schauung sein. Wir haben hier lediglich vom Dorfe Lopatyny zu berichten. Und dort war es so, wie wir es eben
beschrieben haben.

Als der Graf Morstin heimgekehrt war, begab er sich
sofort zu Salomon Piniowsky, dem klugen Juden, bei
dem, wie bei keinem zweiten Menschen in Lopatyny, die
Einfalt und die Klugheit einträchtig nebeneinander lebten, als wären sie Schwestern. Und der Graf fragte den
Juden: »Salomon, was hältst du von dieser Erde?« »Herr
Graf«, sagte Piniowsky, »nicht das Geringste mehr. Die
Welt ist zugrunde gegangen, es gibt keinen Kaiser mehr,
man wählt Präsidenten, und das ist so, wie wenn ich mir
einen tüchtigen Advokaten suche, wenn ich einen Prozess habe. Das ganze Volk wählt sich also einen Advokaten, der es verteidigt. Aber – frage ich, Herr Graf, vor
welchem Gericht? – Vor dem Gericht anderer Advokaten
wiederum. Und hat das Volk selbst keinen Prozess und
hat es auch nicht nötig, sich zu verteidigen, so wissen wir
doch alle, dass die Existenz des Advokaten allein uns
schon Prozesse an den Hals schafft. Und so wird es jetzt
fortwährend Prozesse geben. Ich habe noch die schwarz-
gelbe Fahne, Herr Graf, die Sie mir geschenkt haben.

Was soll ich mit ihr? Sie liegt auf dem Dachboden. Ich hab' noch das Bild des alten Kaisers. Was soll ich nun? Ich lese Zeitungen, ich kümmere mich ein bisschen ums Geschäft, ein bisschen um die Welt, Herr Graf. Ich weiß, was sie für Dummheiten machen. Aber unsere Bauern haben keine Ahnung. Sie glauben einfach, der alte Kaiser hätte neue Uniformen eingeführt und Polen befreit. Er residiert nicht mehr in Wien, sondern in Warschau.«

»Lass sie nur«, sagte der Graf Morstin.

Und er ging nach Hause und ließ die Büste des Kaisers Franz Joseph aus dem Keller holen, und er stellte sie auf, vor dem Eingang zu seinem Haus.

Und vom nächsten Tage an – als hätte es keinen Krieg gegeben – als gäbe es keine neue polnische Republik – als ruhte der alte Kaiser nicht längst schon in der Kapuzinergruft – als gehörte dieses Dorf Lopatyny noch zu dem Gebiet der alten Monarchie: zog jeder Bauer, der des Weges vorbeizog, den Hut vor der sandsteinernen Büste des alten Kaisers, und jeder Jude, der mit seinem Päckchen vorbeizog, murmelte das Gebet, das der fromme Jude zu sagen hat beim Anblick eines Kaisers. Und die unscheinbare Büste, hergestellt in billigem Sandstein, von der unbeholfenen Hand eines Bauernjungen, die Büste im alten Waffenrock des toten Kaisers, mit Sternen, Abzeichen, goldenem Vlies, festgehalten im Stein, so wie das kindliche Auge des Burschen den Kaiser gesehen und geliebt hatte, gewann mit der Zeit auch einen besonderen, einen ganz eigenen künstlerischen Wert – selbst in den Augen des Grafen Morstin. Es war, als wollte der erhabene Gegenstand, je mehr Zeit verging, das Werk, das ihn darstellte, verbessern und veredeln. Wind und Wetter arbeiteten, wie mit künstlerischem Bewusstsein, an dem naiven Stein. Es war, als arbeiteten auch

Verehrung und Erinnerung an diesem Standbild und als
veredelte jeder Gruß der Bauern, jedes Gebet eines gläubigen Juden bis zu künstlerischer Vollkommenheit das
hilflose Werk der jungen Bauernhand.

So stand das Bild jahrelang vor dem Hause des Grafen
Morstin, das einzige Denkmal, das es im Dorf Lopatyny
jemals gegeben hatte und auf das alle Einwohner des
Dorfes mit Recht stolz waren.

Dem Grafen selbst aber, der das Dorf niemals mehr
verließ, bedeutete dieses Denkmal mehr: Es gab ihm,
verließ er das Haus, die Vorstellung, dass sich nichts ge-
ändert hatte. Allmählich – er wurde früh alt – ertappte
er sich von Zeit zu Zeit auf ganz törichten Gedanken.
Stundenlang verharrte er – obwohl er ja den gewaltigs-
ten aller Kriege mitgemacht hatte – in der Vorstellung,
dieser sei nur ein wüster Traum gewesen, und alle Ver-
änderungen, die ihm gefolgt waren, seien noch wüstere
Träume. Zwar sah er, jede Woche fast, dass seine Für-
sprache bei Ämtern und Gerichten für seine Schutzbe-
fohlenen nichts mehr nutzte, ja, dass sich neue Beamte
über ihn lustig machten. Er war eher entsetzt als belei-
digt. Schon war es allgemein bekannt in dem nächsten
Städtchen wie in der Umgebung und auf den Gütern der
Nachbarn, dass der »alte Morstin halb verrückt« sei.
Man erzählte sich, dass er zu Hause die alte Uniform
eines Rittmeisters der Dragoner trage, mit allen alten
Orden und Auszeichnungen. Eines Tages fragte ihn ein
Gutsbesitzer der Umgebung – ein gewisser Graf Walewski – geradeheraus, ob es wahr sei.

»Bis jetzt noch nicht«, erwiderte Morstin, »aber Sie
bringen mich auf eine gute Idee. Ich werde meine Uniform anziehn – und zwar nicht zu Hause. Ich werde sie
auch draußen tragen.«

Und also geschah es auch.

Von nun an sah man den Grafen Morstin in der Uniform eines österreichischen Rittmeisters der Dragoner – und die Einwohner verwunderten sich durchaus nicht darüber. Trat der Rittmeister aus dem Hause, so salutierte er vor seinem Allerhöchsten Kriegsherrn, vor der Büste des toten Kaisers Franz Joseph. Dann ging er den gewohnten Weg zwischen den zwei Tannenwäldchen, die sandige Straße entlang, die zum nächsten Städtchen führte. Die Bauern, die ihm begegneten, zogen die Hüte und sagten: »Gelobt sei Jesus Christus«, und sie fügten noch die Anrede »Herr Graf« dazu – als glaubten sie, der Herr Graf sei eine Art näherer Verwandter des Erlösers und zwei Titel wären besser. Ach! – seit Langem nicht mehr konnte er ihnen helfen, wie er ihnen früher geholfen hatte! Zwar waren die kleinen Bauern immer noch ohnmächtig. Er aber, der Herr Graf, war kein Mächtiger mehr! – Und wie alle, die einst mächtig gewesen waren, galt er nunmehr noch weniger als die Ohnmächtigen: Fast gehörte er schon zu der Kaste der Lächerlichen in den Augen der Beamten. Aber das Volk von Lopatyny und Umgebung glaubte an ihn, immer noch, wie es an den Kaiser Franz Joseph glaubte, dessen Büste es zu grüßen pflegte. Den Bauern und den Juden von Lopatyny und Umgebung erschien der Graf Morstin keineswegs lächerlich, sondern ehrfurchtsvoll. Man verehrte seine hagere, dürre Gestalt, sein graues Haar, sein aschfarbenes, verfallenes Gesicht, seine Augen, die in eine Weite ohne Grenze zu blicken schienen; kein Wunder: Sie blickten nämlich in die verlorene Vergangenheit.

Da ereignete es sich eines Tages, dass der Woiwode von Lwow, das früher Lemberg hieß, eine Inspektionsreise unternahm und sich aus irgendeinem Grunde in

Lopatyny aufhalten musste. Man bezeichnete ihm das Haus des Grafen Morstin, zu dem er sich auch sofort aufmachte. Zu seinem Erstaunen erblickte er vor dem Hause des Grafen, mitten in einem Boskett, die Büste des Kaisers Franz Joseph. Er betrachtete sie lange, beschloss endlich, das Haus zu betreten und den Grafen selbst nach dem Sinn dieses Denkmals zu fragen. Aber er erstaunte noch mehr – ja, er erschrak beim Anblick des Grafen Morstin, der dem Woiwoden in der Uniform eines österreichischen Rittmeisters der Dragoner entgegenkam. Der Woiwode war selbst ein »Kleinpole«, das heißt: Er stammte aus dem früheren Galizien. Er selbst hatte in der österreichischen Armee gedient. Der Graf Morstin erschien ihm wie ein Gespenst aus einem für ihn, den Woiwoden, längst abgelaufenen Kapitel der Geschichte.

Er bezwang sich und fragte vorerst gar nicht. Dann aber, als sie bei Tisch saßen, begann er, sich vorsichtig nach dem Denkmal des Kaisers zu erkundigen. – »Ja«, sagte der Graf, als ob es gar keine neue Welt gäbe, »Seine hochselige Majestät war acht Tage hier. Ein sehr begabter Bauernjunge hat die Büste gemacht. Sie hat immer hier gestanden. Solange ich lebe, wird sie hier stehen.«

Der Woiwode verschwieg den Entschluss, den er eben gefasst hatte, und sagte lächelnd und wie nebenbei: »Sie tragen immer noch die alte Uniform?«

»Ja«, erwiderte Morstin, »ich bin zu alt, um eine neue anzulegen. Im Zivil, wissen Sie, fühle ich mich seit dieser Veränderung der Verhältnisse nicht ganz wohl. Ich fürchte, man könnte mich dann mit manchen anderen verwechseln. – Auf Ihr Wohl«, fuhr der Graf fort – hob das Glas und trank seinem Gast zu.

Der Woiwode saß noch eine Weile, verließ dann den Grafen und das Dorf Lopatyny, setzte seine Inspektions-

reise fort, kam in seine Residenz zurück und gab Auftrag, die Kaiserbüste vor dem Hause des Grafen Morstin
zu entfernen.

Dieser Auftrag gelangte schließlich an den Bürgermeister (»Wojt« genannt) des Dörfchens Lopatyny und
also unmittelbar hierauf zur Kenntnis des Grafen
Morstin.

Zum ersten Mal befand sich also der Graf im offenen
Konflikt mit der neuen Macht, deren Dasein er bis jetzt
kaum zur Kenntnis genommen hatte. Er sah ein, dass er
zu schwach war, sich gegen sie aufzulehnen. Er erinnerte
sich an die nächtliche Szene in der Züricher *American
Bar.* Ach! Es hatte keinen Sinn mehr, die Augen vor der
neuen Welt der neuen Republiken, der neuen Bankiers
und Kronenträger, der neuen Damen und Herren, der
neuen Herrscher der Welt zu schließen. Man musste die
alte Welt begraben. Aber man musste sie würdig begraben. Und der Graf Franz Xaver Morstin berief zehn der
ältesten Einwohner des Dorfes Lopatyny in sein Haus –
und darunter befand sich der kluge und zugleich einfäl-
tige Jude Salomon Piniowsky. Es kamen ferner: der grie-
chisch-katholische Pfarrer, der römisch-katholische und
der Rabbiner.

Und als sie alle versammelt waren, begann der Graf
Morstin folgende Rede:

»Meine lieben Mitbürger,

ihr alle habt noch die alte Monarchie gekannt, euer altes
Vaterland. Seit Jahren ist es tot – und ich habe eingese-
hen –, es hat keinen Sinn, nicht einzusehn, dass es tot sei.
Vielleicht wird es einmal auferstehn, wir Alten werden es
kaum noch erleben. Man hat uns aufgetragen, die Büste
Seiner hochseligen Majestät, des Kaisers Franz Joseph
des Ersten, ehestens wegzuschaffen.

Wir wollen sie nicht wegschaffen, meine Freunde!

Wenn die alte Zeit tot sein soll, so wollen wir mit ihr verfahren, wie man eben mit Toten verfährt: Wir wollen sie begraben.

Infolgedessen bitte ich euch, meine Lieben, mir zu helfen, dass wir den toten Kaiser, das heißt seine Büste, mit aller Feierlichkeit und Ehrfurcht, die einem toten Kaiser gebühren, von heute in drei Tagen auf dem Friedhof bestatten.«

VI

Der ukrainische Schreiner Nikita Kolohin zimmerte einen großartigen Sarg aus Eichenholz. Drei tote Kaiser hätten in ihm Platz gefunden.

Der polnische Schmied Jaroslaw Wojciechowski schmiedete einen gewaltigen Doppeladler aus Messing, der auf den Deckel des Sarges genietet wurde.

Der jüdische Thoraschreiber Nuchim Kapturak schrieb mit seinem Gänsekiel auf eine kleine Pergamentrolle den Segen, den die gläubigen Juden zu sprechen haben beim Anblick eines gekrönten Hauptes, wickelte sie in gehämmertes Blech und legte es in den Sarg.

Am frühen Vormittag – es war ein heißer Sommertag – zahllose unsichtbare Lerchen trillerten unter dem Himmel, und zahllose unsichtbare Grillen wisperten ihnen Antwort aus den Wiesen – versammelten sich die Bewohner von Lopatyny um das Denkmal Franz Josephs des Ersten. Graf Morstin und der Bürgermeister betteten die Büste in den prachtvollen, großen Sarg. In diesem Augenblick begannen die Glocken der Kirche auf dem

Hügel zu läuten. Alle drei Geistlichen stellten sich an die Spitze des Zuges. Den Sarg nahmen vier alte, kräftige Bauern auf die Schultern. Hinter ihm, mit gezogenem Säbel, im feldgrau verdeckten Dragonerhelm, ging der Graf Franz Xaver Morstin, in diesem Dorfe dem toten Kaiser der Nächste, ganz allein in jener Einsamkeit, welche die Trauer gebietet, und hinter ihm, mit rundem schwarzem Käppchen auf dem silbrigen Kopf, der Jude Salomon Piniowsky, den runden Samthut in der Linken, die große schwarz-gelbe Fahne mit dem Doppeladler in der erhobenen rechten Hand. Und hinter ihm das ganze Dorf, die Männer und die Frauen.

Die Kirchenglocken dröhnten, die Lerchen trillerten, die Grillen wisperten unaufhörlich.

Das Grab war bereit. Man ließ den Sarg hinab, breitete die Fahne über ihn – und Franz Xaver Morstin grüßte zum letzten Mal mit dem Säbel den Kaiser.

Da erhob sich ein Schluchzen in der Menge, als hätte man jetzt erst den Kaiser Franz Joseph begraben, die alte Monarchie und die alte Heimat.

Die drei Geistlichen beteten.

Also begrub man den alten Kaiser zum zweiten Mal im Dorfe Lopatyny, im ehemaligen Galizien.

Ein paar Wochen später geriet die Kunde von diesem Vorfall in die Zeitungen. Diese schrieben ein paar witzige Worte über den Vorfall, unter der Rubrik »Glossen«.

VII

Der Graf Morstin aber verließ das Land. Er lebt jetzt an der Riviera, ein alter, verbrauchter Mann, der am Abend

mit alten russischen Generälen Schach und Skat spielt.
Ein paar Stunden am Tage schreibt er an seinen Erinnerungen. Wahrscheinlich werden sie keinen bedeutenden
literarischen Wert besitzen: Denn der Graf Morstin hat
keine literarische Übung und auch keinen schriftstelle-
rischen Ehrgeiz. Da er aber ein Mann von besonderer
Gnade und Art ist, gelingen ihm zuweilen ein paar denk-
würdige Sätze, wie, zum Beispiel, die folgenden, die ich
mit seiner Erlaubnis hierher setze:

»Ich habe erlebt«, schreibt der Graf, »dass die Klugen
dumm werden können, die Weisen töricht, die echten
Propheten Lügner, die Wahrheitsliebenden falsch. Keine
menschliche Tugend hat in dieser Welt Bestand, außer
einer einzigen: der echten Frömmigkeit. Der Glaube
kann uns nicht enttäuschen, da er uns nichts auf Erden
verspricht. Der wahre Gläubige enttäuscht uns nicht,
weil er auf Erden keinen Vorteil sucht. Auf das Leben
der Völker angewandt, heißt das: Sie suchen vergeblich
nach sogenannten nationalen Tugenden, die noch frag-
licher sind als die individuellen. Deshalb hasse ich Nationen und Nationalstaaten. Meine alte Heimat, die Monarchie, allein war ein großes Haus mit vielen Türen und
vielen Zimmern, für viele Arten von Menschen. Man hat
das Haus verteilt, gespalten, zertrümmert. Ich habe dort
nichts mehr zu suchen. Ich bin gewohnt, in einem Haus
zu leben, nicht in Kabinen.«

So stolz und so traurig schreibt der alte Graf. Gefasst
und friedvoll wartet er auf seinen Tod. Wahrscheinlich
sehnt er sich auch nach ihm. Denn er hat in seinem Testament bestimmt, dass er im Dorfe Lopatyny bestattet
werde – und zwar nicht in der Familiengruft, sondern
neben dem Grab, in dem der Kaiser Franz Joseph liegt,
die Büste des Kaisers.

Die Legende vom
heiligen Trinker
(1939)

I

An einem Frühlingsabend des Jahres 1934 stieg ein Herr
gesetzten Alters die steinernen Stufen hinunter, die von
einer der Brücken über die Seine zu deren Ufern führen.
Dort pflegen, wie fast aller Welt bekannt ist und was dennoch bei dieser Gelegenheit in das Gedächtnis der Menschen zurückgerufen zu werden verdient, die Obdachlosen
von Paris zu schlafen, oder besser gesagt: zu lagern.

Einer dieser Obdachlosen nun kam dem Herrn gesetzten Alters, der übrigens wohlgekleidet war und den
Eindruck eines Reisenden machte, der die Sehenswür-
digkeiten fremder Städte in Augenschein zu nehmen
gesonnen war, von ungefähr entgegen. Dieser Obdachlose sah zwar genauso verwahrlost und erbarmungswür-
dig aus wie alle die anderen, mit denen er sein Leben
teilte, aber er schien dem wohlgekleideten Herrn gesetzten Alters einer besonderen Aufmerksamkeit würdig;
warum wissen wir nicht.

Es war, wie gesagt, bereits Abend, und unter den Brücken an den Ufern des Flusses dunkelte es stärker als
oben auf dem Kai und auf den Brücken. Der obdachlose
und sichtlich verwahrloste Mann schwankte ein wenig.
Er schien den älteren, wohlangezogenen Herrn nicht zu
bemerken. Dieser aber, der gar nicht schwankte, sondern
sicher und geradewegs seine Schritte dahinlenkte, hatte

schon offenbar von Weitem den Schwankenden bemerkt.
Der Herr gesetzten Alters vertrat geradezu dem verwahr-
losten Mann den Weg. Beide blieben sie einander gegenüber stehen.

»Wohin gehen Sie, Bruder?«, fragte der ältere, wohlgekleidete Herr.

Der andere sah ihn einen Augenblick an, dann sagte
er: »Ich wüsste nicht, dass ich einen Bruder hätte, und ich
weiß nicht, wo mich der Weg hinführt.«

»Ich werde versuchen, Ihnen den Weg zu zeigen«,
sagte der Herr. »Aber Sie sollen mir nicht böse sein, wenn
ich Sie um einen ungewöhnlichen Gefallen bitte.«

»Ich bin zu jedem Dienst bereit«, antwortete der Verwahrloste.

»Ich sehe zwar, dass Sie manche Fehler machen. Aber
Gott schickt Sie mir in den Weg. Gewiss brauchen Sie
Geld, nehmen Sie mir diesen Satz nicht übel! Ich habe zu
viel. Wollen Sie mir aufrichtig sagen, wie viel Sie brauchen? Wenigstens für den Augenblick?«

Der andere dachte ein paar Sekunden nach, dann
sagte er: »Zwanzig Francs.«

»Das ist gewiss zu wenig«, erwiderte der Herr. »Sie
brauchen sicherlich zweihundert.«

Der Verwahrloste trat einen Schritt zurück, und es sah
aus, als ob er fallen sollte, aber er blieb dennoch aufrecht,
wenn auch schwankend. Dann sagte er: »Gewiss sind
mir zweihundert Francs lieber als zwanzig, aber ich bin
ein Mann von Ehre. Sie scheinen mich zu verkennen. Ich
kann das Geld, das Sie mir anbieten, nicht annehmen,
und zwar aus folgenden Gründen: erstens, weil ich nicht
die Freude habe, Sie zu kennen; zweitens, weil ich nicht
weiß, wie und wann ich es Ihnen zurückgeben könnte;
drittens, weil Sie auch nicht die Möglichkeit haben, mich

zu mahnen. Denn ich habe keine Adresse. Ich wohne fast jeden Tag unter einer anderen Brücke dieses Flusses. Dennoch bin ich, wie ich schon einmal betont habe, ein Mann von Ehre, wenn auch ohne Adresse.«

»Auch ich habe keine Adresse«, antwortete der Herr gesetzten Alters, »auch ich wohne jeden Tag unter einer anderen Brücke, und ich bitte Sie dennoch, die zweihundert Francs – eine lächerliche Summe übrigens für einen Mann wie Sie – freundlich anzunehmen. Was nun die Rückzahlung betrifft, so muss ich weiter ausholen, um Ihnen erklärlich zu machen, weshalb ich Ihnen etwa keine Bank angeben kann, wo Sie das Geld zurückgeben könnten. Ich bin nämlich ein Christ geworden, weil ich die Geschichte der kleinen heiligen Therese von Lisieux gelesen habe. Und nun verehre ich insbesondere jene kleine Statue der Heiligen, die sich in der Kapelle Ste Marie des Batignolles befindet und die Sie leicht sehen werden. Sobald Sie also die armseligen zweihundert Francs haben und Ihr Gewissen Sie zwingt, diese lächerliche Summe nicht schuldig zu bleiben, gehen Sie bitte in die Ste Marie des Batignolles, und hinterlegen Sie dort zu Händen des Priesters, der die Messe gerade gelesen hat, dieses Geld. Wenn Sie es überhaupt jemandem schulden, so ist es die kleine heilige Therese. Aber vergessen Sie nicht: in der Ste Marie des Batignolles.«

»Ich sehe«, sagte da der Verwahrloste, »dass Sie mich und meine Ehrenhaftigkeit vollkommen begriffen haben. Ich gebe Ihnen mein Wort, dass ich mein Wort halten werde. Aber ich kann nur sonntags in die Messe gehen.«

»Bitte, sonntags«, sagte der ältere Herr. Er zog zweihundert Francs aus der Brieftasche, gab sie dem Schwankenden und sagte: »Ich danke Ihnen!«

»Es war mir ein Vergnügen«, antwortete dieser und verschwand alsbald in der tiefen Dunkelheit.

Denn es war inzwischen unten finster geworden, indes oben, auf den Brücken und an den Kais, sich die silbernen Laternen entzündeten, um die fröhliche Nacht von Paris zu verkünden.

II

Auch der wohlgekleidete Herr verschwand in der Finsternis. Ihm war in der Tat das Wunder der Bekehrung zuteil geworden. Und er hatte beschlossen, das Leben der Ärmsten zu führen. Und er wohnte deshalb unter der Brücke.

Aber was den anderen betrifft, so war er ein Trinker, geradezu ein Säufer. Er hieß Andreas. Und er lebte von Zufällen, wie viele Trinker. Lange war es her, dass er zweihundert Francs besessen hatte. Und vielleicht deshalb, weil es so lange her war, zog er beim kümmerlichen Schein einer der seltenen Laternen unter einer der Brücken ein Stückchen Papier hervor und den Stumpf von einem Bleistift und schrieb sich die Adresse der kleinen heiligen Therese auf und die Summe von zweihundert Francs, die er ihr von dieser Stunde an schuldete. Er ging eine der Treppen hinauf, die von den Ufern der Seine zu den Kais hinauffuhren. Dort, das wusste er, gab es ein Restaurant. Und er trat ein, und er aß und trank reichlich, und er gab viel Geld aus, und er nahm noch eine ganze Flasche mit, für die Nacht, die er unter der Brücke zu verbringen gedachte, wie gewöhnlich. Ja, er klaubte sich sogar noch eine Zeitung aus einem Papierkorb auf.

Aber nicht, um in ihr zu lesen, sondern um sich mit ihr zuzudecken. Denn Zeitungen halten warm, das wissen alle Obdachlosen.

III

Am nächsten Morgen stand Andreas früher auf, als er gewohnt war, denn er hatte ungewöhnlich gut geschlafen. Er erinnerte sich nach langer Überlegung, dass er gestern ein Wunder erlebt hatte, ein Wunder. Und da er in dieser letzten warmen Nacht, zugedeckt von der Zeitung, besonders gut geschlafen zu haben glaubte, wie seit Langem nicht, beschloss er auch, sich zu waschen, was er seit vielen Monaten, nämlich in der kälteren Jahreszeit, nicht getan hatte. Bevor er aber seine Kleider ablegte, griff er noch einmal in die innere linke Rocktasche, wo, seiner Erinnerung nach, der greifbare Rest des Wunders sich befinden musste. Nun suchte er eine besonders abgelegene Stelle an der Böschung der Seine, um sich zumindest Gesicht und Hals zu waschen. Da es ihm aber schien, dass überall Menschen, armselige Menschen seiner Art eben (verkommen, wie er sie auf einmal selbst im Stillen nannte), seiner Waschung zusehen könnten, verzichtete er schließlich auf sein Vorhaben und begnügte sich damit, nur die Hände ins Wasser zu tauchen. Hierauf zog er sich den Rock wieder an, griff noch einmal nach dem Schein in der linken inneren Tasche und kam sich vollständig gesäubert und geradezu verwandelt vor.

Er ging in den Tag hinein, in einen seiner Tage, die er seit undenklichen Zeiten zu vertun gewohnt war, entschlossen, sich auch heute in die gewohnte Rue des

Quatre Vents zu begeben, wo sich das russisch-armenische Restaurant Tari-Bari befand und wo er das kärg-
liche Geld, das ihm der tägliche Zufall beschied, in billigen Getränken anlegte.

Allein an dem ersten Zeitungskiosk, an dem er vorbei-
kam, blieb er stehen, angezogen von den Illustrationen
mancher Wochenschriften, aber auch plötzlich von der
Neugier erfasst, zu wissen, welcher Tag heute sei, welches
Datum und welchen Namen dieser Tag trage. Er kaufte
also eine Zeitung und sah, dass es ein Donnerstag war,
und erinnerte sich plötzlich, dass er an einem Donnerstag geboren worden war, und ohne nach dem Datum zu
sehen, beschloss er, *diesen* Donnerstag gerade für seinen
Geburtstag zu halten. Und da er schon von einer kindlichen Feiertagsfreude ergriffen war, zögerte er auch
nicht mehr einen Augenblick, sich guten, ja edlen Vorsät-
zen hinzugeben und nicht in das Tari-Bari einzutreten,
sondern, die Zeitung in der Hand, in eine bessere Taverne, um dort einen Kaffee, allerdings mit Rum arro-
siert, zu nehmen und ein Butterbrot zu essen.

Er ging also, selbstbewusst, trotz seiner zerlumpten
Kleidung, in ein bürgerliches Bistro, setzte sich an einen
Tisch, er, der seit so langer Zeit nur an der Theke zu stehen gewohnt war, das heißt: an ihr zu lehnen. Er setzte
sich also. Und da sich seinem Sitz gegenüber ein Spiegel
befand, konnte er auch nicht umhin, sein Angesicht zu
betrachten, und es war ihm, als machte er jetzt aufs Neue
mit sich selbst Bekanntschaft. Da erschrak er allerdings.
Er wusste auch zugleich, weshalb er sich in den letzten
Jahren vor Spiegeln so gefürchtet hatte. Denn es war
nicht gut, die eigene Verkommenheit mit eigenen Augen
zu sehen. Und solange man es nicht anschaun musste,
war es beinahe so, als hätte man entweder überhaupt

kein Angesicht oder noch das alte, das herstammte aus der Zeit *vor* der Verkommenheit.

Jetzt aber erschrak er, wie gesagt, insbesondere, da er seine Physiognomie mit jenen der wohlanständigen Männer verglich, die in seiner Nachbarschaft saßen. Vor acht Tagen hatte er sich rasieren lassen, schlecht und recht, wie es eben ging, von einem seiner Schicksalsgenossen, die hie und da bereit waren, einen Bruder zu rasieren, gegen ein geringes Entgelt. Jetzt aber galt es, da man beschlossen hatte, ein neues Leben zu beginnen, sich wirklich, sich endgültig rasieren zu lassen. Er beschloss, in einen richtigen Friseurladen zu gehen, bevor er noch etwas bestellte.

Gedacht, getan – und er ging in einen Friseurladen.

Als er in die Taverne zurückkam, war der Platz, den er vorher eingenommen hatte, besetzt, und er konnte sich also nur von ferne im Spiegel sehn. Aber es reichte vollkommen, damit er erkenne, dass er verändert sei, verjüngt und verschönt. Ja, es war, als ginge von seinem Angesicht ein Glanz aus, der die Zerlumptheit der Kleider unbedeutend machte und die sichtlich zerschlissene Hemdbrust – und die rot-weiß gestreifte Krawatte, geschlungen um den Kragen mit rissigem Rand.

Also setzte er sich, unser Andreas, und im Bewusstsein seiner Erneuerung bestellte er mit jener sicheren Stimme, die er dereinst besessen hatte und die ihm jetzt wieder, wie eine alte liebe Freundin, zurückgekommen schien, einen »café, arrosé rhum«. Diesen bekam er auch, und, wie er zu bemerken glaubte, mit allem gehörigen Respekt, wie er sonst von Kellnern ehrwürdigen Gästen gegenüber bezeugt wird. Dies schmeichelte unserm Andreas besonders, es erhöhte ihn auch, und es bestätigte ihm seine Annahme, dass er gerade heute Geburtstag habe.

Ein Herr, der allein in der Nähe des Obdachlosen saß, betrachtete ihn längere Zeit, wandte sich um und sagte: »Wollen Sie Geld verdienen? Sie können bei mir arbeiten. Ich übersiedle nämlich morgen. Sie könnten meiner Frau und auch den Möbelpackern helfen. Mir scheint, Sie sind kräftig genug. Sie können doch? Sie wollen doch?«

»Gewiss will ich«, antwortete Andreas.

»Und was verlangen Sie«, fragte der Herr, »für eine Arbeit von zwei Tagen? Morgen und Samstag? Denn ich habe eine ziemlich große Wohnung, müssen Sie wissen, und ich beziehe eine noch größere. Und viele Möbel habe ich auch. Und ich selbst habe in meinem Geschäft zu tun.«

»Bitte, ich bin dabei!«, sagte der Obdachlose.

»Trinken Sie?«, fragte der Herr.

Und er bestellte zwei Pernods, und sie stießen an, der Herr und der Andreas, und sie wurden miteinander auch über den Preis einig: Er betrug zweihundert Francs.

»Trinken wir noch einen?«, fragte der Herr, nachdem er den ersten Pernod geleert hatte.

»Aber jetzt werde ich zahlen«, sagte der obdachlose Andreas. »Denn Sie kennen mich nicht: Ich bin ein Ehrenmann. Ein ehrlicher Arbeiter. Sehen Sie meine Hände!« – Und er zeigte seine Hände her. – »Es sind schmutzige, schwielige, aber ehrliche Arbeiterhände.«

»Das hab' ich gern!«, sagte der Herr. Er hatte funkelnde Augen, ein rosa Kindergesicht und genau in der Mitte einen schwarzen, kleinen Schnurrbart. Es war, im Ganzen genommen, ein ziemlich freundlicher Mann, und Andreas gefiel er gut.

Sie tranken also zusammen, und Andreas zahlte die zweite Runde. Und als sich der Herr mit dem Kindergesicht erhob, sah Andreas, dass er sehr dick war. Er zog seine Visitenkarte aus der Brieftasche und schrieb seine Adresse darauf. Und hierauf zog er noch einen Hundertfrancsschein aus der gleichen Brieftasche, überreichte beides dem Andreas und sagte dazu: »Damit Sie auch sicher morgen kommen! Morgen früh um acht! Vergessen Sie nicht! Und den Rest bekommen Sie! Und nach der Arbeit trinken wir wieder einen Apéritif zusammen. Auf Wiedersehn! lieber Freund!« – Dann ging der Herr, der dicke, mit dem Kindergesicht, und den Andreas verwunderte nichts mehr als dies, dass der dicke Mann die Adresse aus der gleichen Tasche gezogen hatte wie das Geld.

Nun, da er Geld besaß und noch Aussicht hatte, mehr zu verdienen, beschloss er, sich ebenfalls eine Brieftasche anzuschaffen. Zu diesem Zweck begab er sich auf die Suche nach einem Lederwarenladen. In dem ersten, der auf seinem Wege lag, stand eine junge Verkäuferin. Sie erschien ihm sehr hübsch, wie sie so hinter dem Ladentisch stand, in einem strengen, schwarzen Kleid, ein weißes Lätzchen über der Brust, mit Löckchen am Kopf und einem schweren Goldreifen am rechten Handgelenk. Er nahm den Hut vor ihr ab und sagte heiter: »Ich suche eine Brieftasche.« Das Mädchen warf einen flüchtigen Blick auf seine schlechte Kleidung, aber es war nichts Böses in ihrem Blick, sondern sie hatte den Kunden nur einfach abschätzen wollen. Denn es befanden sich in ihrem Laden teure, mittelteure und ganz billige Brieftaschen. Um überflüssige Fragen zu ersparen, stieg sie sofort eine Leiter hinauf und holte eine Schachtel aus der höchsten Etagere. Dort lagerten nämlich die Brieftaschen, die manche Kunden zurückgebracht hatten, um sie gegen andere einzutauschen. Hierbei sah Andreas, dass dieses Mädchen sehr schöne Beine und sehr schlanke Halbschuhe hatte, und er erinnerte sich jener halb vergessenen Zeiten, in denen er selbst solche Waden gestreichelt, solche Füße geküsst hatte; aber der Gesichter erinnerte er sich nicht mehr, der Gesichter der Frauen; mit Ausnahme eines einzigen, nämlich jenes, für das er im Gefängnis gesessen hatte.

Indessen stieg das Mädchen von der Leiter, öffnete die Schachtel, und er wählte eine der Brieftaschen, die zuoberst lagen, ohne sie näher anzusehen. Er zahlte und setzte den Hut wieder auf und lächelte dem Mädchen zu, und das Mädchen lächelte wieder. Zerstreut steckte er die neue Brieftasche ein, aber das Geld ließ er daneben liegen. Ohne Sinn erschien ihm plötzlich die Brieftasche. Hingegen beschäftigte er sich mit der Leiter, mit den Beinen, mit den Füßen des Mädchens. Deshalb ging er in die Richtung des Montmartre, jene Stätten zu suchen, an denen er früher Lust genossen hatte. In einem steilen und engen Gässchen fand er auch die Taverne mit den Mädchen. Er setzte sich mit mehreren an einen Tisch, bezahlte eine Runde und wählte eines von den Mädchen, und zwar jenes, das ihm am nächsten saß. Hierauf ging er zu ihr. Und obwohl es erst Nachmittag war, schlief er bis in den grauenden Morgen – und weil die Wirte gutmütig waren, ließen sie ihn schlafen.

Am nächsten Morgen, am Freitag also, ging er zu der Arbeit, zu dem dicken Herrn. Dort galt es, der Hausfrau beim Einpacken zu helfen, und obwohl die Möbelpacker bereits ihr Werk verrichteten, blieben für Andreas noch genug schwierige und weniger harte Hilfeleistungen übrig. Doch spürte er im Laufe des Tages die Kraft in seine Muskeln zurückkehren und freute sich der Arbeit. Denn bei der Arbeit war er aufgewachsen, ein Kohlenarbeiter, wie sein Vater, und noch ein wenig ein Bauer, wie sein Großvater. Hätte ihn nur die Frau des Hauses nicht so aufgeregt, die ihm sinnlose Befehle erteilte und ihn mit einem einzigen Atemzug hierhin und dorthin beorderte, sodass er nicht wusste, wo ihm der Kopf stand. Aber sie selbst war aufgeregt, er sah es ein. Es konnte auch ihr nicht leichtfallen, so mir nichts, dir nichts zu übersiedeln, und vielleicht hatte sie auch Angst vor dem neuen Haus. Sie stand angezogen, im Mantel, mit Hut und Handschuhen, Täschchen und Regenschirm, obwohl sie doch hätte wissen müssen, dass sie noch einen Tag und eine Nacht und auch morgen noch im Hause verbleiben müsse. Von Zeit zu Zeit musste sie sich die Lippen schminken, Andreas begriff es vortrefflich. Denn sie war eine Dame.

Andreas arbeitete den ganzen Tag. Als er fertig war, sagte die Frau des Hauses zu ihm: »Kommen Sie morgen pünktlich um sieben Uhr früh.« Sie zog ein Beutelchen aus ihrem Täschchen, Silbermünzen lagen darin. Sie suchte lange, ergriff ein Zehnfrancsstück, ließ es aber wieder ruhen, dann entschloss sie sich, fünf Francs hervorzuziehen. »Hier ein Trinkgeld!«, sagte sie. »Aber«, so fügte sie hinzu, »vertrinken Sie's nicht ganz, und seien Sie pünktlich morgen hier!«

Andreas dankte, ging, vertrank das Trinkgeld, aber nicht mehr. Er verschlief diese Nacht in einem kleinen Hotel.

Man weckte ihn um sechs Uhr morgens. Und er ging frisch an seine Arbeit.

IV

So kam er am nächsten Morgen früher noch als die Möbelpacker. Und wie am vorigen Tage stand die Frau des

Hauses schon da, angekleidet, mit Hut und Handschuhen, als hätte sie sich gar nicht schlafen gelegt, und sagte zu ihm freundlich: »Ich sehe also, dass Sie gestern meiner Mahnung gefolgt sind und wirklich nicht alles Geld vertrunken haben.«

Nun machte sich Andreas an die Arbeit. Und er begleitete noch die Frau in das neue Haus, in das sie übersiedelten, und wartete, bis der freundliche, dicke Mann kam, und der bezahlte ihm den versprochenen Lohn.

»Ich lade Sie noch auf einen Trunk ein«, sagte der dicke Herr. »Kommen Sie mit.«

Aber die Frau des Hauses verhinderte es, denn sie trat dazwischen und verstellte geradezu ihrem Mann den Weg und sagte: »Wir müssen gleich essen.« Also ging Andreas allein weg, trank allein und aß allein an diesem Abend und trat noch in zwei Tavernen ein, um an den Theken zu trinken. Er trank viel, aber er betrank sich nicht und gab acht, dass er nicht zu viel Geld ausgäbe, denn er wollte morgen, eingedenk seines Versprechens, in die Kapelle Ste Marie des Batignolles gehen, um wenigstens einen Teil seiner Schuld an die kleine heilige Therese abzustatten. Allerdings trank er gerade so viel, dass er nicht mehr mit einem ganz sicheren Auge und mit dem Instinkt, den nur die Armut verleiht, das allerbilligste Hotel jener Gegend finden konnte.

Also fand er ein etwas teureres Hotel, und auch hier zahlte er im Voraus, weil er zerschlissene Kleider und kein Gepäck hatte. Aber er machte sich gar nichts daraus und schlief ruhig, ja, bis in den Tag hinein. Er erwachte durch das Dröhnen der Glocken einer nahen Kirche und wusste sofort, was heute für ein wichtiger Tag sei: ein Sonntag; und dass er zur kleinen heiligen Therese müsse, um ihr seine Schuld zurückzuzahlen. Flugs fuhr er nun in die Kleider und begab sich schnellen Schrittes zu dem Platz, wo sich die Kapelle befand. Er kam aber dennoch nicht rechtzeitig zur Zehn-Uhr-Messe an, die Leute strömten ihm gerade aus der Kirche entgegen. Er fragte, wann die nächste Messe beginne, und man sagte ihm, sie fände um zwölf Uhr statt. Er wurde ein wenig ratlos, wie er so vor dem Eingang der Kapelle stand. Er hatte noch eine Stunde Zeit, und diese wollte er keineswegs auf der Straße verbringen. Er sah sich also um, wo er am besten warten könne, und erblickte rechts schräg gegenüber der Kapelle ein Bistro, und dorthin ging er und beschloss, die Stunde, die ihm übrigblieb, abzuwarten.

Mit der Sicherheit eines Menschen, der Geld in seiner Tasche weiß, bestellte er einen Pernod, und er trank ihn auch mit der Sicherheit eines Menschen, der schon viele in seinem Leben getrunken hatte. Er trank noch einen zweiten und einen dritten, und er schüttete immer weniger Wasser in sein Glas nach. Und als gar der vierte kam, wusste er nicht mehr, ob er zwei, fünf oder sechs Gläser getrunken hatte. Auch erinnerte er sich nicht mehr, weshalb er in dieses Café und an diesen Ort geraten sei. Er wusste lediglich noch, dass er hier einer Pflicht, einer Ehrenpflicht, zu gehorchen hatte, und er zahlte, erhob sich, ging, immerhin noch sicheren Schrittes, zur Tür hinaus, erblickte die Kapelle schräg links gegenüber und wusste sofort wiederum, wo, warum und wozu er sich hier befinde. Eben wollte er den ersten Schritt in die Richtung der Kapelle lenken, als er plötzlich seinen Namen rufen hörte. »Andreas!«, rief eine Stimme, eine Frauenstimme. Sie kam aus verschütteten Zeiten. Er hielt inne und wandte den Kopf nach rechts, woher die Stimme gekommen war. Und er erkannte sofort das Gesicht, dessentwegen er im Gefängnis gesessen war. Es war Karoline.

Karoline! Zwar trug sie Hut und Kleider, die er nie an ihr gekannt hatte, aber es war doch ihr Gesicht, und also zögerte er nicht, ihr in die Arme zu fallen, die sie im Nu ausgebreitet hatte. »Welch eine Begegnung«, sagte sie. Und es war wahrhaftig ihre Stimme, die Stimme der Karoline. »Bist du allein?«, fragte sie.

»Ja«, sagte er, »ich bin allein.«

»Komm, wir wollen uns aussprechen«, sagte sie.

»Aber, aber«, erwiderte er, »ich bin verabredet.«

»Mit einem Frauenzimmer?«, fragte sie.

»Ja«, sagte er furchtsam.

»Mit wem?«

»Mit der kleinen Therese«, antwortete er.

»Sie hat nichts zu bedeuten«, sagte Karoline.

In diesem Augenblick fuhr ein Taxi vorbei, und Karoline hielt es mit ihrem Regenschirm auf. Und schon sagte sie eine Adresse dem Chauffeur, und ehe sich es noch Andreas versehen hatte, saß er drinnen im Wagen neben Karoline, und schon rollten sie, schon rasten sie dahin, wie es Andreas schien, durch teils bekannte, teils unbekannte Straßen, weiß Gott, in welche Gefilde!

Jetzt kamen sie in eine Gegend außerhalb der Stadt; lichtgrün, vorfrühlingsgrün war die Landschaft, in der sie hielten, das heißt der Garten, hinter dessen spärlichen Bäumen sich ein verschwiegenes Restaurant verbarg.

Karoline stieg zuerst aus; mit dem Sturmesschritt, den er an ihr gewohnt war, stieg sie zuerst aus, über seine Knie hinweg. Sie zahlte, und er folgte ihr. Und sie gingen ins Restaurant und saßen nebeneinander auf einer Banquette aus grünem Plüsch, wie einst in jungen Zeiten, vor dem Kriminal. Sie bestellte das Essen, wie immer, und sie sah ihn an, und er wagte nicht, sie anzusehen.

»Wo bist du die ganze Zeit gewesen?«, fragte sie.

»Überall, nirgends«, sagte er. »Ich arbeite erst seit zwei Tagen wieder. Die ganze Zeit, seitdem wir uns nicht wiedergesehen haben, habe ich getrunken, und ich habe unter den Brücken geschlafen, wie alle unsereins, und du hast wahrscheinlich ein besseres Leben geführt. – Mit Männern«, fügte er nach einiger Zeit hinzu.

»Und du?«, fragte sie. »Mittendrin, wo du versoffen bist und ohne Arbeit und wo du unter den Brücken schläfst, hast du noch Zeit und Gelegenheit, eine Therese kennenzulernen. Und wenn ich nicht gekommen wäre, zufällig, wärest du wirklich zu ihr hingegangen.«

Er antwortete nicht, er schwieg, bis sie beide das Fleisch gegessen hatten und der Käse kam und das Obst. Und wie er den letzten Schluck Wein aus seinem Glase getrunken hatte, überfiel ihn aufs Neue jener plötzliche Schrecken, den er vor langen Jahren, während der Zeit seines Zusammenlebens mit Karoline, so oft gefühlt hatte. Und er wollte ihr wieder einmal entfliehen, und er rief: »Kellner, zahlen!« Sie aber fuhr ihm dazwischen: »Das ist meine Sache, Kellner!« Der Kellner, es war ein gereifter Mann mit erfahrenen Augen, sagte: »Der Herr hat zuerst gerufen.« Andreas war es also auch, der zahlte. Bei dieser Gelegenheit hatte er das ganze Geld aus der linken inneren Rocktasche hervorgeholt, und nachdem er gezahlt hatte, sah er mit einigem, allerdings durch Weingenuss gemildertem Schrecken, dass er nicht mehr die ganze Summe besaß, die er der kleinen Heiligen schuldete. Aber es geschehen, sagte er sich im Stillen, mir heutzutage so viele Wunder hintereinander, dass ich wohl sicherlich die nächste Woche noch das schuldige Geld aufbringen und zurückzahlen werde.

»Du bist also ein reicher Mann«, sagte Karoline auf der Straße. »Von dieser kleinen Therese lässt du dich wohl aushalten.«

Er erwiderte nichts, und also war sie dessen sicher, dass sie recht hatte. Sie verlangte, ins Kino geführt zu werden. Und er ging mit ihr ins Kino. Nach langer Zeit sah er wieder ein Filmstück. Aber es war schon so lange her, dass er eines gesehen hatte, dass er dieses kaum mehr verstand und an der Schulter der Karoline einschlief. Hierauf gingen sie in ein Tanzlokal, wo man Ziehharmonika spielte, und es war schon so lange her, seitdem er zuletzt getanzt hatte, dass er gar nicht mehr recht tanzen konnte, als er es mit Karoline versuchte. Also nahmen sie ihm andere Tänzer weg, sie war immer noch recht frisch und begehrenswert. Er saß allein am Tisch und trank wieder Pernod, und es war ihm wie in alten Zeiten, wo Karoline auch mit anderen getanzt und er allein am Tisch getrunken hatte. Infolgedessen holte er sie auch plötzlich und gewaltsam aus den Armen eines Tänzers weg und sagte: »Wir gehen nach Hause!« Fasste sie am Nacken und ließ sie nicht mehr los, zahlte und ging mit ihr nach Hause. Sie wohnte in der Nähe.

Und so war alles wie in alten Zeiten, in den Zeiten vor dem Kriminal.

V

Sehr früh am Morgen erwachte er. Karoline schlief noch. Ein einzelner Vogel zwitscherte vor dem offenen Fenster. Eine Zeitlang blieb er mit offenen Augen liegen und nicht länger als ein paar Minuten. In diesen wenigen Minuten dachte er nach. Es kam ihm vor, dass ihm seit langer Zeit nicht so viel Merkwürdiges passiert sei wie in dieser einzigen Woche. Auf einmal wandte er sein Gesicht um und sah Karoline zu seiner Rechten. Was er gestern bei der Begegnung mit ihr nicht gesehen hatte, bemerkte er jetzt: Sie war alt geworden: Blass, aufgedunsen und schwer atmend schlief sie den Morgenschlaf alternder Frauen. Er erkannte den Wandel der Zeiten, die an ihm selbst vorbeigegangen waren. Und er erkannte auch den Wandel seiner selbst, und er beschloss, sofort aufzustehen, ohne Karoline zu wecken, und ebenso zufällig, oder besser gesagt, schicksalshaft wegzugehen, so wie sie beide, Karoline und er, gestern zusammengekommen waren. Verstohlen zog er sich an und ging davon, in einen neuen Tag hinein, in einen seiner gewohnten neuen Tage.

Das heißt, eigentlich in einen seiner ungewohnten. Denn als er in die linke Brusttasche griff, wo er das erst seit einiger Zeit erworbene oder gefundene Geld aufzuheben gewohnt war, bemerkte er, dass ihm nur noch mehr ein Schein von fünfzig Francs verblieben war und ein paar kleine Münzen dazu. Und er, der schon seit langen Jahren nicht gewusst hatte, was Geld bedeute, und auf dessen Bedeutung keineswegs mehr achtgegeben hatte, erschrak nunmehr, so wie einer zu erschrecken pflegt, der gewohnt ist, immer Geld in der Tasche zu haben, und auf einmal in die Verlegenheit gerät, sehr wenig noch in ihr zu finden. Auf einmal schien es ihm, inmitten der morgengrauen, verlassenen Gasse, dass er, der seit unzähligen Monaten Geldlose, plötzlich arm geworden sei, weil er nicht mehr so viele Scheine in der Tasche verspürte, wie er sie in den letzten Tagen besessen hatte. Und es kam ihm vor, dass die Zeit seiner Geldlosigkeit sehr, sehr weit hinter ihm zurückläge und dass er eigentlich den Betrag, welcher den ihm gebührenden Lebensstandard aufrechterhalten sollte, übermütiger sowie auch leichtfertiger Weise für Karoline ausgegeben hatte.

Er war also böse auf Karoline. Und auf einmal begann er, der niemals auf Geldbesitz Wert gelegt hatte, den Wert des Geldes zu schätzen. Auf einmal fand er, dass der Besitz eines Fünfzigfrancsscheins lächerlich sei für einen Mann von solchem Wert und dass er überhaupt, um auch nur über den Wert seiner Persönlichkeit sich selber klar zu werden, es unbedingt nötig habe, über sich selbst in Ruhe bei einem Glas Pernod nachzudenken.

Nun suchte er sich unter den nächstliegenden Gaststätten eine aus, die ihm am gefälligsten schien, setzte sich dorthin und bestellte einen Pernod. Während er ihn trank, erinnerte er sich daran, dass er eigentlich ohne Aufenthaltserlaubnis in Paris lebte, und er sah seine Papiere nach. Und hierauf fand er, dass er eigentlich ausgewiesen sei, denn er war als Kohlenarbeiter nach Frankreich gekommen, und er stammte aus Olschowice, aus dem polnischen Schlesien.

VI

Hierauf, während er seine halb zerfetzten Papiere vor sich auf dem Tisch ausbreitete, erinnerte er sich daran, dass er eines Tages, vor vielen Jahren, hierhergekommen war, weil man in der Zeitung kundgemacht hatte, dass man in Frankreich Kohlenarbeiter suche. Und er hatte sich sein Lebtag nach einem fernen Lande gesehnt. Und er hatte in den Gruben von Quebecque gearbeitet, und er war einquartiert gewesen bei seinen Landsleuten, dem Ehepaare Schebiec. Und er liebte die Frau, und da der Mann sie eines Tages zu Tode schlagen wollte, schlug er, Andreas, den Mann tot. Dann saß er zwei Jahre im Kriminal.

Diese Frau war eben Karoline.

Und dieses alles dachte Andreas im Betrachten seiner bereits ungültig gewordenen Papiere. Und hierauf bestellte er noch einen Pernod, denn er war ganz unglücklich.

Als er sich endlich erhob, verspürte er zwar eine Art von Hunger, aber nur jenen, von dem lediglich Trinker befallen werden können. Es ist dies nämlich eine besondere Art von Begehrlichkeit (nicht nach Nahrung), die lediglich ein paar Augenblicke dauert und sofort gestillt wird, sobald derjenige, der sie verspürt, sich ein bestimmtes Getränk vorstellt, das ihm in diesem bestimmten Moment zu behagen scheint.

Lange schon hatte Andreas vergessen, wie er mit Vatersnamen hieß. Jetzt aber, nachdem er soeben seine ungültigen Papiere noch einmal gesehen hatte, erinnerte er sich daran, dass er Kartak hieße: Andreas Kartak. Und es war ihm, als entdeckte er sich selbst erst seit langen Jahren wieder.

Immerhin grollte er einigermaßen dem Schicksal, das ihm nicht wieder, wie das letzte Mal, einen dicken, schnurrbärtigen, kindergesichtigen Mann in dieses Caféhaus geschickt hatte, der es ihm möglich gemacht hätte, neues Geld zu verdienen. Denn an nichts gewöhnen sich die Menschen so leicht wie an Wunder, wenn sie ihnen ein-, zwei-, dreimal widerfahren sind. Ja! Die Natur der Menschen ist derart, dass sie sogar böse werden, wenn ihnen nicht unaufhörlich all jenes zuteil wird, was ihnen ein zufälliges und vorübergehendes Geschick versprochen zu haben scheint. So sind die Menschen – – und was wollten wir anderes von Andreas erwarten? Den Rest des Tages verbrachte er also in verschiedenen anderen Tavernen, und er gab sich bereits damit zufrieden, dass die Zeit der Wunder, die er erlebt hatte, vorbei sei, endgültig vorbei sei, und seine alte Zeit nun wieder begonnen habe. Und zu jenem langsamen Untergang entschlossen, zu dem Trinker immer bereit sind – Nüchterne werden das nie erfahren! –, begab sich Andreas wieder an die Ufer der Seine unter die Brücken.

Er schlief dort, halb bei Tag und halb bei Nacht, so wie er es gewohnt gewesen war seit einem Jahr, hier und dort eine Flasche Schnaps ausleihend bei dem und jenem seiner Schicksalsgenossen – – bis zur Nacht des Donnerstags auf Freitag.

In jener Nacht nämlich träumte ihm, dass die kleine Therese in der Gestalt eines blond gelockten Mädchens zu ihm käme und ihm sagte: »Warum bist du letzten Sonntag nicht bei mir gewesen?« Und die kleine Heilige sah genauso aus, wie er sich vor vielen Jahren seine eigene Tochter vorgestellt hatte. Und er hatte gar keine Tochter! Und im Traum sagte er zu der kleinen Therese: »Wie sprichst du zu mir? Hast du vergessen, dass ich dein Vater bin?« Die Kleine antwortete: »Verzeih, Vater, aber tu mir den Gefallen und komm übermorgen, Sonntag, zu mir in die Ste Marie des Batignolles.«

Nach dieser Nacht, in der er diesen Traum geträumt hatte, erhob er sich erfrischt und wie vor einer Woche, als ihm noch die Wunder geschehen waren, so als nähme er den Traum für ein wahres Wunder. Noch einmal wollte er sich am Flusse waschen. Aber bevor er seinen Rock zu diesem Zweck ablegte, griff er in die linke Brusttasche, in der vagen Hoffnung, es könnte sich dort noch irgendetwas Geld befinden, von dem er vielleicht gar nichts gewusst hätte. Er griff in die linke innere Brusttasche seines Rockes, und seine Hand fand dort zwar keinen Geldschein, wohl aber jene lederne Brieftasche, die

er vor ein paar Tagen gekauft hatte. Diese zog er hervor.
Es war eine äußerst billige, bereits verbrauchte, umge-
tauschte, wie nicht anders zu erwarten. Spaltleder.
Rindsleder. Er betrachtete sie, weil er sich nicht mehr
erinnerte, dass, wo und wann er sie gekauft hatte. Wie
kommt das zu mir?, fragte er sich. Schließlich öffnete er
das Ding und sah, dass es zwei Fächer hatte. Neugierig
sah er in beide hinein, und in einem von ihnen war ein
Geldschein. Und er zog ihn hervor, es war ein Tausendfrancsschein.

Hierauf steckte er die tausend Francs in die Hosenta-
sche und ging an das Ufer der Seine, und ohne sich um
seine Unheilsgenossen zu kümmern, wusch er sich Gesicht und den Hals sogar, und dies beinahe fröhlich. Hierauf zog er sich den Rock wieder an und ging in den Tag
hinein, und er begann den Tag damit, dass er in ein
Tabac eintrat, um Zigaretten zu kaufen.

Nun hatte er zwar Kleingeld genug, um die Zigaretten
bezahlen zu können, aber er wusste nicht, bei welcher
Gelegenheit er den Tausendfrancsschein, den er so wunderbarerweise in der Brieftasche gefunden hatte, wechseln könnte. Denn so viel Welterfahrung besaß er schon,
dass er ahnte, es bestünde in den Augen der Welt, das
heißt, in den Augen der maßgebenden Welt, ein bedeu-
tender Gegensatz zwischen seiner Kleidung, seinem Aussehen und einem Schein von tausend Francs. Immerhin
beschloss er, mutig, wie er durch das erneuerte Wunder
geworden war, die Banknote zu zeigen. Allerdings, den
Rest der Klugheit noch gebrauchend, der ihm verblieben
war, um dem Herrn an der Kasse des Tabacs zu sagen:
»Bitte, wenn Sie tausend Francs nicht wechseln können,
gebe ich Ihnen auch Kleingeld. Ich möchte sie aber gerne
gewechselt haben.«

Zum Erstaunen Andreas' sagte der Herr vom Tabac: »Im Gegenteil! Ich brauche einen Tausendfrancsschein, Sie kommen mir sehr gelegen.« Und der Besitzer wechselte den Tausendfrancsschein. Hierauf blieb Andreas ein wenig an der Theke stehen und trank drei Gläser Weißwein; gewissermaßen aus Dankbarkeit gegenüber dem Schicksal.

VII

Indes er so an der Theke stand, fiel ihm eine eingerahmte Zeichnung auf, die hinter dem breiten Rücken des Wirtes an der Wand hing, und diese Zeichnung erinnerte ihn an einen alten Schulkameraden aus Olschowice. Er fragte den Wirt: »Wer ist das? Den kenne ich, glaube ich.« Darauf brachen sowohl der Wirt als auch sämtliche Gäste, die an der Theke standen, in ein ungeheures Gelächter aus. Und sie riefen alle: »Wie, er kennt ihn nicht!«

Denn es war in der Tat der große Fußballspieler Kanjak, schlesischer Abkunft, allen normalen Menschen wohlbekannt. Aber woher sollten ihn Alkoholiker, die unter den Seine-Brücken schliefen, kennen, und wie, zum Beispiel, unser Andreas? Da er sich aber schämte, und insbesondere deshalb, weil er soeben einen Tausendfrancsschein gewechselt hatte, sagte Andreas: »Oh, natürlich kenne ich ihn, und es ist sogar mein Freund. Aber die Zeichnung schien mir missraten.« Hierauf, und damit man ihn nicht weiter frage, zahlte er schnell und ging.

Jetzt verspürte er Hunger. Er suchte also das nächste Gasthaus auf und aß und trank einen roten Wein und nach dem Käse einen Kaffee und beschloss, den Nachmittag in einem Kino zu verbringen. Er wusste nur noch nicht, in welchem. Er begab sich also im Bewusstsein dessen, dass er im Augenblick so viel Geld besäße, wie jeder der wohlhabenden Männer, die ihm auf der Straße entgegenkommen mochten, auf die großen Boulevards. Zwischen der Oper und dem Boulevard des Capucines suchte er nach einem Film, der ihm wohl gefallen möchte, und schließlich fand er einen. Das Plakat, das diesen Film ankündigte, stellte nämlich einen Mann dar, der in einem fernen Abenteuer offenbar unterzugehen gedachte. Er schlich, wie das Plakat vorgab, durch eine erbarmungslose, sonnverbrannte Wüste. In dieses Kino trat nun Andreas ein. Er sah den Film vom Mann, der durch die sonnverbrannte Wüste geht. Und schon war Andreas im Begriffe, den Helden des Films sympathisch und ihn sich selbst verwandt zu fühlen, als plötzlich das Kinostück eine unerwartet glückliche Wendung nahm und der Mann in der Wüste von einer vorbeiziehenden, wissenschaftlichen Karawane gerettet und in den Schoß der europäischen Zivilisation zurückgeführt wurde. Hierauf verlor Andreas jede Sympathie für den Helden des Films. Und schon war er im Begriff, sich zu erheben, als auf der Leinwand das Bild jenes Schulkameraden erschien, dessen Zeichnung er vor einer Weile, an der Theke stehend, hinter dem Rücken des Wirtes der Taverne gesehen hatte. Es war der große Fußballspieler Kanjak. Hierauf erinnerte sich Andreas, dass er einmal, vor zwanzig Jahren, mit Kanjak zusammen in der gleichen Schulbank gesessen hatte, und er beschloss, sich morgen sofort zu erkundigen, ob sein alter Schulkollege sich in Paris aufhielte.

Denn er hatte, unser Andreas, nicht weniger als neunhundertachtzig Francs in der Tasche.

Und dies ist nicht wenig.

VIII

Bevor er aber das Kino verließ, fiel es ihm ein, dass er es gar nicht nötig hätte, bis morgen früh auf die Adresse seines Freundes und Schulkameraden zu warten; insbesondere in Anbetracht der ziemlich hohen Summe, die er in der Tasche liegen hatte.

Er war jetzt, in Anbetracht des Geldes, das ihm verblieb, so mutig geworden, dass er beschloss, sich an der Kasse nach der Adresse seines Freundes zu erkundigen, des berühmten Fußballspielers Kanjak. Er hatte gedacht, man müsste zu diesem Zweck den Direktor des Kinos persönlich fragen. Aber nein! Wer war in ganz Paris so bekannt wie der Fußballspieler Kanjak? Der Türsteher schon kannte seine Adresse. Er wohnte in einem Hotel in den Champs-Élysées. Der Türsteher sagte ihm auch den Namen des Hotels; und sofort begab sich unser Andreas auf den Weg dorthin.

Es war ein vornehmes, kleines und stilles Hotel, gerade eines jener Hotels, in denen Fußballspieler und Boxer, die Elite unserer Zeit, zu wohnen pflegen. Andreas kam sich in der Vorhalle etwas fremd vor, und auch den Angestellten des Hotels kam er etwas fremd vor. Immerhin sagten sie, der berühmte Fußballspieler Kanjak sei zu Hause und bereit, jeden Moment in die Vorhalle zu kommen.

Nach ein paar Minuten kam er auch herunter, und sie erkannten sich beide sofort. Und sie tauschten im Stehen noch alte Schulerinnerungen aus, und hierauf gingen sie zusammen essen, und es herrschte große Fröhlichkeit zwischen beiden. Sie gingen zusammen essen, und es ergab sich also infolgedessen, dass der berühmte Fußballspieler seinen verkommenen Freund Folgendes fragte:

»Warum schaust du so verkommen aus, was trägst du überhaupt für Lumpen an deinem Leib?«

»Es wäre schrecklich«, antwortete Andreas, »wenn ich erzählen wollte, wie das alles gekommen ist. Und es würde auch die Freude an unserem glücklichen Zusammentreffen bedeutsam stören. Lass uns darüber lieber kein Wort verlieren. Reden wir von was Heiterem.«

»Ich habe viele Anzüge«, sagte der berühmte Fußballspieler Kanjak. »Und es wird mir eine Freude sein, dir den einen oder den anderen davon abzugeben. Du hast neben mir in der Schulbank gesessen, und du hast mich abschreiben lassen. Was bedeutet schon ein Anzug für mich! Wo soll ich ihn dir hinschicken?«

»Das kannst du nicht«, erwiderte Andreas, »und zwar einfach deshalb, weil ich keine Adresse habe. Ich wohne nämlich seit einiger Zeit unter den Brücken an der Seine.«

»So werde ich dir also«, sagte der Fußballspieler Kanjak, »ein Zimmer mieten, einfach zu dem Zweck, dir einen Anzug schenken zu können. Komm!«

Nachdem sie gegessen hatten, gingen sie hin, und der Fußballspieler Kanjak mietete ein Zimmer, und dieses kostete fünfundzwanzig Francs pro Tag und war gelegen in der Nähe der großartigen Kirche von Paris, die unter dem Namen »Madeleine« bekannt ist.

IX

Das Zimmer war im fünften Stock gelegen, und Andreas und der Fußballspieler mussten den Lift benützen. Andreas besaß selbstverständlich kein Gepäck. Aber weder der Portier noch der Liftboy noch sonst irgendeiner von dem Personal des Hotels verwunderte sich darüber. Denn es war einfach ein Wunder, und innerhalb des Wunders gibt es nichts Verwunderliches. Als sie beide im Zimmer oben standen, sagte der Fußballspieler Kanjak zu seinem Schulbankgenossen Andreas: »Du brauchst wahrscheinlich eine Seife.«

»Unsereins«, erwiderte Andreas, »kann auch ohne Seife leben. Ich gedenke hier acht Tage ohne Seife zu wohnen, und ich werde mich trotzdem waschen. Ich möchte aber, dass wir uns zur Ehre dieses Zimmers sofort etwas zum Trinken bestellen.«

Und der Fußballspieler bestellte eine Flasche Cognac. Diese tranken sie bis zur Neige. Hierauf verließen sie das Zimmer und nahmen ein Taxi und fuhren auf den Montmartre, und zwar in jenes Café, wo die Mädchen saßen und wo Andreas erst ein paar Tage vorher gewesen war. Nachdem sie dort zwei Stunden gesessen und Erinnerungen aus der Schulzeit ausgetauscht hatten, führte der Fußballspieler Andreas nach Hause, das heißt, in das Hotelzimmer, das er ihm gemietet hatte, und sagte zu ihm: »Jetzt ist es spät. Ich lasse dich allein. Ich schicke dir morgen zwei Anzüge. Und – brauchst du Geld?«

»Nein«, sagte Andreas, »ich habe neunhundertachtzig Francs, und das ist nicht wenig. Geh nach Hause!«

»Ich komme in zwei oder drei Tagen«, sagte der Freund, der Fußballspieler.

X

Das Hotelzimmer, in dem Andreas nunmehr wohnte, hatte die Nummer neunundachtzig. Sobald Andreas sich allein in diesem Zimmer befand, setzte er sich in den bequemen Lehnstuhl, der mit rosa Rips überzogen war, und begann, sich umzusehn. Er sah zuerst die rotseidene Tapete, unterbrochen von zartgoldenen Papageienköpfen, an den Wänden drei elfenbeinerne Knöpfe, rechts an der Türleiste und in der Nähe des Bettes den Nachttisch und die Lampe darüber mit dunkelgrünem Schirm und ferner eine Tür mit einem weißen Knauf, hinter der sich etwas Geheimnisvolles, jedenfalls für Andreas Geheimnisvolles, zu verbergen schien. Ferner gab es in der Nähe des Bettes ein schwarzes Telefon, dermaßen angebracht, dass auch ein im Bett Liegender das Hörrohr ganz leicht mit der rechten Hand erfassen kann.

Andreas, nachdem er lange das Zimmer betrachtet hatte und darauf bedacht gewesen war, sich auch mit ihm vertraut zu machen, wurde plötzlich neugierig. Denn die Tür mit dem weißen Knauf irritierte ihn, und trotz seiner Angst und obwohl er der Hotelzimmer ungewohnt war, erhob er sich und beschloss nachzusehen, wohin die Tür führe. Er hatte gedacht, sie sei selbstverständlich verschlossen. Aber wie groß war sein Erstaunen, als sie sich freiwillig, beinahe zuvorkommend, öffnete!

Er sah nunmehr, dass es ein Badezimmer war, mit glänzenden Kacheln und mit einer Badewanne, schimmernd und weiß, und mit einer Toilette, und kurz und gut, das, was man in seinen Kreisen eine Bedürfnisanstalt hätte nennen können.

In diesem Augenblick auch verspürte er das Bedürfnis, sich zu waschen, und er ließ heißes und kaltes Wasser aus den beiden Hähnen in die Wanne rinnen. Und wie er sich auszog, um in sie hineinzusteigen, bedauerte er auch, dass er keine Hemden habe, denn wie er sich das Hemd auszog, sah er, dass es sehr schmutzig war, und

von vornherein schon hatte er Angst vor dem Augenblick, in dem er wieder aus dem Bad gestiegen und dieses
Hemd anziehen müsste.

Er stieg in das Bad, er wusste wohl, dass es eine lange
Zeit her war, seitdem er sich gewaschen hatte. Er badete
geradezu mit Wollust, erhob sich, zog sich wieder an und
wusste nun nicht mehr, was er mit sich anfangen sollte.

Mehr aus Ratlosigkeit als aus Neugier öffnete er die
Tür des Zimmers, trat in den Korridor und erblickte hier
eine junge Frau, die aus ihrem Zimmer gerade heraus-
kam, wie er eben selbst. Sie war schön und jung, wie ihm
schien. Ja, sie erinnerte ihn an die Verkäuferin in dem
Laden, wo er die Brieftasche erstanden hatte, und ein
bisschen auch an Karoline, und infolgedessen verneigte
er sich leicht vor ihr und grüßte sie, und da sie ihm antwortete, mit einem Kopfnicken, fasste er sich ein Herz
und sagte ihr geradewegs: »Sie sind schön.«

»Auch Sie gefallen mir«, antwortete sie, »einen Augenblick! Vielleicht sehen wir uns morgen.« – Und sie ging
dahin im Dunkel des Korridors. Er aber, liebebedürftig,
wie er plötzlich geworden war, sah nach der Nummer
ihrer Tür, hinter der sie wohnte.

Und es war die Nummer siebenundachtzig. Diese
merkte er sich in seinem Herzen.

XI

Er kehrte wieder in sein Zimmer zurück, wartete, lauschte
und war schon entschlossen, nicht erst den Morgen abzuwarten, um mit dem schönen Mädchen zusammenzu-
kommen. Denn, obwohl er durch die fast ununterbro-

chene Reihe der Wunder in den letzten Tagen bereits überzeugt war, dass sich die Gnade auf ihn niedergelassen hatte, glaubte er doch gerade deswegen, zu einer Art Übermut berechtigt zu sein, und er nahm an, dass er gewissermaßen aus Höflichkeit der Gnade noch zuvorkommen müsste, ohne sie im Geringsten zu kränken. Wie er nun also die leisen Schritte des Mädchens von Nummer siebenundachtzig zu vernehmen glaubte, öffnete er vorsichtig die Tür seines Zimmers einen Spaltbreit und sah, dass sie es wirklich war, die in ihr Zimmer zurückkehrte. Was er aber freilich infolge seiner langjährigen Unerfahrenheit nicht bemerkte, war der nicht gering zu schätzende Umstand, dass auch das schöne Mädchen sein Spähen bemerkt hatte. Infolgedessen machte sie, wie sie es Beruf und Gewohnheit gelehrt hatten, hastig und hurtig eine scheinbare Ordnung in ihrem Zimmer und löschte die Deckenlampe aus und legte sich aufs Bett und nahm beim Schein der Nachttischlampe ein Buch in die Hand und las darin; aber es war ein Buch, das sie bereits längst gelesen hatte.

Eine Weile später klopfte es auch zage an ihrer Tür, wie sie es auch erwartet hatte, und Andreas trat ein. Er blieb an der Schwelle stehen, obwohl er bereits die Gewissheit hatte, dass er im nächsten Augenblick die Einladung bekommen würde näherzutreten. Denn das hübsche Mädchen rührte sich nicht aus ihrer Stellung, sie legte nicht einmal das Buch aus der Hand, sie fragte nur: »Und was wünschen Sie?«

Andreas, sicher geworden durch Bad, Seife, Lehnstuhl, Tapete, Papageienköpfe und Anzug, erwiderte: »Ich kann nicht bis morgen warten, Gnädige.« Das Mädchen schwieg.

Andreas trat näher an sie heran, fragte sie, was sie lese, und sagte aufrichtig: »Ich interessiere mich nicht für Bücher.«

»Ich bin nur vorübergehend hier«, sagte das Mädchen auf dem Bett, »ich bleibe nur bis Sonntag hier. Am Montag muss ich nämlich in Cannes wieder auftreten.«

»Als was?«, fragte Andreas.

»Ich tanze im Kasino. Ich heiße Gabby. Haben Sie den Namen noch nie gehört?«

»Gewiss, ich kenne ihn aus den Zeitungen«, log Andreas – und er wollte hinzufügen: mit denen ich mich zudecke. Aber er vermied es.

Er setzte sich an den Rand des Bettes, und das schöne Mädchen hatte nichts dagegen. Sie legte sogar das Buch aus der Hand, und Andreas blieb bis zum Morgen in Zimmer siebenundachtzig.

XII

Am Samstagmorgen erwachte er mit dem festen Entschluss, sich von dem schönen Mädchen bis zu ihrer Abreise nicht mehr zu trennen. Ja, in ihm blühte sogar der zarte Gedanke an eine Reise mit der jungen Frau nach Cannes, denn er war, wie alle armen Menschen, geneigt, kleine Summen, die er in der Tasche hatte (und insbesondere die trinkenden armen Menschen neigen dazu), für große zu halten. Er zählte also am Morgen seine neunhundertachtzig Francs noch einmal nach. Und da sie in einer Brieftasche lagen und da diese Brieftasche in einem neuen Anzug steckte, hielt er die Summe um das Zehnfache vergrößert. Infolgedessen war er auch keineswegs erregt, als eine Stunde später, nachdem er es verlassen hatte, das schöne Mädchen bei ihm eintrat, ohne anzuklopfen, und da sie ihn fragte, wie sie beide den

Samstag zu verbringen hätten, vor ihrer Abreise nach Cannes, sagte er aufs Geratewohl: »Fontainebleau.« Irgendwo, halb im Traum, hatte er es vielleicht gehört. Er wusste jedenfalls nicht mehr, warum und wieso ihm dieser Ortsname auf die Zunge gekommen war.

Sie mieteten also ein Taxi, und sie fuhren nach Fontainebleau, und dort erwies es sich, dass das schöne Mädchen ein gutes Restaurant kannte, in dem man gute Speisen speiste und guten Trank trinken konnte. Und auch den Kellner kannte sie, und sie nannte ihn beim Vornamen. Und wenn unser Andreas eifersüchtig von Natur gewesen wäre, so hätte er wohl auch böse werden können. Aber er war nicht eifersüchtig, und also wurde er auch nicht böse. Sie verbrachten eine Zeitlang beim Essen und Trinken und fuhren hierauf, noch einmal im Taxi, zurück nach Paris, und auf einmal lag der strahlende Abend von Paris vor ihnen, und sie wussten nichts mit ihm anzufangen, eben wie Menschen nicht wissen, die nicht zueinander gehören und die nur zufällig zueinander gestoßen sind. Die Nacht breitete sich vor ihnen aus wie eine allzu lichte Wüste.

Und sie wussten nicht mehr, was miteinander anzufangen, nachdem sie leichtfertigerweise das wesentliche Erlebnis vergeudet hatten, das Mann und Frau gegeben ist. Also beschlossen sie, was den Menschen unserer Zeit vorbehalten bleibt, sobald sie nicht wissen, was anzufangen, ins Kino zu gehen. Und sie saßen da, und es war keine Finsternis, nicht einmal ein Dunkel, und knapp konnte man es noch ein Halbdunkel nennen. Und sie drückten einander die Hände, das Mädchen und unser Freund Andreas. Aber sein Händedruck war gleichgültig, und er litt selber darunter. Er selbst. Hierauf, als die Pause kam, beschloss er, mit dem schönen Mädchen in

die Halle zu gehen und zu trinken, und sie gingen auch
beide hin, und sie tranken. Und das Kino interessierte
ihn keineswegs mehr. Sie gingen in einer ziemlichen Be-
klommenheit ins Hotel.

Am nächsten Morgen, es war Sonntag, erwachte Andreas in dem Bewusstsein seiner Pflicht, dass er das Geld
zurückzahlen müsse. Er erhob sich schneller als am letzten Tag und so schnell, dass das schöne Mädchen aus
dem Schlaf aufschrak und ihn fragte: »Warum so schnell,
Andreas?«

»Ich muss eine Schuld bezahlen«, sagte Andreas.

»Wie? Heute am Sonntag?«, fragte das schöne Mädchen.

»Ja, heute am Sonntag«, erwiderte Andreas.

»Ist es eine Frau oder ein Mann, dem du Geld schuldig
bist?«

»Eine Frau«, sagte Andreas zögernd.

»Wie heißt sie?«

»Therese.«

Daraufhin sprang das schöne Mädchen aus dem Bett,
ballte die Fäuste und schlug sie auch beide Andreas ins
Gesicht.

Und daraufhin floh er aus dem Zimmer, und er verließ
das Hotel. Und ohne sich weiter umzusehn, ging er in die
Richtung der Ste Marie des Batignolles, in dem sicheren
Bewusstsein, dass er heute endlich der kleinen Therese
die zweihundert Francs zurückzahlen könnte.

XIII

Nun wollte es die Vorsehung – oder wie weniger gläubige
Menschen sagen würden: der Zufall –, dass Andreas wie-

der einmal knapp nach der Zehn-Uhr-Messe ankam. Und es war selbstverständlich, dass er in der Nähe der Kirche das Bistro erblickte, in dem er zuletzt getrunken hatte, und dort trat er auch wieder ein.

Er bestellte also zu trinken. Aber vorsichtig, wie er war und wie es alle Armen dieser Welt sind, selbst wenn sie Wunder über Wunder erlebt haben, sah er zuerst nach, ob er wirklich auch Geld genug besäße, und er zog seine Brieftasche heraus. Und da sah er, dass von seinen neunhundertachtzig Francs kaum noch mehr etwas übrig war.

Es blieben ihm nämlich nur zweihundertfünfzig. Er dachte nach und erkannte, dass ihm das schöne Mädchen im Hotel das Geld genommen hatte. Aber unser Andreas machte sich gar nichts daraus. Er sagte sich, dass er für jede Lust zu zahlen habe, und er hatte Lust genossen, und er hatte also auch zu bezahlen.

Er wollte hier abwarten, so lange, bis die Glocken läuteten, die Glocken der nahen Kapelle, um zur Messe zu gehen und um dort endlich die Schuld der kleinen Heiligen abzustatten. Inzwischen wollte er trinken, und er bestellte zu trinken. Er trank. Die Glocken, die zur Messe riefen, begannen zu dröhnen, und er rief: »Zahlen, Kellner!«, zahlte, erhob sich, ging hinaus und stieß knapp vor der Tür mit einem sehr großen breitschultrigen Mann zusammen. Den nannte er sofort: »Woitech.« Und dieser rief zu gleicher Zeit: »Andreas!« Sie sanken einander in die Arme, denn sie waren beide zusammen Kohlenarbeiter gewesen in Quebecque, zusammen beide in einer Grube.

»Wenn du mich hier erwarten willst«, sagte Andreas, »zwanzig Minuten nur, so lange, wie die Messe dauert, nicht einen Moment länger!«

»Grad nicht«, sagte Woitech. »Seit wann gehst du überhaupt in die Messe? Ich kann die Pfaffen nicht leiden und noch weniger die Leute, die zu den Pfaffen gehn.«

»Aber ich gehe zur kleinen Therese«, sagte Andreas, »ich bin ihr Geld schuldig.«

»Meinst du die kleine heilige Therese?«, fragte Woitech.

»Ja, die meine ich«, erwiderte Andreas.

»Wie viel schuldest du ihr?«, fragte Woitech.

»Zweihundert Francs!«, sagte Andreas.

»Dann begleite ich dich!«, sagte Woitech.

Die Glocken dröhnten immer noch. Sie gingen in die Kirche, und wie sie drinnen standen und die Messe gerade begonnen hatte, sagte Woitech mit flüsternder Stimme: »Gib mir sofort hundert Francs! Ich erinnere mich eben, dass mich drüben einer erwartet, ich komme sonst ins Kriminal!«

Unverzüglich gab ihm Andreas die ganzen zwei Hundertfrancsscheine, die er noch besaß, und sagte. »Ich komme sofort nach.«

Und wie er nun einsah, dass er kein Geld mehr hatte, um es der Therese zurückzuzahlen, hielt er es auch für sinnlos, noch länger der Messe beizuwohnen. Nur aus Anstand wartete er noch fünf Minuten und ging dann hinüber in das Bistro, wo Woitech auf ihn wartete.

Von nun an blieben sie Kumpane, denn das versprachen sie einander gegenseitig.

Freilich hatte Woitech keinen Freund gehabt, dem er Geld schuldig gewesen wäre. Den einen Hundertfrancsschein, den ihm Andreas geborgt hatte, verbarg er sorgfältig im Taschentuch und machte einen Knoten darum. Für die andern hundert Francs lud er Andreas ein, zu trinken und noch einmal zu trinken und noch einmal zu trinken, und in der Nacht gingen sie in jenes Haus, wo

die gefälligen Mädchen saßen, und dort blieben sie auch
alle beide drei Tage, und als sie wieder herauskamen, war
es Dienstag, und Woitech trennte sich von Andreas mit
den Worten: »Sonntag sehen wir uns wieder, um dieselbe
Zeit und an der gleichen Stelle und am selben Ort.«

»Servus!«, sagte Andreas.

»Servus!«, sagte Woitech und verschwand.

XIV

Es war ein regnerischer Dienstagnachmittag, und es regnete so dicht, dass Woitech im nächsten Augenblick
tatsächlich verschwunden war. Jedenfalls schien es Andreas also.

Es schien ihm, dass sein Freund verloren gegangen
war im Regen, genauso, wie er ihn zufällig getroffen
hatte, und da er kein Geld mehr in der Tasche besaß,
ausgenommen fünfunddreißig Francs, und verwöhnt
vom Schicksal, wie er sich glaubte, und der Wunder
sicher, die ihm gewiss noch geschehen würden, beschloss er, wie alle Armen und des Trunkes Gewohnten
es tun, sich wieder dem Gott anzuvertrauen, dem einzigen, an den er glaubte. Also ging er zur Seine und die
gewohnte Treppe hinunter, die zu der Heimstätte der
Obdachlosen führt.

Hier stieß er auf einen Mann, der eben im Begriffe
war, die Treppe hinaufzusteigen, und der ihm sehr bekannt vorkam. Infolgedessen grüßte Andreas ihn höflich. Es war ein etwas älterer, gepflegt aussehender Herr,
der stehen blieb, Andreas genau betrachtete und schließlich fragte: »Brauchen Sie Geld, lieber Herr?«

An der Stimme erkannte Andreas, dass es jener Herr war, den er drei Wochen vorher getroffen hatte. Also sagte er: »Ich erinnere mich wohl, dass ich Ihnen noch Geld schuldig bin, ich sollte es der heiligen Therese zurückbringen. Aber es ist allerhand dazwischengekommen, wissen Sie. Und ich bin schon das dritte Mal daran verhindert gewesen, das Geld zurückzugeben.«

»Sie irren sich«, sagte der ältere, wohlangezogene Herr, »ich habe nicht die Ehre, Sie zu kennen. Sie verwechseln mich offenbar, aber es scheint mir, dass Sie in einer Verlegenheit sind. Und was die heilige Therese betrifft, von der Sie eben gesprochen haben, bin ich ihr dermaßen menschlich verbunden, dass ich selbstverständlich bereit bin, Ihnen das Geld vorzustrecken, das Sie ihr schuldig sind. Wie viel macht es denn?«

»Zweihundert Francs«, erwiderte Andreas, »aber verzeihen Sie, Sie kennen mich ja nicht! Ich bin ein Ehrenmann, und Sie können mich kaum mahnen. Ich habe nämlich wohl meine Ehre, aber keine Adresse. Ich schlafe unter einer dieser Brücken.«

»Oh, das macht nichts!«, sagte der Herr. »Auch ich pflege da zu schlafen. Und Sie erweisen mir geradezu einen Gefallen, für den ich nicht genug dankbar sein kann, wenn Sie mir das Geld abnehmen. Denn auch ich bin der kleinen Therese so viel schuldig!«

»Dann«, sagte Andreas, »allerdings stehe ich zu Ihrer Verfügung.«

Er nahm das Geld, wartete eine Weile, bis der Herr die Stufen hinaufgeschritten war, und ging dann selber die gleichen Stufen hinauf und geradewegs in die Rue des Quatre Vents in sein altes Restaurant, in das russisch-armenische Tari-Bari, und dort blieb er bis zum Samstagabend. Und da erinnerte er sich, dass morgen Sonntag sei und dass er in die Kapelle Ste Marie des Batignolles zu gehen habe.

XV

Im Tari-Bari waren viele Leute, denn manche schliefen dort, die kein Obdach hatten, tagelang, nächtelang, des Tags hinter der Theke und des Nachts auf den Banquetten. Andreas erhob sich am Sonntag sehr früh, nicht so sehr wegen der Messe, die er zu versäumen gefürchtet hätte, wie aus Angst vor dem Wirt, der ihn mahnen würde, Trank und Speise und Quartier für so viele Tage zu bezahlen.

Er irrte sich aber, denn der Wirt war bereits viel früher aufgestanden als er. Denn der Wirt kannte ihn schon seit Langem und wusste, dass unser Andreas dazu neigte, jede Gelegenheit wahrzunehmen, um Zahlungen auszuweichen. Infolgedessen musste unser Andreas bezahlen, von Dienstag bis Sonntag, reichlich Speise und Getränke und viel mehr noch, als er gegessen und getrunken hatte. Denn der Wirt vom Tari-Bari wusste zu unterscheiden, welche von seinen Kunden rechnen konnten und welche nicht. Aber unser Andreas gehörte zu jenen, die nicht rechnen konnten, wie viele Trinker. Andreas zahlte also einen großen Teil des Geldes, das er bei sich hatte, und begab sich dennoch in die Richtung der Kapelle Ste Marie des Batignolles. Aber er wusste wohl schon, dass er nicht mehr genügend Geld hatte, um der heiligen Therese alles zurückzuzahlen. Und er dachte ebenso an seinen Freund Woitech, mit dem er sich verabredet hatte, genau in dem gleichen Maße wie an seine kleine Gläubigerin.

Nun also kam er in der Nähe der Kapelle an, und es war wieder leider nach der Zehn-Uhr-Messe, und noch einmal strömten ihm die Menschen entgegen, und wie er so gewohnt den Weg zum Bistro einschlug, hörte er hinter sich rufen, und plötzlich fühlte er eine derbe Hand auf seiner Schulter. Und wie er sich umwandte, war es ein Polizist.

Unser Andreas, der, wie wir wissen, keine Papiere hatte, wie so viele seinesgleichen, erschrak und griff schon in die Tasche, einfach um sich den Anschein zu geben, er hätte etwelche Papiere, die richtig seien. Der Polizist aber sagte: »Ich weiß schon, was Sie suchen. In der Tasche suchen Sie es vergeblich! Ihre Brieftasche haben Sie eben verloren. Hier ist sie, und«, so fügte er noch scherzhaft hinzu, »das kommt davon, wenn man Sonntag am frühen Vormittag schon so viele Aperitifs getrunken hat! ...«

Andreas ergriff schnell die Brieftasche, hatte kaum Gelassenheit genug, den Hut zu lüften, und ging stracks ins Bistro hinüber.

Dort fand er den Woitech bereits vor und erkannte ihn nicht auf den ersten Blick, sondern erst nach einer längeren Weile. Dann aber begrüßte ihn unser Andreas umso herzlicher. Und sie konnten gar nicht aufhören, beide einander wechselseitig einzuladen, und Woitech, höflich, wie die meisten Menschen es sind, stand von der Banquette auf und bot Andreas den Ehrenplatz an und ging, so schwankend er auch war, um den Tisch herum, setzte sich gegenüber auf einen Stuhl und redete Höflichkeiten. Sie tranken lediglich Pernod.

»Mir ist wieder etwas Merkwürdiges geschehen«, sagte Andreas. »Wie ich da zu unserem Rendezvous herübergehen will, fasst mich ein Polizist an der Schulter und sagt: ›Sie haben Ihre Brieftasche verloren.‹ Und gibt mir eine, die mir gar nicht gehört, und ich stecke sie ein, und jetzt will ich nachschauen, was es eigentlich ist.«

Und damit zieht er die Brieftasche heraus und sieht nach, und es liegen darin mancherlei Papiere, die ihn nicht das Geringste angehen, und er sieht auch Geld darin und zählt die Scheine, und es sind genau zweihundert Francs. Und da sagt Andreas: »Siehst du! Das ist ein Zeichen Gottes. Jetzt gehe ich hinüber und zahle endlich mein Geld!«

»Dazu«, antwortete Woitech, »hast du ja Zeit, bis die Messe zu Ende ist. Wozu brauchst du denn die Messe? Während der Messe kannst du nichts zurückzahlen. Nach der Messe gehst du in die Sakristei, und inzwischen trinken wir!«

»Natürlich, wie du willst«, antwortete Andreas.

In diesem Augenblick tat sich die Tür auf, und während Andreas ein unheimliches Herzweh verspürte und eine große Schwäche im Kopf, sah er, dass ein junges Mädchen hereinkam und sich genau ihm gegenüber auf die Banquette setzte. Sie war sehr jung, so jung, wie er noch nie ein Mädchen gesehen zu haben glaubte, und sie war ganz himmelblau angezogen. Sie war nämlich blau, wie nur der Himmel blau sein kann, an manchen Tagen, und auch nur an gesegneten.

So schwankte er also hinüber, verbeugte sich und sagte zu dem jungen Kind: »Was machen Sie hier?«

»Ich warte auf meine Eltern, die eben aus der Messe kommen; die wollen mich hier abholen. Jeden vierten Sonntag«, sagte sie und war ganz verschüchtert vor dem älteren Mann, der sie so plötzlich angesprochen hatte. Sie fürchtete sich ein wenig vor ihm.

Andreas fragte darauf: »Wie heißen Sie?«

»Therese«, sagte sie.

»Ah«, rief Andreas darauf, »das ist reizend! Ich habe nicht gedacht, dass eine so große, eine so kleine Heilige, eine so große und so kleine Gläubigerin mir die Ehre erweist, mich aufzusuchen, nachdem ich so lange nicht zu ihr gekommen war.«

»Ich verstehe nicht, was Sie reden«, sagte das kleine Fräulein ziemlich verwirrt.

»Das ist nur Ihre Feinheit«, erwiderte hier Andreas. »Das ist nur Ihre Feinheit, aber ich weiß sie zu schätzen. Ich bin Ihnen seit Langem zweihundert Francs schuldig, und ich bin nicht mehr dazu gekommen, sie Ihnen zurückzugeben, heiliges Fräulein!«

»Sie sind mir kein Geld schuldig, aber ich habe welches im Täschchen, hier, nehmen Sie und gehen Sie. Denn meine Eltern kommen bald.«

Und somit gab sie ihm einen Hundertfrancsschein aus ihrem Täschchen.

All dies sah Woitech im Spiegel, und er schwankte auf aus seinem Sessel und bestellte zwei Pernods und wollte eben unseren Andreas an die Theke schleppen, damit er mittrinke. Aber wie Andreas sich eben anschickt, an die Theke zu treten, fällt er um wie ein Sack, und alle Menschen im Bistro erschrecken und Woitech auch. Und am meisten das Mädchen, das Therese heißt. Und man schleppt ihn, weil in der Nähe kein Arzt und keine Apotheke ist, in die Kapelle, und zwar in die Sakristei, weil Priester doch etwas von Sterben und Tod verstehen, wie die ungläubigen Kellner trotzdem glaubten; und das Fräulein, das Therese heißt, kann nicht umhin und geht mit.

Man bringt also unsern armen Andreas in die Sakristei, und er kann leider nichts mehr reden, er macht nur

eine Bewegung, als wollte er in die linke innere Rocktasche greifen, wo das Geld, das er der kleinen Gläubigerin schuldig ist, liegt, und er sagt: »Fräulein Therese!« –
und tut seinen letzten Seufzer und stirbt.

Gebe Gott uns allen, uns Trinkern, einen so leichten
und so schönen Tod!

Der Leviathan
Novelle

(1940)

I

In dem kleinen Städtchen Progrody lebte einst ein Korallenhändler, der wegen seiner Redlichkeit und wegen seiner guten, zuverlässigen Ware weit und breit in der Umgebung bekannt war. Aus den fernen Dörfern kamen die Bäuerinnen zu ihm, wenn sie zu besonderen Anlässen einen Schmuck brauchten. Leicht hätten sie in ihrer Nähe schon noch andere Korallenhändler gefunden, aber sie wussten, dass sie dort nur alltäglichen Tand und billigen Flitter bekommen konnten. Deshalb legten sie in ihren kleinen, ratternden Wägelchen manchmal viele Werst zurück, um nach Progrody zu gelangen, zu dem berühmten Korallenhändler Nissen Piczenik.

Gewöhnlich kamen sie an jenen Tagen, an denen der Jahrmarkt stattfand. Am Montag war Pferdemarkt, am Donnerstag Schweinemarkt. Die Männer betrachteten und prüften die Tiere, die Frauen gingen in unregelmäßigen Gruppen, barfuß und die Stiefel über die Schultern gehängt, mit den bunten, auch an trüben Tagen leuchtenden Kopftüchern, in das Haus Nissen Piczeniks. Die harten, nackten Sohlen trommelten gedämpft und fröhlich auf den hohlen Brettern des hölzernen Bürgersteigs und in dem weiten, kühlen Flur des alten Hauses, in dem der Händler wohnte. Aus dem gewölbten Flur gelangte man in einen stillen Hof, wo zwischen den unregelmäßigen Pflastersteinen sanftes Moos wucherte und in der warmen Jahreszeit einzelne Gräslein sprossen. Hier kamen den Bäuerinnen schon die Hühner Piczeniks freundlich entgegen, voran die Hähne mit den stolzen Kämmen, die so rot waren wie die rötesten Korallen.

Man musste dreimal an die eiserne Tür klopfen, an der ein eiserner Klöppel hing. Dann öffnete Piczenik eine kleine Luke, die in die Tür eingeschnitten war, sah die Leute, die Einlass heischten, schob den Riegel zurück und ließ die Bäuerinnen eintreten. Bettlern, wandernden Sängern, Zigeunern und den Männern mit den tanzenden Bären pflegte er durch die Luke ein Almosen zu reichen. Er musste recht vorsichtig sein, denn auf allen Tischen in seiner geräumigen Küche wie im Wohnzimmer lagen die edlen Korallen in großen, kleinen, mittleren Haufen, verschiedene Völker und Rassen von Korallen durcheinandergemischt oder auch bereits nach ihrer Eigenart und Farbe geordnet. Man hatte nicht zehn Augen im Kopf, um jeden Bettler zu beobachten, und Piczenik wusste, dass die Armut die unwiderstehliche Verführerin zur Sünde ist. Zwar stahlen manchmal auch wohlhabende Bäuerinnen; denn die Frauen erliegen leicht der Lust, sich den Schmuck, den sie bequem kaufen könnten, heimlich und unter Gefahr anzueignen. Aber bei den Kunden drückte der Händler eines seiner wachsamen Augen zu, und ein paar Diebstähle kalkulierte er auch in die Preise ein, die er für seine Ware forderte.

Er beschäftigte nicht weniger als zehn Fädlerinnen, hübsche junge Mädchen, mit guten, sicheren Augen und feinen Händen. Die Mädchen saßen in zwei Reihen an einem langen Tisch und angelten mit zarten Nadeln nach den Korallen. Also entstanden die schönen, regelmäßi-

gen Schnüre, an deren Enden die kleinsten Korallen, in
deren Mitte die größten und leuchtendsten steckten. Bei
dieser Arbeit sangen die Mädchen im Chor. Und im
Sommer, an heißen, blauen und sonnigen Tagen, war im
Hof der lange Tisch aufgestellt, an dem die fädelnden
Frauen saßen, und ihren sommerlichen Gesang hörte
man im ganzen Städtchen, und er übertönte die schmet-
ternden Lerchen unter dem Himmel und die zirpenden
Grillen in den Gärten.

Es gibt viel mehr Arten von Korallen, als die gewöhnlichen Leute wissen, die sie nur aus den Schaufenstern
oder Läden kennen. Es gibt geschliffene und ungeschlif-
fene vor allem; ferner flach an den Rändern geschnittene
und kugelrunde; dornen- und stäbchenartige, die wie
Stacheldraht aussehn; gelblich leuchtende, fast weißrote
Korallen von der Farbe, wie sie manchmal die oberen
Ränder der Teerosenblätter zeigen, gelblichrosa, rosa,
ziegelrote, rübenrote, zinnoberfarbene und schließlich
die Korallen, die aussehen wie feste, runde Blutstropfen.
Es gibt ganz- und halbrunde; Korallen, die wie kleine
Fässchen, andere, die wie Zylinderchen aussehen; es gibt
gerade, schief gewachsene und sogar bucklige Korallen.
Es gibt Sterne, Stacheln, Zinken, Blüten. Denn die Korallen sind die edelsten Pflanzen der ozeanischen Unter-
welt, Rosen für die launischen Göttinnen der Meere, so
reich an Formen und Farben wie die Launen dieser Göttinnen selbst.

Wie man sieht, hielt Nissen Piczenik keinen offenen
Laden. Er betrieb das Geschäft in seiner Wohnung, das
heißt: Er lebte mit den Korallen, Tag und Nacht, Sommer
und Winter, und da in seiner Stube wie in seiner Küche
die Fenster in den Hof gingen und obendrein von dichten, eisernen Gittern geschützt waren, herrschte in dieser

Wohnung eine schöne, geheimnisvolle Dämmerung, die an Meeresgrund erinnerte, und es war, als wüchsen dort die Korallen, und nicht, als würden sie gehandelt. Ja, dank einer besonderen, geradezu geflissentlichen Laune der Natur war Nissen Piczenik, der Korallenhändler, ein rothaariger Jude, dessen kupferfarbenes Ziegenbärtchen an eine Art rötlichen Tangs erinnerte und dem ganzen Mann eine frappante Ähnlichkeit mit einem Meergott verlieh. Es war, als schüfe oder pflanzte und pflückte er selbst die Korallen, mit denen er handelte. Und so stark war die Beziehung seiner Ware zu seinem Aussehen, dass man ihn nicht nach seinem Namen im Städtchen Progrody nannte, mit der Zeit diesen sogar vergaß und ihn lediglich nach seinem Beruf bezeichnete. Man sagte zum Beispiel: Hier kommt der Korallenhändler – als gäbe es in der ganzen Welt außer ihm keinen anderen.

Nissen Piczenik hatte in der Tat eine familiäre Zärtlichkeit für Korallen. Von den Naturwissenschaften weit entfernt, ohne lesen und schreiben zu können – denn er hatte niemals eine Schule besucht, und er konnte nur unbeholfen seinen Namen zeichnen –, lebte er in der Überzeugung, dass die Korallen nicht etwa Pflanzen seien, sondern lebendige Tiere, eine Art winziger roter Seetiere – – und kein Professor der Meereskunde hätte ihn eines Besseren belehren können. Ja, für Nissen Piczenik lebten die Korallen noch, nachdem sie gesägt, zerschnitten, geschliffen, sortiert und gefädelt worden waren. Und er hatte vielleicht recht. Denn er sah mit eigenen Augen, wie seine rötlichen Korallenschnüre an den Busen kranker oder kränklicher Frauen allmählich zu verblassen begannen, an den Busen gesunder Frauen aber ihren Glanz behielten. Im Verlauf seiner langen Korallenhändlerpraxis hatte er oft bemerkt, wie Korallen, die blass –

trotz ihrer Röte – und immer blasser in seinen Schrän-
ken gelegen waren, plötzlich zu leuchten begannen, wenn
sie um den Hals einer schönen, jungen und gesunden
Bäuerin gehängt wurden, als nährten sie sich von dem
Blut der Frauen. Manchmal brachte man dem Händler
Korallenschnüre zum Rückkauf, er erkannte sie, die
Kleinodien, die er einst selbst gefädelt und behütet
hatte – und er erkannte sofort, ob sie von gesunden oder
kränklichen Frauen getragen worden waren.

Er hatte eine eigene, ganz besondere Theorie von den
Korallen. Seiner Meinung nach waren sie, wie gesagt,
Tiere des Meeres, die gewissermaßen nur aus kluger Be-
scheidenheit Bäume und Pflanzen spielten, um nicht von
den Haifischen angegriffen oder gefressen zu werden. Es
war die Sehnsucht der Korallen, von den Tauchern ge-
pflückt und an die Oberfläche der Erde gebracht, geschnit-
ten, geschliffen und aufgefädelt zu werden, um endlich
ihrem eigentlichen Daseinszweck zu dienen: nämlich der
Schmuck schöner Bäuerinnen zu werden. Hier erst, an
den weißen, festen Hälsen der Weiber, in innigster Nachbarschaft mit der lebendigen Schlagader, der Schwester
der weiblichen Herzen, lebten sie auf, gewannen sie Glanz
und Schönheit und übten die ihnen angeborene Zauber-
kraft aus, Männer anzuziehen und deren Liebeslust zu
wecken. Zwar hatte der alte Gott Jehovah alles selbst
geschaffen, die Erde und ihr Getier, die Meere und alle
ihre Geschöpfe. Dem Leviathan aber, der sich auf dem
Urgrund aller Wasser ringelte, hatte Gott selbst für eine
Zeit lang, bis zur Ankunft des Messias nämlich, die Verwaltung über die Tiere und Gewächse des Ozeans, insbesondere über die Korallen, anvertraut.

Nach all dem, was hier erzählt ist, könnte man glauben, dass der Händler Nissen Piczenik als eine Art Son-

derling bekannt war. Dies war keineswegs der Fall. Piczenik lebte in dem Städtchen Progrody als ein unauffälliger,
bescheidener Mensch, dessen Erzählungen von den Korallen und dem Leviathan ganz ernst genommen wurden, als Mitteilungen eines Mannes vom Fach nämlich,
der sein Gewerbe ja kennen musste, wie der Tuchhändler
Manchesterstoffe von deutschem Perkal unterschied
und der Teehändler den russischen Tee der berühmten
Firma Popoff von dem englischen Tee, den der ebenso
berühmte Lipton aus London lieferte. Alle Einwohner
von Progrody und Umgebung waren überzeugt, dass die
Korallen lebendige Tiere sind und dass sie von dem Ur-
fisch Leviathan in ihrem Wachstum und Benehmen
unter dem Meere bewacht werden. Es konnte nicht daran gezweifelt werden, da es ja Nissen Piczenik selbst erzählt hatte.

Die schönen Fädlerinnen arbeiteten oft bis spät in die
Nacht und manchmal sogar nach Mitternacht im Hause
Nissen Piczeniks. Nachdem sie sein Haus verlassen hatten, begann der Händler selbst, sich mit seinen Steinen,
will sagen: Tieren, zu beschäftigen. Zuerst prüfte er die
Ketten, die seine Mädchen geschaffen hatten, hierauf
zählte er die Häufchen der noch nicht und der schon
nach ihrer Rasse und Größe geordneten Korallen, dann
begann er, selbst zu sortieren und mit seinen rötlich be-
haarten, starken und feinfühligen Fingern jede einzelne
Koralle zu befühlen, zu glätten, zu streicheln. Es gab
wurmstichige Korallen. Sie hatten Löcher an den Stellen,
an denen Löcher keineswegs zu brauchen waren. Da
hatte der sorglose Leviathan einmal nicht aufgepasst.
Und um ihn zurechtzuweisen, zündete Nissen Piczenik
eine Kerze an, hielt ein Stück roten Wachses über die
Flamme, bis es heiß und flüssig ward, und verstopfte mit-

tels einer feinen Nadel, deren Spitze er in das Wachs ge-
taucht hatte, die Wurmbohrungen im Stein. Dabei schüttelte er den Kopf, als begriffe er nicht, dass ein so
mächtiger Gott wie Jehovah einem so leichtsinnigen
Fisch wie dem Leviathan die Obhut über die Korallen
hatte überlassen können.

Manchmal, aus purer Freude an den Steinen, fädelte er
selbst Korallen, bis der Morgen graute und die Zeit gekommen war, das Morgengebet zu sagen. Die Arbeit er-
müdete ihn keineswegs, er fühlte keinerlei Schwäche.
Seine Frau schlief noch unter der Decke. Er warf einen
kurzen, gleichgültigen Blick auf sie. Er hasste sie nicht, er
liebte sie nicht, sie war eine der vielen Fädlerinnen, die
bei ihm arbeiteten, weniger hübsch und reizvoll als die
meisten. Zehn Jahre war er schon mit ihr verheiratet, sie
hatte ihm keine Kinder geschenkt – und das allein wäre
ihre Aufgabe gewesen. Eine fruchtbare Frau hätte er ge-
braucht, fruchtbar wie die See, auf deren Grund so viele
Korallen wuchsen. Seine Frau aber war wie ein trockener
Teich. Mochte sie schlafen, allein, so viele Nächte sie
wollte! Das Gesetz hätte ihm erlaubt, sich von ihr scheiden zu lassen. Aber inzwischen waren ihm Kinder und
Frauen gleichgültig geworden. Er liebte die Korallen.
Und ein unbestimmtes Heimweh war in seinem Herzen,
er hätte sich nicht getraut, es bei Namen zu nennen: Nissen Piczenik, geboren und aufgewachsen mitten im tiefsten Kontinent, sehnte sich nach dem Meere.

Ja, er sehnte sich nach dem Meere, auf dessen Grund
die Korallen wuchsen, vielmehr, sich tummelten – nach
seiner Überzeugung. Weit und breit gab es keinen Menschen, mit dem er von seiner Sehnsucht hätte sprechen
können, in sich verschlossen musste er es tragen, wie die
See die Korallen trug. Er hatte von Schiffen gehört, von

Tauchern, von Kapitänen, von Matrosen. Seine Korallen
kamen in wohlverpackten Kisten, an denen noch der
Seegeruch haftete, aus Odessa, Hamburg oder Triest. Der
öffentliche Schreiber in der Post erledigte ihm seine Ge-
schäftskorrespondenz. Die bunten Marken auf den Briefen der fernen Lieferanten betrachtete er ausführlich, bevor er die Umschläge wegwarf. Nie in seinem Leben hatte
er Progrody verlassen. In diesem kleinen Städtchen gab
es keinen Fluss, nicht einmal einen Teich, nur Sümpfe
ringsherum, und man hörte wohl unter der grünen
Oberfläche das Wasser glucksen, aber man sah es niemals. Nissen Piczenik bildete sich ein, dass es einen geheimen Zusammenhang zwischen dem verborgenen Gewässer der Sümpfe und den gewaltigen Wassern der
großen Meere gebe – und dass auch tief unten, in den
Sümpfen, Korallen vorhanden sein könnten. Er wusste,
dass er, wenn er diese Ansicht jemals geäußert hätte, zum
Gespött des Städtchens geworden wäre. Er schwieg daher
und erwähnte seine Ansicht nicht. Er träumte manchmal
davon, dass das große Meer – er wusste nicht welches, er
hatte niemals eine Landkarte gesehen, und alle Meere
der Welt waren für ihn einfach *das* große Meer – eines
Tages Russland überschwemmen würde, und zwar just
jene Hälfte, auf der er lebte. Dann wäre also die See, zu
der er niemals zu gelangen hoffte, zu ihm gekommen, die
gewaltige, unbekannte See mit dem unmessbaren Leviathan auf ihrem Grunde und mit all ihren süßen und herben und salzigen Geheimnissen.
Der Weg von dem Städtchen Progrody zum kleinen
Bahnhof, in dem nur dreimal in der Woche die Züge an-
kamen, führte zwischen den Sümpfen vorbei. Und immer, auch wenn Nissen Piczenik keine Korallensendun-
gen zu erwarten hatte, und selbst an den Tagen, an denen

keine Züge kamen, ging er zum Bahnhof, das heißt zu
den Sümpfen. Am Rande des Sumpfes stand er eine
Stunde und länger und hörte das Quaken der Frösche
andächtig, als könnten sie ihm vom Leben auf dem
Grunde der Sümpfe berichten, und glaubte manchmal in
der Tat, allerhand Berichte empfangen zu haben. Im
Winter, wenn die Sümpfe gefroren waren, wagte er sogar,
seinen Fuß auf sie zu setzen, und das bereitete ihm ein
sonderbares Vergnügen. Am faulen Geruch des Sumpfes
erkannte er ahnungsvoll den gewaltig herben Duft des
großen Meeres, und das leise, kümmerliche Glucksen
der unterirdischen Gewässer verwandelte sich in seinen
hellhörigen Ohren in ein Rauschen der riesigen grün-
blauen Wogen. Im Städtchen Progrody aber wusste kein
Mensch, was alles sich in der Seele des Korallenhändlers
abspielte. Alle Juden hielten ihn für ihresgleichen. Der
handelte mit Stoffen und jener mit Petroleum; einer verkaufte Gebetmäntel, der andere Wachskerzen und Seife,
der dritte Kopftücher für Bäuerinnen und Taschenmes-
ser; einer lehrte die Kinder beten, der andere rechnen,
der dritte handelte mit Kwass und Kukuruz und gesotte-
nen Saubohnen. Und ihnen allen schien es, Nissen Piczenik sei ihresgleichen – nur handele er eben mit Korallen.
Indessen war er – wie man sieht – ein ganz Besonderer.

II

Er hatte arme und reiche Kunden, ständige und zufällige.
Zu seinen reichen Kunden zählte er zwei Bauern aus der
Umgebung, von denen der eine, nämlich Timon Semjo-
nowitsch, Hopfen angepflanzt hatte und jedes Jahr, wenn

die Kommissionäre aus Nürnberg, Saaz und Judenburg kamen, eine Menge glücklicher Abschlüsse machte. Der andere Bauer hieß Nikita Iwanowitsch. Der hatte nicht weniger als acht Töchter gezeugt, von denen eine nach der anderen heiratete und von denen jede Korallen brauchte. Die verheirateten Töchter – bis jetzt waren es vier – bekamen, kaum zwei Monate nach der Vermählung, Kinder – und es waren wieder Töchter – und auch diese brauchten Korallen; als Säuglinge schon, um den bösen Blick abzuwenden. Die Mitglieder dieser zwei Familien waren die vornehmsten Gäste im Hause Nissen Piczeniks. Für die Töchter beider Bauern, ihre Enkel und Schwiegersöhne hatte der Händler den guten Schnaps bereit, den er in seinem Kasten aufbewahrte, einen selbstgebrannten Schnaps, gewürzt mit Ameisen, trockenen Schwämmen, Petersilie und Tausendgüldenkraut. Die anderen, gewöhnlichen Kunden begnügten sich mit einem gewöhnlichen gekauften Wodka. Denn es gab in jener Gegend keinen richtigen Kauf ohne Trunk. Käufer und Verkäufer tranken, damit das Geschäft beiden Gewinn und Segen bringe. Auch Tabak lag in Haufen in der Wohnung des Korallenhändlers, vor dem Fenster, von feuchten Löschblättern überdeckt, damit er frisch bleibe. Denn die Kunden kamen zu Nissen Piczenik nicht, wie Menschen in einen Laden kommen, einfach, um die Ware zu kaufen, zu bezahlen und wieder wegzugehn. Die meisten Kunden hatten einen Weg von vielen Werst zurückgelegt, und sie waren nicht nur Kunden, sondern auch Gäste Nissen Piczeniks. Er gab ihnen zu trinken, zu rauchen und manchmal auch zu essen. Die Frau des Händlers kochte Kascha mit Zwiebeln, Borschtsch mit Sahne, sie briet Äpfel am Rost, Kartoffeln und im Herbst Kastanien. So waren die Kunden nicht nur Kunden, sondern auch Gäste im Hause Piczeniks. Manch-

mal mischten sich die Bäuerinnen, während sie nach pas-
senden Korallen suchten, in den Gesang der Fädlerinnen;
alle sangen sie zusammen, und sogar Nissen Piczenik begann, vor sich hinzusummen; und seine Frau rührte im
Takt den Löffel am Herd. Kamen dann die Bauern vom
Markt oder aus der Schenke, um ihre Frauen abzuholen
und deren Einkäufe zu bezahlen, so musste der Korallenhändler auch mit ihnen Schnaps oder Tee trinken und
eine Zigarette rauchen. Und jeder alte Kunde küsste sich
mit dem Händler wie mit einem Bruder. Denn wenn wir
einmal getrunken haben, sind alle guten und redlichen
Männer unsere Brüder und alle lieben Frauen unsere
Schwestern – und es gibt keinen Unterschied zwischen
Bauer und Händler, Jud' und Christ; und wehe dem, der
das Gegenteil behaupten wollte!

III

Jedes neue Jahr wurde Nissen Piczenik unzufriedener mit
seinem friedlichen Leben, ohne dass es jemand in dem
Städtchen Progrody gemerkt hätte. Wie alle Juden ging
auch der Korallenhändler zweimal jeden Tag, morgens
und abends, ins Bethaus, feierte die Feiertage, fastete an
den Fasttagen, legte Gebetriemen und Gebetmantel an,
schaukelte seinen Oberkörper, unterhielt sich mit den Leuten, sprach von Politik, vom Russisch-Japanischen Krieg,
überhaupt von allem, was in den Zeitungen stand und was
die Welt bewegte. Aber die Sehnsucht nach dem Meere,
der Heimat der Korallen, trug er im Herzen, und aus den
Zeitungen, die zweimal in der Woche nach Progrody kamen, ließ er sich, da er sie nicht entziffern konnte, etwaige

maritime Nachrichten zuerst vorlesen. Ähnlich wie von den Korallen hatte er vom Meer eine ganz besondere Vorstellung. Zwar wusste er, dass es viele Meere in der Welt gab, das wirkliche, eigentliche Meer aber war jenes, das man durchqueren musste, um nach Amerika zu gelangen.

Nun ereignete es sich eines Tages, dass der Sohn des Barchenthändlers Alexander Komrower, der vor drei Jahren eingerückt und zur Marine gekommen war, auf einen kurzen Urlaub heimkehrte. Kaum hatte der Korallenhändler von der Rückkehr des jungen Komrower gehört, da erschien er auch schon in dessen Hause und begann, den Matrosen nach allen Geheimnissen der Schiffe, des Wassers und der Winde auszufragen.

Während alle Welt in Progrody überzeugt war, dass sich der junge Komrower lediglich infolge seiner Dummheit auf die gefährlichen Ozeane hatte verschleppen lassen, betrachtete der Korallenhändler den Matrosen als einen begnadeten Jungen, dem die Ehre und das Glück zuteil geworden waren, gewissermaßen ein Vertrauter der Korallen zu werden, ja, ein Verwandter der Korallen. Und man sah den fünfundvierzigjährigen Nissen Piczenik mit dem zweiundzwanzigjährigen Komrower Arm in Arm über den Marktplatz des Städtchens streichen, stundenlang. Was will er vom Komrower?, fragten sich die Leute. Was will er eigentlich von mir?, fragte sich auch der Junge.

Während des ganzen Urlaubs, den der junge Mann in Progrody verbringen durfte, wich der Korallenhändler fast nicht von seiner Seite. Sonderbar erschienen dem Jungen die Fragen des Älteren, wie zum Beispiel diese:

»Kann man mit einem Fernrohr bis auf den Grund des Meeres sehen?«

»Nein«, sagte der Matrose, »mit dem Fernrohr schaut man nur in die Weite, nicht in die Tiefe.«

»Kann man«, fragte Nissen Piczenik weiter, »wenn man Matrose ist, sich auf den Grund des Meeres fallen lassen?«

»Nein«, sagte der junge Komrower, »wenn man ertrinkt, dann sinkt man wohl auf den Grund des Meeres.«

»Der Kapitän kann's auch nicht?«

»Auch der Kapitän kann es nicht.«

»Hast du schon einen Taucher gesehen?«

»Manchmal«, sagte der Matrose.

»Steigen die Tiere und Pflanzen des Meeres manchmal an die Oberfläche?«

»Nur die Fische und die Walfische, die eigentlich keine Fische sind.«

»Beschreibe mir«, sagte Nissen Piczenik, »wie das Meer aussieht.«

»Es ist voller Wasser«, sagte der Matrose Komrower.

»Und ist es so weit wie ein großes Land, eine weite Ebene zum Beispiel, auf der kein Haus steht?«

»So weit ist es – und noch weiter!«, sagte der junge Matrose. »Und es ist so, wie Sie sagen: eine weite Ebene, und hier und da sieht man ein Haus, das ist aber sehr selten, und es ist gar kein Haus, sondern ein Schiff.«

»Wo hast du die Taucher gesehen?«

»Es gibt bei uns«, sagte der Junge, »bei der Militärmarine, Taucher. Aber sie tauchen nicht, um Perlen oder Austern oder Korallen zu fischen. Es ist eine militärische Übung, zum Beispiel für den Fall, dass ein Kriegsschiff untergeht, und dann müsste man wertvolle Instrumente oder Waffen herausholen.«

»Wie viel Meere gibt es in der Welt?«

»Das kann ich Ihnen nicht sagen«, erwiderte der Matrose, »wir haben es zwar in der Instruktionsstunde gelernt, aber ich habe nicht achtgegeben. Ich kenne nur das

Baltische Meer, die Ostsee, das Schwarze Meer und den großen Ozean.«

»Welches Meer ist das tiefste?«

»Weiß ich nicht.«

»Wo finden sich die meisten Korallen?«

»Weiß ich auch nicht.«

»Hm, hm«, machte der Korallenhändler Piczenik, »schade, dass du es nicht weißt.«

Am Rande des Städtchens, dort, wo die Häuschen Progrodys immer kümmerlicher wurden, bis sie schließlich ganz aufhörten, und die weite, bucklige Straße zum Bahnhof begann, stand die Schenke Podgorzews, ein schlecht beleumundetes Haus, in dem Bauern, Taglöhner, Soldaten, leichtfertige Mädchen und nichtswürdige Burschen verkehrten. Eines Tages sah man dort den Korallenhändler Piczenik mit dem Matrosen Komrower eintreten. Man reichte ihnen kräftigen, dunkelroten Met und gesalzene Erbsen. »Trink, mein Junge! Trink und iss, mein Junge!«, sagte Nissen Piczenik väterlich zu dem Matrosen. Dieser trank und aß fleißig, denn so jung er auch war, so hatte er doch schon einiges in den Häfen gelernt, und nach dem Met gab man ihm einen schlechten, sauren Wein und nach dem Wein einen neunziggradigen Schnaps. Während er den Met trank, war er so schweigsam, dass der Korallenhändler fürchtete, er würde nie mehr etwas von dem Matrosen über die Wasser hören, sein Wissen sei einfach erschöpft. Nach dem Wein aber begann der kleine Komrower, sich mit dem Wirt Podgorzew zu unterhalten, und als der Neunziggrädige kam, sang er mit lauter Stimme ein Liedchen nach dem anderen, wie ein richtiger Matrose. »Bist du aus unserem lieben Städtchen?«, fragte der Wirt. »Gewiss, ein Kind eures Städtchens – meines – unseres lieben Städtchens«, sagte der Matrose, ganz so, als wäre er nicht der Sohn des behäbigen Juden Komrower, sondern ein ganzer Bauernjunge. Ein paar Tagediebe und Landstreicher setzten sich an den Tisch neben Nissen Piczenik und den Matrosen, und als der Junge das Publikum sah, fühlte er sich von einer fremdartigen Würde erfüllt, so einer Würde, von der er gedacht hatte, nur Seeoffiziere könnten sie besitzen. Und er munterte die Leute auf: »Fragt, Kinderchen, fragt nur! Auf alles kann ich euch antworten. Seht, diesem lieben Onkel hier, ihr kennt ihn wohl, er ist der beste Korallenhändler im ganzen Gouvernement, ihm habe ich schon vieles erzählt!« Nissen Piczenik nickte. Und da es ihm nicht behaglich in dieser fremdartigen Gesellschaft war, trank er einen Met und noch einen. Allmählich kamen ihm all die verdächtigen Gesichter, die er immer nur durch eine Türluke gesehen hatte, ebenfalls menschlich vor wie sein eigenes. Da aber die Vorsicht und das Misstrauen tief in seiner Brust eingewurzelt waren, ging er in den Hof hinaus und barg das Säckchen mit dem Silbergeld in der Mütze. Nur einige Münzen behielt er lose in der Tasche. Befriedigt von seinem Einfall und von dem beruhigenden Druck, den das Geldsäckchen unter der Mütze auf seinen Schädel ausübte, kehrte er wieder an den Tisch zurück.

Dennoch gestand er sich, dass er eigentlich selber nicht wusste, warum und wozu er hier in der Schenke mit dem Matrosen und den unheimlichen Gesellen saß. Hatte er doch sein ganzes Leben regelmäßig und unauffällig verbracht, und seine geheimnisvolle Liebe zu den Korallen und ihrer Heimat, dem Ozean, war bis zur Ankunft des Matrosen und eigentlich bis zu dieser Stunde niemandem und niemals offenbar geworden. Und es ereignete sich noch etwas, was Nissen Piczenik aufs Tiefste erschreckte. Er, der keineswegs gewohnt war, in Bildern zu denken, erlebte in dieser Stunde die Vorstellung, dass seine geheime Sehnsucht nach den Wassern und allem, was auf und unter ihnen lebte und geschah, auf einmal an die Oberfläche seines eigenen Lebens gelangte, wie zuweilen ein kostbares und seltsames Tier, gewohnt und heimisch auf dem Grunde des Meeres, aus unbekanntem Grunde an die Oberfläche emporschießt. Wahrscheinlich hatten der ungewohnte Met und die durch die Erzählungen des Matrosen befruchtete Fantasie des Korallenhändlers dieses Bild in ihm geweckt. Aber er erschrak und wunderte sich darüber, dass ihm derlei verrückte Einfälle kommen konnten, noch mehr als über die Tatsache, dass er auf einmal imstande war, an einem Tisch in der Schenke mit wüsten Gesellen zu sitzen.

Diese Verwunderung und dieser Schrecken aber vollzogen sich gleichsam unter der Oberfläche seines Bewusstseins. Inzwischen hörte er sehr wohl mit eifrigem Vergnügen den märchenhaften Erzählungen des Matrosen Komrower zu. »Auf welchem Schiff dienst *du*?«, fragten ihn die Tischgenossen. Er dachte eine Weile nach – sein Schiff hieß nach einem bekannten Admiral aus dem neunzehnten Jahrhundert, aber der Name schien ihm so gewöhnlich in diesem Augenblick wie sein eigener, Komrower war entschlossen, gewaltig zu imponieren –, und er sagte also: »Mein Kreuzer heißt ›Mütterchen Katharina‹. Und wisst ihr, wer das war? Ihr wisst es natürlich nicht – und deshalb werde ich es euch erzählen. Also, Katharina war die schönste und reichste Frau von ganz Russland, und deshalb heiratete sie der Zar eines Tages im Kreml in Moskau und führte sie sofort mit Schlitten – es war ein Frost von 40 Grad –, mit einem Sechsgespann direkt nach Zarskoje Selo. Und hinter ihnen fuhr das

ganze Gefolge in Schlitten – und es waren so viele, dass
die ganze Landstraße drei Tage und drei Nächte verstopft
war. Eine Woche nach dieser prächtigen Hochzeit kam
der gewalttätige und ungerechte König von Schweden in
den Hafen von Petersburg, mit seinen lächerlichen, hölzernen Kähnen, auf denen aber viele Soldaten standen –
denn zu Lande sind die Schweden sehr tapfer –, und
nichts weniger wollte dieser Schwede, als ganz Russland
erobern. Die Zarin Katharina aber bestieg unverzüglich
ein Schiff, eben den Kreuzer, auf dem ich diene, und be-
schoss eigenhändig die blödsinnigen Kähne des schwedi-
schen Königs, dass sie untergingen. Und ihm selbst warf
sie einen Rettungsgürtel zu und nahm ihn später gefan-
gen. Sie ließ ihm die Augen herausnehmen, aß sie auf,
und dadurch wurde sie noch klüger, als sie vorher gewesen war. Den König ohne Augen aber verschickte sie
nach Sibirien.«

»Ei, ei«, sagte da ein Taugenichts und kratzte sich am
Hinterkopf, »ich kann dir beim besten Willen nicht alles
glauben.«

»Wenn du das noch einmal sagst«, erwiderte der Matrose
Komrower, »so hast du die kaiserlich-russische Marine be-
leidigt, und ich muss dich mit meiner Waffe erschlagen.
So wisse denn, dass ich diese ganze Geschichte gelernt
habe in unserer Instruktionsstunde, und Seine Hochwohlgeboren, unser Kapitän Woroschenko selbst, hat sie
uns erzählt.«

Man trank noch Met und mehrere Schnäpse, und der
Korallenhändler Nissen Piczenik bezahlte. Auch er hatte
einiges getrunken, wenn auch nicht so viel wie die anderen. Aber als er auf die Straße trat, Arm in Arm mit dem
jungen Matrosen Komrower, schien es ihm, dass die Straßenmitte ein Fluss sei, die Wellen gingen auf und nieder,

die spärlichen Petroleumlaternen waren Leuchttürme, und er musste sich hart an den Rand halten, um nicht ins Wasser zu fallen. Der Junge schwankte fürchterlich. Ein Leben lang, fast seit seiner Kindheit, hatte Nissen Piczenik jeden Abend die vorgeschriebenen Abendgebete gesagt, das eine, das bei der Dämmerung zu beten ist, das andere, das den Einbruch der Dunkelheit begrüßt. Heute hatte er zum ersten Mal beide versäumt. Vom Himmel glitzerten ihm die Sterne vorwurfsvoll entgegen, er wagte nicht, seinen Blick zu heben. Zu Hause erwartete ihn die Frau und das übliche Nachtmahl, Rettich mit Gurken und Zwiebeln und ein Schmalzbrot, ein Glas Kwass und heißer Tee. Er schämte sich mehr vor sich selbst als vor den andern. Es war ihm von Zeit zu Zeit, während er so dahinging, den schweren, torkelnden jungen Mann am Arm, als begegnete er sich selbst, der Korallenhändler Nissen Piczenik dem Korallenhändler Nissen Piczenik – und einer lachte den anderen aus. Immerhin vermied er außerdem noch, andern Menschen zu begegnen. Dieses gelang ihm. Er begleitete den jungen Komrower nach Hause, führte ihn ins Zimmer, wo die alten Komrowers saßen, und sagte: »Seid nicht böse mit ihm, ich war mit ihm in der Schenke, er hat ein wenig getrunken.«

»Ihr, Nissen Piczenik, der Korallenhändler, wart mit ihm in der Schenke?«, fragte der alte Komrower.

»Ja, ich!«, sagte Piczenik. »Guten Abend!« Und er ging nach Hause. Noch saßen alle seine schönen Fädlerinnen an den langen vier Tischen, singend und Korallen fischend mit ihren feinen Nadeln in den zarten Händen.

»Gib mir gleich den Tee«, sagte Nissen Piczenik zu seiner Frau, »ich muss arbeiten.«

Und er schlürfte den Tee, und während sich seine heißen Finger in die großen, noch nicht sortierten Korallen-

haufen gruben und in ihrer wohltätigen, rosigen Kühle
wühlten, wandelte sein armes Herz über die weiten und
rauschenden Straßen der gewaltigen Ozeane.

Und es brannte und rauschte in seinem Schädel. Er
nahm aber vernünftigerweise die Mütze ab, holte das
Geldsäckchen heraus und barg es wieder an seiner Brust.

IV

Und es näherte sich der Tag, an dem der Matrose Komrower wieder auf seinen Kreuzer einrücken musste, und
zwar nach Odessa – und es war dem Korallenhändler weh
und bang ums Herz. In ganz Progrody ist der junge Komrower der einzige Seemann, und Gott weiß, wann er wieder einen Urlaub erhalten wird. Fährt er einmal weg, so
hört man weit und breit nichts mehr von den Wassern
der Welt, es sei denn, es steht zufällig etwas in den Zeitungen.

Es war spät im Sommer, ein heiterer Sommer übrigens, ohne Wolke, ohne Regen, von dem ewig sanften
Wind der wolynischen Ebene belebt und gekühlt. Zwei
Wochen noch – und die Ernte begann, und die Bauern
aus den Dörfern kamen nicht mehr zu den Markttagen,
Korallen bei Nissen Piczenik einzukaufen. In diesen
Wochen war die Saison der Korallen. In diesen Wochen
pflegten die Kundinnen in Scharen und in Haufen zu
kommen, die Fädlerinnen konnten mit der Arbeit kaum
nachkommen, es gab nächtelang zu fädeln und zu sortieren. An den schönen Vorabenden, wenn die untergehende Sonne ihren goldenen Abschiedsgruß durch die
vergitterten Fenster Piczeniks schickte und die Korallen-

haufen jeder Art und Färbung, von ihrem wehmütigen und zugleich tröstlichen Glanz belebt, zu leuchten begannen, als trüge jedes einzelne Steinchen ein winziges Licht in seiner feinen Höhlung, kamen die Bauern heiter und angeheitert, um die Bäuerinnen abzuholen, die blauen und rötlichen Taschentücher gefüllt mit Silber- und Kupfermünzen, in schweren, genagelten Stiefeln, die auf den Steinen des Hofes knirschten. Die Bauern begrüßten Nissen Piczenik mit Umarmungen, Küssen, unter Lachen und Weinen, als fänden sie in ihm einen lang nicht mehr geschauten, lang entbehrten Freund nach Jahrzehnten wieder. Sie meinten es gut mit ihm, sie liebten ihn sogar, diesen stillen, lang aufgeschossenen, rothaarigen Juden mit den treuherzigen und manchmal verträumten, porzellanblauen Äuglein, in denen die Ehrlichkeit wohnte, die Redlichkeit des Handelns, die Klugheit des Fachmanns und zugleich die Torheit eines Menschen, der niemals das Städtchen Progrody verlassen hatte. Es war nicht leicht, mit den Bauern fertig zu werden. Denn obwohl sie den Korallenhändler als einen der seltenen ehrlichen Handelsleute der Gegend kannten, dachten sie doch immer daran, dass er ein Jude war. Auch machte ihnen das Feilschen einiges Vergnügen. Zuerst setzten sie sich behaglich auf die Stühle, das Kanapee, die zwei breiten hölzernen und mit hohen Polstern bedeckten Ehebetten. Manche lagerten sie sich auch mit den Stiefeln, an deren Rändern der silbergraue Schlamm klebte, auf die Betten, das Sofa und auch auf den Boden. Aus den weiten Taschen ihrer sackleinenen Hosen oder von den Vorräten auf dem Fensterbrett holten sie den losen Tabak, rissen die weißen Ränder alter Zeitungen ab, die im Zimmer Piczeniks herumlagen, und drehten Zigaretten – denn auch den Wohlhabenden

unter ihnen schien Zigarettenpapier ein Luxus. Ein dichter blauer Rauch von billigem Tabak und grobem Papier
erfüllte die Wohnung des Korallenhändlers, ein goldig
durchsonnter, blauer Rauch, der in kleinen Wölkchen
durch die Quadrate der vergitterten und geöffneten
Fenster langsam in die Straße zog. In zwei kupfernen Sa-
mowaren – auch in ihnen spiegelte sich die untergehende
Sonne – kochte heißes Wasser auf einem der Tische in
der Mitte des Zimmers, und nicht weniger als fünfzig
billige Gläser aus grünlichem Glas mit doppeltem Boden
gingen reihum von Hand zu Hand, gefüllt mit dampfen-
dem braungoldenem Tee und mit Schnaps. Längst, am
Vormittag noch, hatten die Bäuerinnen stundenlang den
Preis der Korallenketten ausgehandelt. Nun erschien der
Schmuck ihren Männern noch zu teuer, und aufs Neue
begann das Feilschen. Es war ein hartnäckiger Kampf,
den der magere Jude allein gegen eine gewaltige Mehr-
zahl geiziger und misstrauischer, kräftiger und manchmal gefährlich betrunkener Männer auszufechten hatte.
Unter dem seidenen schwarzen Käppchen, das Nissen
Piczenik im Hause zu tragen pflegte, rann der Schweiß
die spärlich bewachsenen, sommersprossigen Wangen
hinunter in den roten Ziegenbart, und die Härchen des
Bartes klebten aneinander, am Abend, nach dem Gefecht, und er musste sie mit seinem eisernen Kämmchen
strählen. Schließlich siegte er doch über alle seine Kunden, trotz seiner Torheit. Denn er kannte von der ganzen
großen Welt nur die Korallen und die Bauern seiner Heimat – und er wusste, wie man jene fädelt und sortiert
und wie man diese überzeugt. Den ganz und gar Hartnä-
ckigen schenkte er eine sogenannte »Draufgabe« – das
heißt: Er gab ihnen, nachdem sie den von ihm zwar nicht
sofort genannten, aber im Stillen ersehnten Preis gezahlt

hatten, noch ein winziges Korallenschnürchen mit, aus den billigen Steinen hergestellt, Kindern zugedacht, um Ärmchen und Hälschen zu tragen und unbedingt wirksam gegen den bösen Blick missgünstiger Nachbarn und schlecht gesinnter Hexen. Dabei musste er genau auf die Hände seiner Kunden achtgeben und die Höhe und den Umfang der Korallenhaufen immer abschätzen. Ach, es war kein leichter Kampf!

In diesem Spätsommer aber zeigte sich Nissen Piczenik zerstreut, achtlos beinahe, ohne Interesse für die Kunden und das Geschäft. Seine brave Frau, gewohnt an seine Schweigsamkeit und sein merkwürdiges Wesen seit vielen Jahren, bemerkte seine Zerstreutheit und machte ihm Vorwürfe. Hier hatte er einen Bund Korallen zu billig verkauft, dort einen kleinen Diebstahl nicht bemerkt, heute einem alten Kunden keine Draufgabe geschenkt; gestern dagegen einem neuen und gleichgültigen eine ziemlich wertvolle Kette. Niemals hatte es Streit im Hause Piczeniks gegeben. In diesen Tagen aber verließ die Ruhe den Korallenhändler, und er fühlte selbst, wie die Gleichgültigkeit, die normale Gleichgültigkeit gegen seine Frau sich jäh in Widerwillen gegen sie wandelte. Ja, er, der niemals imstande gewesen wäre, eine der vielen Mäuse, die jede Nacht in seine Fallen gingen, mit eigener Hand zu ertränken – wie alle Welt es in Progrody zu tun pflegte –, sondern die gefangenen Tierchen dem Wasserträger Saul zur endgültigen Vernichtung gegen ein Trinkgeld übergab: Er, dieser friedliche Nissen Piczenik, warf an einem dieser Tage seiner Frau, da sie ihm die üblichen Vorwürfe machte, einen schweren Bund Korallen an den Kopf, schlug die Tür zu, verließ das Haus und ging an den Rand des großen Sumpfes, des entfernten Vetters der großen Ozeane.

Knapp zwei Tage vor der Abreise des Matrosen tauchte plötzlich in dem Korallenhändler der Wunsch auf, den jungen Komrower nach Odessa zu begleiten. Solch ein Wunsch kommt plötzlich, ein gewöhnlicher Blitz ist nichts dagegen, und er trifft genau den Ort, von dem er gekommen ist, nämlich das menschliche Herz. Er schlägt sozusagen in seinem eigenen Geburtsort ein. Also war auch der Wunsch Nissen Piczeniks. Und es ist kein weiter Weg von solch einem Wunsch bis zu seinem Entschluss.

Und am Morgen des Tages, an dem der junge Matrose Komrower abreisen sollte, sagte Nissen Piczenik zu seiner Frau: »Ich muss für ein paar Tage verreisen.«

Die Frau lag noch im Bett. Es war acht Uhr morgens, der Korallenhändler war eben aus dem Bethaus vom Morgengebet gekommen.

Sie setzte sich auf. Mit ihren wirren, spärlichen Haaren, ohne Perücke, gelbliche Reste des Schlafs in den Augenwinkeln, erschien sie ihm fremd und sogar feindlich. Ihr Aussehn, ihre Überraschung, ihr Schrecken schienen seinen Entschluss, den er selbst noch für einen tollkühnen gehalten hatte, vollends zu rechtfertigen.

»Ich fahre nach Odessa!«, sagte er, mit aufrichtiger Gehässigkeit. »In einer Woche bin ich zurück, so Gott will!«

»Jetzt? Jetzt?«, stammelte die Frau zwischen den Kissen. »Jetzt, wo die Bauern kommen?«

»Grade jetzt!«, sagte der Korallenhändler. »Ich habe wichtige Geschäfte. Pack mir meine Sachen!«

Und mit einer bösen und gehässigen Wollust, die er niemals früher gekannt hatte, sah er die Frau aus dem Bett steigen, sah ihre hässlichen Zehen, ihre fetten Beine unter dem langen Hemd, auf dem ein paar schwarze, unregelmäßige Punkte hingesprenkelt waren, Zeichen der

Flöhe, und hörte er ihren altbekannten Seufzer, das gewohnte, beständige Morgenlied dieses Weibes, mit dem ihn nichts anderes verband als die ferne Erinnerung an ein paar zärtliche, nächtliche Stunden und die hergebrachte Angst vor einer Scheidung.

Im Innern Nissen Piczeniks aber jubelte gleichzeitig eine fremde und dennoch wohlvertraute Stimme: Piczenik geht zu den Korallen! Er geht zu den Korallen! In die Heimat der Korallen geht Nissen Piczenik! ...

V

Er bestieg also mit dem Matrosen Komrower den Zug und fuhr nach Odessa. Es war eine ziemlich umständliche und lange Reise, man musste in Kiew umsteigen. Der Korallenhändler saß zum ersten Mal in seinem Leben in der Eisenbahn, aber ihm ging es nicht wie so vielen anderen, die zum ersten Mal Eisenbahn fahren. Lokomotive, Signal, Glocken, Telegrafenstangen, Schienen, Schaffner und die flüchtige Landschaft hinter den Fenstern interessierten ihn nicht. Ihn beschäftigte das Wasser und der Hafen, denen er entgegenfuhr, und wenn er überhaupt etwas von den Eigenschaften und Begleiterscheinungen der Eisenbahn zur Kenntnis nahm, so tat er es lediglich im Hinblick auf die ihm noch unbekannten Eigenschaften und Begleiterscheinungen der Schifffahrt. »Gibt es bei euch auch Glocken?«, fragte er den Matrosen. »Läutet man dreimal vor der Abfahrt eines Schiffes? Pfeifen und tuten die Schiffe wie die Lokomotiven? Muss das Schiff wenden, wenn es zurückfahren will, oder kann es ganz einfach rückwärts schwimmen?«

Gewiss traf man, wie es auf Reisen ja immer vor-
kommt, unterwegs Passagiere, die sich unterhalten wollten und mit denen man dies und jenes besprechen
musste. »Ich bin Korallenhändler«, sagte Nissen Piczenik
wahrheitsgemäß, wenn man ihn nach der Art seiner Geschäfte fragte. Fragte man ihn aber weiter: »Was wollen
Sie in Odessa?«, so begann er zu lügen. »Ich habe dort größere Geschäfte vor«, sagte er. »Das interessiert mich«,
sagte plötzlich ein Mitreisender, der bis jetzt geschwiegen
hatte. »Auch ich habe in Odessa größere Geschäfte vor,
und die Ware, mit der ich handle, ist sozusagen mit
Korallen verwandt, wenn auch viel feiner und teurer als
Korallen!« »Teurer, das kann sein«, sagte Nissen Piczenik, »aber feiner ist sie keineswegs.« »Wetten, dass sie feiner ist?«, rief der andere. »Ich sage Ihnen, es ist unmöglich. Da braucht man gar nicht zu wetten!« »Nun«,
triumphierte der andere, »ich handle mit Perlen!« »Perlen
sind gar nicht feiner«, sagte Piczenik. »Außerdem bringen sie Unglück.« »Ja, wenn man sie verliert«, sagte der
Perlenhändler. Alle anderen begannen, diesem sonderbaren Streit aufmerksam zuzuhören. Schließlich öffnete
der Perlenhändler seine Hose und zog ein Säckchen voller schimmernder, tadelloser Perlen hervor. Er schüttete
einige auf seine flache Hand und zeigte sie allen Mitreisenden. »Hunderte von Austern müssen aufgemacht werden«, sagte er, »ehe man eine Perle findet. Die Taucher
werden teuer bezahlt. Unter allen Kaufleuten der Welt
gehören wir Perlenhändler zu den angesehensten. Ja, wir
bilden sozusagen eine ganz eigene Rasse. Sehen Sie mich
zum Beispiel. Ich bin Kaufmann erster Gilde, wohne in
Petersburg, habe die vornehmste Kundschaft, zwei Groß-
fürsten zum Beispiel, ihre Namen sind mein Geschäfts-
geheimnis, ich bereise die halbe Welt, jedes Jahr bin ich

in Paris, Brüssel, Amsterdam. Fragen Sie, wo Sie wollen, nach dem Perlenhändler Gorodotzki, Kinder werden Ihnen Auskunft geben.«

»Und ich«, sagte Nissen Piczenik, »bin niemals aus unserem Städtchen Progrody herausgekommen – und nur Bauern kaufen meine Korallen. Aber Sie werden mir alle hier zugeben, dass eine einfache Bäuerin, angetan mit ein paar Schnüren schöner, fleckenloser Korallen, mehr darstellt als eine Großfürstin. Korallen tragen übrigens hoch und nieder, sie erhöhen den Niederen, und den Höhergestellten zieren sie. Korallen kann man morgens, mittags, abends und in der Nacht, bei festlichen Bällen zum Beispiel tragen, im Sommer, im Winter, am Sonntag und an Wochentagen, bei der Arbeit und in der Ruhe, in fröhlichen Zeiten und in der Trauer. Es gibt viele Arten von Rot in der Welt, meine lieben Reisegenossen, und es steht geschrieben, dass unser jüdischer König Salomo ein ganz besonderes Rot hatte für seinen königlichen Mantel, denn die Phönizier, die ihn verehrten, hatten ihm einen ganz besonderen Wurm geschenkt, dessen Natur es war, rote Farbe als Urin auszuscheiden. Es war eine Farbe, die heutzutage nicht mehr da ist, der Purpur des Zaren ist nicht mehr dasselbe, der Wurm ist nämlich nach dem Tode Salomos ausgestorben, die ganze Art dieser Würmer. Und seht ihr, nur bei den ganz roten Korallen kommt diese Farbe noch vor. Wo aber in der Welt hat man je rote Perlen gesehn?«

Noch niemals hatte der schweigsame Korallenhändler eine so lange und so eifrige Rede vor lauter fremden Menschen gehalten. Er schob die Mütze aus der Stirn und wischte sich den Schweiß. Er lächelte die Mitreisenden der Reihe nach an, und alle zollten sie ihm den verdienten Beifall. »Recht hat er, recht!«, riefen sie alle auf einmal.

Und selbst der Perlenhändler musste gestehen, dass Nissen Piczenik in der Sache zwar nicht recht habe, aber als Redner für Korallen ganz ausgezeichnet sei.

Schließlich erreichten sie Odessa, den strahlenden Hafen, mit dem blauen Wasser und den vielen bräutlich-weißen Schiffen. Hier wartete schon der Panzerkreuzer auf den Matrosen Komrower wie ein väterliches Haus auf seinen Sohn. Auch Nissen Piczenik wollte das Schiff näher besichtigen. Und er ging mit dem Jungen bis zum Wachtposten und sagte: »Ich bin sein Onkel, ich möchte das Schiff sehn.« Er verwunderte sich selbst über seine Kühnheit. Ach ja: Es war nicht mehr der alte kontinentale Nissen Piczenik, der da mit einem bewaffneten Matrosen sprach, es war nicht der Nissen Piczenik aus dem kontinentalen Progrody, sondern ein ganz neuer Mann, so etwa wie ein Mensch, dessen Inneres nach außen gestülpt worden war, ein sozusagen gewendeter Mensch, ein ozeanischer Nissen Piczenik. Ihm selbst schien es, dass er nicht aus der Eisenbahn gestiegen war, sondern geradezu aus dem Meer, aus der Tiefe des Schwarzen Meeres. So vertraut war er mit dem Wasser, wie er niemals mit seinem Geburts- und Wohnort Progrody vertraut gewesen war. Überall, wo er hinsieht, sind Schiffe und Wasser, Wasser und Schiffe. An die blütenweißen, die rabenschwarzen, die korallenroten – ja die korallenroten – Wände der Schiffe, der Boote, der Kähne, der Segeljachten, der Motorboote schlägt zärtlich das ewig plätschernde Wasser, nein, es schlägt nicht, es streichelt die Schiffe mit hunderttausend kleinen Wellchen, die wie Zungen und Hände in einem sind, Zünglein und Händchen in einem. Das Schwarze Meer ist gar nicht schwarz. In der Ferne ist es blauer als der Himmel, in der Nähe ist es grün wie eine Wiese. Tausende kleiner, hurtiger Fisch-

chen springen, hüpfen, schlüpfen, schlängeln sich, schie-
ßen und fliegen herbei, wirft man ein Stückchen Brot ins
Wasser. Wolkenlos spannt sich der blaue Himmel über
den Hafen. Ihm entgegen ragen die Mäste und die
Schornsteine der Schiffe. »Was ist dies? – Wie heißt man
jenes?«, fragt unaufhörlich Nissen Piczenik. Dies heißt
Mast und jenes Bug, hier sind Rettungsgürtel, Unter-
schiede gibt es zwischen Boot und Kahn, Segel und
Dampfer, Mast und Schlot, Kreuzer und Handelsschiff,
Deck und Heck, Bug und Kiel. Hundert neue Worte stür-
men geradezu auf Nissen Piczeniks armen, aber heiteren
Kopf ein. Er bekommt nach langem Warten (ausnahms-
weise, sagt der Obermaat) die Erlaubnis, den Kreuzer zu
besichtigen und seinen Neffen zu begleiten. Der Herr
Schiffsleutnant selbst erscheint, um einen jüdischen
Händler an Bord eines Kreuzers der kaiserlich-rus-
sischen Marine zu betrachten. Seine Hochwohlgeboren,
der Schiffsleutnant, lächeln. Der sanfte Wind bläht die
langen schwarzen Rockschöße des hageren roten Juden,
man sieht seine abgewetzte, mehrfach geflickte, gestreifte
Hose in den matten Kniestiefeln. Der Jude Nissen Piczenik vergisst sogar die Gebote seiner Religion. Vor der
strahlenden weißgoldenen Pracht des Offiziers nimmt er
die schwarze Mütze ab, und seine roten, geringelten
Haare flattern im Wind. »Dein Neffe ist ein braver Matrose!«, sagen Seine Hochwohlgeboren, der Herr Offizier.
Nissen Piczenik findet keine passende Antwort, er lächelt
nur, er lacht nicht, er lächelt lautlos. Sein Mund ist offen,
man sieht die großen gelblichen Pferdezähne und den
rosa Gaumen, und der kupferrote Ziegenbart hängt beinahe über die Brust. Er betrachtet das Steuer, die Kano-
nen, er darf durch das Fernrohr blicken – und weiß Gott,
die Ferne wird nahe, was noch lange nicht da ist, ist den-

noch da, hinter den Gläsern. Gott hat den Menschen
Augen gegeben, das ist wahr, aber was sind gewöhnliche
Augen gegen Augen, die durch ein Fernglas sehn? Gott
hat den Menschen Augen gegeben, aber auch den Ver-
stand, damit sie Fernrohre erfinden und die Kraft dieser
Augen verstärken! –

Und die Sonne scheint auf das Verdeck, bestrahlt den
Rücken Nissen Piczeniks, und dennoch ist ihm nicht
heiß. Denn der ewige Wind weht über das Meer, ja, es
scheint, dass aus dem Meer selbst ein Wind kommt, ein
Wind aus den Tiefen des Wassers.

Schließlich kam die Stunde des Abschieds. Nissen
Piczenik umarmte den jungen Komrower, verneigte sich
vor dem Leutnant und hierauf vor den Matrosen und
verließ den Panzerkreuzer.

Er hatte sich vorgenommen, sofort nach dem Abschied
vom jungen Komrower nach Progrody zurückzufahren.
Aber er blieb dennoch in Odessa. Er sah den Panzerkreuzer abfahren, die Matrosen grüßten ihn, der am
Hafen stand und mit seinem blauen, rot gestreiften Taschentuch winkte. Er sah noch viele andere Schiffe abfahren, und er winkte allen fremden Passagieren zu.
Denn er ging jeden Tag zum Hafen. Und jeden Tag erfuhr er etwas Neues. Er hörte zum Beispiel, was es heißt:
Die Anker lichten, oder: Die Segel einziehn, oder: La-
dung löschen, oder: Taue anziehn und so weiter.

Er sah jeden Tag viele junge Männer in Matrosenan-
zügen auf den Schiffen arbeiten, die Masten emporklet-
tern, er sah die jungen Männer durch die Straßen von
Odessa wandeln, Arm in Arm, eine ganze Kette von
Matrosen, die die ganze Breite der Straße einnahm – und
es fiel ihm schwer aufs Herz, dass er selbst keine Kinder
hatte. Er wünschte sich in diesen Stunden Söhne und

Enkel – und es war kein Zweifel –, er hätte sie alle zur See geschickt, Matrosen wären sie geworden. Indessen lag, unfruchtbar und hässlich, seine Frau daheim in Progrody. Sie verkaufte heute an seiner Statt Korallen. Konnte sie es überhaupt? Wusste sie, was Korallen bedeuten?

Und Nissen Piczenik vergaß schnell im Hafen von Odessa die Pflichten eines gewöhnlichen Juden aus Progrody. Und er ging nicht am Morgen und nicht am Abend ins Bethaus, die vorgeschriebenen Gebete zu verrichten, sondern er betete zu Hause, sehr eilfertig und ohne echte und rechte Gedanken an Gott, und wie ein Grammophon betete er lediglich, die Zunge wiederholte mechanisch die Laute, die in sein Gehirn eingegraben waren. Hatte die Welt jemals solch einen Juden gesehn?

Zu Haus in Progrody war indessen die Saison für Korallen. Dies wusste Nissen Piczenik wohl, aber es war ja nicht mehr der alte kontinentale Nissen Piczenik, sondern der neue, der neugeborene ozeanische.

Ich habe Zeit genug, sagte er sich, nach Progrody zurückzukehren! Was hätte ich dort schon zu verlieren! Und wie viel habe ich hier noch zu gewinnen!

Und er blieb drei Wochen in Odessa, und er verlebte jeden Tag mit dem Meer, mit den Schiffen, mit den Fischchen fröhliche Stunden.

Es waren die ersten Ferien im Leben Nissen Piczeniks.

VI

Als er wieder nach Hause nach Progrody kam, bemerkte er, dass ihm nicht weniger als hundertsechzig Rubel fehlten, Reisespesen mit eingerechnet. Seiner Frau aber und allen andern, die ihn fragten, was er so lange in der Fremde getrieben habe, sagte er, dass er in Odessa »wichtige Geschäfte« abgeschlossen hätte.

In dieser Zeit begann die Ernte, und die Bauern kamen nicht mehr so häufig zu den Markttagen. Es wurde, wie alle Jahre in diesen Wochen, stiller im Hause des Korallenhändlers. Die Fädlerinnen verließen schon am Vorabend sein Haus. Und am Abend, wenn Nissen Piczenik aus dem Bethaus heimkehrte, erwartete ihn nicht mehr der helle Gesang der schönen Mädchen, sondern lediglich seine Frau, der gewohnte Teller mit Zwiebeln und Rettich und der kupferne Samowar.

Dennoch – in der Erinnerung nämlich an die Tage in Odessa, von deren geschäftlicher Fruchtlosigkeit kein anderer Mensch außer ihm selber eine Ahnung hatte – fügte sich der Korallenhändler Piczenik in die gewöhnlichen Gesetze seiner herbstlichen Tage. Schon dachte er daran, einige Monate später neuerdings wichtige Geschäfte vorzuschützen und in eine andere Hafenstadt zu reisen, zum Beispiel Petersburg.

Materielle Not hatte er nicht zu fürchten. Alles Geld, das er im Verlauf seines langjährigen Handels mit Korallen zurückgelegt hatte, lag, unaufhörlich Zinsen gebärend, bei dem Geldverleiher Pinkas Warschawsky, einem angesehenen Wucherer der Gemeinde, der unbarmherzig alle Schulden eintrieb, aber pünktlich alle Zinsen auszahlte. Körperliche Not hatte Nissen Piczenik nicht zu fürchten; und kinderlos war er und hatte also für keine Nachkommen zu sorgen. Weshalb da nicht noch nach einem der vielen Häfen reisen?

Und schon begann der Korallenhändler, seine Pläne für den nächsten Frühling zu spinnen, als sich etwas Ungewöhnliches in dem benachbarten Städtchen Sutschky ereignete.

In diesem Städtchen, das genauso klein war wie die Heimat Nissen Piczeniks, das Städtchen Progrody, eröffnete nämlich eines Tages ein Mann, den niemand in der ganzen Gegend bis jetzt gekannt hatte, einen Korallenladen. Dieser Mann hieß Jenö Lakatos und stammte, wie man bald erfuhr, aus dem fernen Lande Ungarn. Er sprach Russisch, Deutsch, Ukrainisch, Polnisch, ja, nach Bedarf und wenn es zufällig einer gewünscht hätte, so hätte Herr Lakatos auch Französisch, Englisch und Chinesisch gesprochen. Es war ein junger Mann, mit glatten, blauschwarzen, pomadisierten Haaren – nebenbei gesagt, der einzige Mann weit und breit in der Gegend, der einen glänzenden, steifen Kragen trug, eine Krawatte und ein Spazierstöckchen mit goldenem Knauf. Dieser junge Mann war vor ein paar Wochen nach Sutschky gekommen, hatte dort Freundschaft mit dem Schlächter Nikita Kolchin geschlossen und diesen so lange behandelt, bis er sich entschloss, gemeinsam mit Lakatos einen Korallenhandel zu beginnen. Die Firma mit dem knallroten Schild lautete: N. Kolchin & Compagnie.

Im Schaufenster dieses Ladens leuchteten tadellose rote Korallen, leichter zwar an Gewicht als die Steine Nissen Piczeniks, aber dafür umso billiger. Ein ganzer großer Bund Korallen kostete einen Rubel fünfzig, Ketten gab es für zwanzig, fünfzig, achtzig Kopeken. Die Preise standen im Schaufenster des Ladens. Und damit ja niemand an diesem Laden vorbeigehe, spielte drinnen den ganzen Tag ein Phonograph heiter grölende Lieder. Man hörte sie im ganzen Städtchen und weiter – in den umliegenden Dörfern. Es gab zwar keinen großen Markt in Sutschky wie etwa in Progrody. Dennoch – und trotz der Erntezeit – kamen die Bauern zum Laden des Herrn Lakatos, die Lieder zu hören und die billigen Korallen zu kaufen.

Nachdem dieser Herr Lakatos ein paar Wochen sein anziehendes Geschäft betrieben hatte, erschien eines Tages ein wohlhabender Bauer bei Nissen Piczenik und sagte: »Nissen Semjonowitsch, ich kann nicht glauben, dass du mich und andere seit 20 Jahren betrügst. Jetzt aber gibt es in Sutschky einen Mann, der verkauft die schönsten Korallenschnüre, fünfzig Kopeken das Stück. Meine Frau wollte schon hinfahren – aber ich habe gedacht, man müsse zuerst dich fragen, Nissen Semjonowitsch.«

»Dieser Lakatos«, sagte Nissen Piczenik, »ist gewiss ein Dieb und ein Schwindler. Anders kann ich mir seine Preise nicht erklären. Aber ich werde selbst hinfahren, wenn du mich auf deinem Wagen mitnehmen willst.«

»Gut!«, sagte der Bauer. »Überzeuge dich selbst.«

Also fuhr der Korallenhändler nach Sutschky, stand eine Weile vor dem Schaufenster, hörte die grölenden Lieder aus dem Innern des Ladens, trat schließlich ein und begann, mit Herrn Lakatos zu sprechen. »Ich bin selbst Korallenhändler«, sagte Nissen Piczenik. »Meine Waren kommen aus Hamburg, Odessa, Triest, Amsterdam. Ich begreife nicht, warum und wieso Sie so billige und schöne Korallen verkaufen können.«

»Sie sind von der alten Generation«, erwiderte Lakatos, »und, entschuldigen Sie mir den Ausdruck, ein bisschen zurückgeblieben.«

Währenddessen kam Lakatos hinter dem Ladentisch hervor – und Nissen Piczenik sah, dass er etwas hinkte. Offenbar war sein linkes Bein kürzer, denn er trug am linken Stiefel einen doppelt so hohen Absatz wie am rechten. Er duftete gewaltig und betäubend – und man wusste nicht, wo eigentlich an seinem schmächtigen Körper die Quelle all seiner Düfte untergebracht war. Blauschwarz wie eine Nacht waren seine Haare. Und seine dunklen Augen, die man im ersten Moment für sanft hätte halten können, glühten von Sekunde zu Sekunde so stark, dass eine merkwürdige Brandröte mitten in ihrer Schwärze aufglühte. Unter dem schwarzen, gezwirbelten Schnurrbärtchen lächelten weiß und schimmernd die Mausezähnchen des Lakatos.

»Nun?«, fragte der Korallenhändler Nissen Piczenik.

»Ja, nun«, sagte Lakatos, »wir sind nicht verrückt. Wir tauchen nicht auf die Gründe der Meere. Wir stellen einfach künstliche Korallen her. Meine Firma heißt: Gebrüder Lowncastle, New York. In Budapest habe ich zwei Jahre mit Erfolg gearbeitet. Die Bauern merken nichts. Nicht die Bauern in Ungarn, erst recht nicht die Bauern in Russland. Schöne, rote, tadellose Korallen wollen sie. Hier sind sie. Billig, wohlfeil, schön, schmückend. Was will man mehr? Echte Korallen können nicht so schön sein!«

»Woraus sind Ihre Korallen gemacht?«, fragte Nissen Piczenik.

»Aus Zelluloid, mein Lieber, aus Zelluloid!«, rief Lakatos entzückt.

»Sagen Sie mir nur nichts gegen die Technik! Sehn Sie: In Afrika wachsen die Gummibäume, aus Gummi macht man Kautschuk und Zelluloid.

Ist das Unnatur? Sind Gummibäume weniger Natur als Korallen? Ist ein Baum in Afrika weniger Natur als ein Korallenbaum auf dem Meeresgrund? – Was nun, was sagen Sie nun? – Wollen wir zusammen Geschäfte machen? – Entscheiden Sie sich! – Von heute in einem

Jahr haben Sie infolge meiner Konkurrenz alle Ihre Kunden verloren – und Sie können mit allen Ihren echten Korallen wieder auf den Meeresgrund gehn, woher die schönen Steinchen kommen. Sagen Sie: Ja oder Nein?«

»Lassen Sie mir zwei Tage Zeit«, sagte Nissen Piczenik. Und er fuhr nach Hause.

VII

Auf diese Weise versuchte der Teufel den Korallenhändler Nissen Piczenik zum ersten Mal. Der Teufel hieß Jenö Lakatos aus Budapest, und er führte die falschen Korallen im russischen Lande ein, die Korallen aus Zelluloid, die so bläulich brennen, wenn man sie anzündet, wie das Heckenfeuer, das ringsum die Hölle umsäumt.

Als Nissen Piczenik nach Hause kam, küsste er gleichgültig sein Weib auf beide Wangen, begrüßte die Fädlerinnen und begann, mit einigermaßen verwirrten, vom Teufel verwirrten Augen, seine lieben Korallen zu betrachten, die lebendigen Korallen, die lange nicht so tadellos aussahen wie die falschen Steine aus Zelluloid des Konkurrenten Jenö Lakatos. Und der Teufel gab dem redlichen Korallenhändler Nissen Piczenik den Gedanken ein, unter die echten Korallen falsche zu mischen.

Also ging er eines Tages zur Post und diktierte dem öffentlichen Schreiber einen Brief an Jenö Lakatos in Sutschky, sodass dieser ihm ein paar Tage später nicht weniger als zwanzig Pud falscher Korallen schickte. Nun, man weiß, dass Zelluloid ein leichtes Material ist, und zwanzig Pud falscher Korallen ergeben eine Menge von Schnüren und Bunden. Nissen Piczenik, vom Teufel verführt und geblendet, mischte die falschen Korallen unter die echten, dermaßen einen Verrat übend an sich selbst und an den echten Korallen.

Ringsum im Lande hatte die Ernte bereits begonnen, und es kamen fast keine Bauern mehr, Korallen einzukaufen. Aber an den seltenen, die hie und da erschienen, verdiente Nissen Piczenik jetzt mehr, dank den falschen Korallen, als er vorher an den zahlreichen Kunden verdient hatte. Er mischte Echtes mit Falschem – und das war noch schlimmer, als wenn er lauter Falsches verkauft hätte. Denn also geht es den Menschen, die vom Teufel verführt werden: An allem Teuflischen übertreffen sie noch sogar den Teufel. Auf diese Weise übertraf Nissen Piczenik den Jenö Lakatos aus Budapest. Und alles, was Nissen Piczenik verdiente, trug er gewissenhaft zu Pinkas Warschawsky. Und so sehr hatte der Teufel den Korallenhändler verführt, dass er eine wahre Wollust bei dem Gedanken empfand, dass sein Geld sich vermehre und Zinsen trage.

Da starb plötzlich an einem dieser Tage der Wucherer Pinkas Warschawsky, und Nissen Piczenik erschrak und ging sofort zu den Erben des Wucherers und verlangte sein Geld mit Zinsen. Er bekam es auch auf der Stelle, nicht weniger als fünftausendvierhundertundfünfzig Rubel und sechzig Kopeken. Von diesem Geld bezahlte er seine Schulden an Lakatos, und er forderte noch einmal zwanzig Pud falscher Korallen an.

Eines Tages kam der reiche Hopfenbauer zu Nissen Piczenik und verlangte eine Kette aus Korallen für eines seiner Enkelkinder, gegen den bösen Blick.

Der Korallenhändler fädelte ein Kettchen aus lauter falschen, aus Zelluloid-Korallen zusammen, und er sagte noch: »Dies sind die schönsten Korallen, die ich habe.«

Der Bauer bezahlte den Preis, der für echte Korallen angebracht war, und fuhr in sein Dorf.

Sein Enkelkind starb eine Woche, nachdem man ihm die falschen Korallen um das Hälschen gelegt hatte, einen schrecklichen Erstickungstod, an Diphtherie. Und in dem Dorfe Solowetzk, wo der reiche Hopfenbauer wohnte (aber auch in den umliegenden Dörfern), verbreitete sich die Kunde, dass die Korallen Nissen Piczeniks aus Progrody Unglück und Krankheit brächten – und nicht nur jenen, die bei ihm eingekauft hatten. Denn die Diphtherie begann in den benachbarten Dörfern zu wüten, sie raffte viele Kinder hinweg, und es verbreitete sich das Gerücht, dass die Korallen Nissen Piczeniks Krankheit und Untergang bringen.

Infolgedessen kamen den Winter über keine Kunden mehr zu Nissen Piczenik. Es war ein harter Winter. Er hatte im November eingesetzt, er dauerte bis zum späten März. Jeder Tag brachte einen unerbittlichen Frost, der Schnee fiel selten, selbst die Raben schienen zu frieren, wie sie so auf den kahlen Ästen der Kastanienbäume hockten. Sehr still war es im Hause Nissen Piczeniks. Er entließ eine Fädlerin nach der anderen. An den Markttagen begegnete er zuweilen dem und jenem seiner alten Kunden. Aber sie grüßten ihn nicht.

Ja, die Bauern, die ihn im Sommer, geküsst hatten, taten so, als kennten sie den Korallenhändler nicht mehr.

Es gab Fröste bis zu vierzig Grad. Das Wasser in den Kannen der Wasserträger gefror auf dem Wege vom Brunnen zum Hause. Eine dicke Eisschicht bedeckte die Fensterscheiben Nissen Piczeniks, sodass er nicht mehr sah, was auf der Straße vorging. Große und schwere Eiszapfen hingen an den Stäben der Eisengitter und verdichteten die Fenster noch mehr. Und da kein Kunde mehr zu Nissen Piczenik kam, gab er daran nicht etwa den falschen Korallen die Schuld, sondern dem strengen Winter. Indessen war der Laden des Herrn Lakatos in Sutschky immer überfüllt. Und bei ihm kauften die Bauern die tadellosen und billigen Korallen aus Zelluloid und nicht die echten bei Nissen Piczenik.

Vereist und glatt wie Spiegel waren die Straßen und Gassen des Städtchens Progrody. Alle Einwohner tasteten ihre Wege entlang mit eisenbeschlagenen Stöcken. Dennoch stürzten so manche und brachen Hals und Bein.

Eines Abends stürzte auch die Frau Nissen Piczeniks. Sie blieb lange bewusstlos liegen, ehe sie mitleidige Nachbarn aufhoben und ins Haus trugen.

Sie begann bald, sich heftig zu erbrechen, der Feldscher von Progrody sagte, es sei eine Gehirnerschütterung.

Man brachte die Frau ins Spital, und der Doktor bestätigte die Diagnose des Feldschers.

Der Korallenhändler ging jeden Morgen ins Krankenhaus. Er setzte sich an das Bett seiner Frau, hörte eine halbe Stunde ihre wirren Reden, sah in ihre fiebrigen Augen, auf ihr spärliches Kopfhaar, erinnerte sich an die paar zärtlichen Stunden, die er ihr geschenkt hatte, roch den scharfen Duft von Kampfer und Jodoform und kehrte wieder heim und stellte sich selbst an den Herd und kochte Borschtsch und Kascha und schnitt sich selbst das Brot und schabte sich selbst den Rettich und kochte sich selbst den Tee und heizte selbst den Ofen. Dann schüttete er auf einen seiner vier Tische alle Korallen aus den vielen Säckchen und begann, sie zu sortieren. Die Zelluloidkorallen des Herrn Lakatos lagen gesondert im Schrank. Die echten Korallen erschienen Nissen Piczenik längst nicht mehr wie lebendige Tiere. Seitdem dieser Lakatos in die Gegend gekommen war und er selbst, der Korallenhändler Piczenik, die leichten Dinger aus Zelluloid unter die schweren und echten Steine zu mischen begonnen hatte, waren die Korallen, die in seinem Hause lagerten, erstorben. Jetzt machte man Korallen aus Zelluloid! Aus einem toten Material machte man Korallen, die aussahen wie lebendig und noch schöner und vollkommener waren als echte und lebendige! Was war, damit verglichen, die Gehirnerschütterung der Frau?

Acht Tage später starb sie, infolge der Gehirnerschütterung, gewiss! Aber nicht mit Unrecht sagte sich Nissen Piczenik, dass seine Frau nicht an der Gehirnerschütterung allein gestorben war, sondern auch, weil ihr Leben von dem Leben keines andern Menschen auf dieser Welt abhängig gewesen war. Kein Mensch hatte gewünscht, dass sie am Leben bleibe, und also war sie auch gestorben.

Nun war der Korallenhändler Nissen Piczenik Witwer. Er betrauerte die Frau in vorgeschriebener Weise. Er kaufte ihr einen der dauerhaftesten Grabsteine und ließ ehrende Worte in diesen einmeißeln. Und er sprach morgens und abends das Totengebet für sie. Aber er vermisste sie keineswegs. Essen und Tee bereiten konnte er selber. Einsam fühlte er sich nicht, sobald er mit den Korallen allein war. Und ihn bekümmerte lediglich die Tatsache, dass er sie verraten hatte, an die falschen Schwestern, die Korallen aus Zelluloid, und sich selbst an den Händler Lakatos.

Er sehnte sich nach dem Frühling. Und als er endlich kam, erkannte Nissen Piczenik, dass er sich umsonst nach ihm gesehnt hatte. Sonst pflegten, jedes Jahr, noch vor Ostern, wenn die Eiszapfen um die Mittagsstunde zu schmelzen begannen, die Kunden in knarrenden Wägelchen oder in klingenden Schlitten zu kommen. Für

Ostern brauchten sie Korallen. Nun aber war der Frühling da, immer wärmer brütete die Sonne, jeden Tag
wurden die Eiszapfen an den Dächern kürzer und die
schmelzenden Schneehaufen am Straßenrand kleiner –
und keine Kunden kamen zu Nissen Piczenik. In seinem
Schrank aus Eichenholz, in seinem fahrbaren Koffer, der,
mächtig und mit eisernen Gurten versehen, neben dem
Ofen auf seinen vier Rädern stand, lagen die edelsten
Korallen in Haufen, Bünden und Schnüren. Aber kein
Kunde kam. Es wurde immer wärmer, der Schnee verschwand, der linde Regen regnete, die Veilchen in den
Wäldern sprossen, und in den Sümpfen quakten die Frösche: Aber kein Kunde kam.

Um diese Zeit bemerkte man auch zum ersten Mal in
Progrody eine gewisse merkwürdige Veränderung im
Wesen und Charakter Nissen Piczeniks. Ja, zum ersten
Mal begannen die Einwohner von Progrody zu vermuten, dass der Korallenhändler ein Sonderbarer sei, ein
Sonderling sogar – und manche verloren den herge-
brachten Respekt vor ihm, und manche lachten ihn sogar
öffentlich aus. Viele gute Leute von Progrody sagten
nicht mehr: »Hier geht der Korallenhändler vorbei«, sondern sie sagten einfach: »Nissen Piczenik geht eben vorbei – er war ein großer Korallenhändler.«

Er selbst war daran schuld. Denn er benahm sich keineswegs so, wie es die Gesetze und die Würde der Trauer
einem Witwer vorschreiben. Hatte man ihm noch seine
sonderbare Freundschaft für den Matrosen Komrower
nachgesehen und den Besuch in der berüchtigten
Schenke Podgorzews, so konnte man doch nicht, ohne
weiterhin schwersten Verdacht gegen ihn zu schöpfen,
seine Besuche in jener Schenke zur Kenntnis nehmen.
Denn jeden Tag beinahe seit dem Tode seiner Frau ging

Nissen Piczenik in die Schenke Podgorzews. Er begann, Met mit Leidenschaft zu trinken. Und da ihm mit der Zeit der Met zu süß erschien, ließ er sich noch einen Wodka beimischen. Manchmal setzte sich eines der leichtfertigen Mädchen neben ihn. Und er, der nie in seinem Leben eine andere Frau gekannt hatte als seine nunmehr tote Ehefrau, er, der niemals eine andere Lust gekannt hatte als die, seine wirklichen Frauen, nämlich die Korallen, zu liebkosen, zu sortieren und zu fädeln, er fühlte sich manchmal in der wüsten Schenke Podgorzews anheimgefallen dem billigen weißen Fleisch der Weiber, seinem eigenen Blut, das der Würde seiner bürgerlichen und geachteten Existenz spottete, und der großartigen, heißen Vergessenheit, die die Leiber der Mädchen ausströmten. Und er trank, und er liebkoste die Mädchen, die neben ihm saßen, zuweilen sich auf seinen Schoß setzten. Wollust empfand er, die gleiche Wollust wie etwa beim Spiel mit seinen Korallen. Und mit seinen starken, rotbehaarten Fingern tastete er, weniger geschickt, sogar lächerlich unbeholfen, nach den Brustwarzen der Mädchen, die so rot waren wie manche Korallen. Und er verfiel – wie man zu sagen pflegt – schnell, immer schneller, von Tag zu Tag beinahe. Er fühlte es selbst. Sein Gesicht wurde magerer, sein hagerer Rücken krümmte sich, Rock und Stiefel putzte er nicht mehr, den Bart strählte er nicht mehr. Mechanisch verrichtete er jeden Morgen und Abend seine Gebete. Er fühlte es selbst: Er war nicht mehr der Korallenhändler schlechthin, er war Nissen Piczenik, einst ein großer Korallenhändler.

Er spürte, dass er noch ein Jahr, noch ein halbes Jahr später, zum Gespött des Städtchens werden müsste – und was ging es ihn eigentlich an? Nicht Progrody, der Ozean war seine Heimat.

Also fasste er eines Tages den tödlichen Entschluss seines Lebens.

Vorher aber machte er sich eines Tages nach Sutschky auf – und siehe da: Im Laden des Jenö Lakatos aus Budapest sah er alle seine alten Kunden, und sie lauschten den grölenden Liedern des Phonographen andächtig, und sie kauften Zelluloidkorallen, zu fünfzig Kopeken die Kette.

»Nun, was habe ich Ihnen vor einem Jahr gesagt?«, rief Lakatos Nissen Piczenik zu. »Wollen Sie noch zehn Pud, zwanzig, dreißig?«

Nissen Piczenik sagte: »Ich will keine falschen Korallen mehr. Ich, was mich betrifft, *ich* handle nur mit echten.«

VIII

Und er fuhr heim nach Progrody und ging in aller Stille und Heimlichkeit zu Benjamin Broczyner, der ein Reisebüro unterhielt und mit Schiffskarten für Auswanderer handelte. Es waren vor allem Deserteure und ganz arme Juden, die nach Kanada und Amerika auswandern mussten und von denen Broczyner lebte. Er verwaltete in Progrody die Vertretung einer Hamburger Schifffahrtsgesellschaft.

»Ich will nach Kanada fahren!«, sagte der Korallenhändler Nissen Piczenik. »Und zwar so bald wie möglich.«

»Das nächste Schiff heißt ›Phönix‹ und geht in vierzehn Tagen von Hamburg ab. Bis dahin verschaffen wir Ihnen die Papiere«, sagte Broczyner.

»Gut, gut!«, erwiderte Piczenik. »Sagen Sie niemandem etwas davon.«

Und er ging nach Hause und packte alle Korallen, die echten, in seinen fahrbaren Koffer.

Die Zelluloidkorallen aber legte er auf das kupferne Untergestell des Samowars, zündete sie an und sah zu, wie sie bläulich und stinkend verbrannten. Es dauerte lange, mehr als fünfzehn Pud falscher Korallen waren es. Es gab dann einen gewaltigen Haufen schwarzgrauer, geringelter Asche. Und um die Petroleumlampe in der Mitte des Zimmers schlängelte und ringelte sich der graublaue Rauch des Zelluloids. Dies war der Abschied Nissen Piczeniks von seiner Heimat.

Am 21. April bestieg er in Hamburg den Dampfer »Phönix« als ein Zwischendeckpassagier.

Vier Tage war das Schiff unterwegs, als die Katastrophe kam: Vielleicht erinnern sich noch manche daran.

Mehr als zweihundert Passagiere gingen mit der »Phönix« unter. Sie ertranken natürlich.

Was aber Nissen Piczenik betrifft, der ebenfalls damals unterging, so kann man nicht sagen, er sei einfach ertrunken wie die anderen. Er war vielmehr – dies kann man mit gutem Gewissen erzählen – zu den Korallen heimgekehrt, auf den Grund des Ozeans, wo der gewaltige Leviathan sich ringelt.

Und wollen wir dem Bericht eines Mannes glauben, der durch ein Wunder – wie man zu sagen pflegt – damals dem Tode entging, so müssen wir mitteilen, dass sich Nissen Piczenik lange noch, bevor die Rettungsboote gefüllt waren, über Bord ins Wasser stürzte zu seinen Korallen, zu seinen echten Korallen.

Was mich betrifft, so glaube ich es gerne. Denn ich habe Nissen Piczenik gekannt, und ich bürge dafür, dass er zu den Korallen gehört hat und dass der Grund des Ozeans seine einzige Heimat war.

Möge er dort in Frieden ruhn neben dem Leviathan bis zur Ankunft des Messias.